政権交代への軌跡

小選挙区制型民主主義と政党戦略

後 房雄

花伝社

はしがき

小選挙区制導入後五回目の総選挙に向けて、初めての選挙による政権交代の可能性が高まっている現時点において、「小選挙区制型民主主義」のゲームのルールとそこにおいて必要とされる政党戦略という視点から、政治改革と過去五回の総選挙を中心にしてこの十数年の日本政治を振り返ることが本書の目的である。

主な関心は、日本での政権交代がなぜこれほどまでに遅れに遅れたのかという点にある。本書では、その主な理由を、政党や政治家における中選挙区制的行動様式の惰性に求めている。しかし他方では、そうした紆余曲折のなかで、現時点では、万が一、次の総選挙で政権交代が起きなかったとしても、もはや政権交代は時間の問題だといえるほどに条件が成熟してきているというのも本書の主張である。

そうした議論を展開するうえで、政治改革＝小選挙区制導入前後の日本政治を論じた拙著『政権交代のある民主主義―小沢一郎とイタリア共産党』（一九九四年）と同様に、本書でも同時代のイタリア政治との比較が最大の特徴となっている。ただし、前著ではイタリアと日本の意外な共通性を指摘することが主眼であったが、本書においては顕著な対照性を強調することになる。イタリアと日本の一九九六年総選挙においてすでにそうした対照性が浮かび上がっていたことは拙著『「オリーブの木」

政権戦略』（一九九八年）において指摘したが、それは予想を越えてその後一〇年以上も継続することとなった。いずれにしても、イタリア政治との比較が日本政治を分析する上できわめて大きな有効性をもつことを本書をまとめる過程においても再確認することができた。

第Ⅰ部では、理論的考察に重点をおいて、選挙制度が政治に対していかに大きな影響を与えるか、より具体的には、小選挙区制型民主主義が比例代表制型民主主義と比較してどれほど異なっているかを論じている。そして、こうした議論を前提にして、一九九三年前後の政治改革＝小選挙区制導入のねらいや意義をあらためて再確認している。政治改革の経過や意義は、その後の政治の紆余曲折のなかで風化しているように思われるが、近い将来の政権交代も含めて、現在の日本政治の原点であることはいくら強調してもしすぎることはない。

第Ⅱ部および第Ⅲ部では、従来の比例代表制や中選挙区制に代えて小選挙区制が導入されて以降現在までのイタリア政治と日本政治の変動を、比較を強く意識しながら辿っている。それぞれの選挙の前後に執筆した諸論文がもとになっているので、その時々の臨場感を残すために、現時点からの加筆修正は最小限にとどめている。

小選挙区制の導入においても、そのもとでの二大勢力化や政権交代においても、さらには小選挙区制型民主主義のインフラ整備への着手においても、イタリア政治はたえず日本政治の一歩先を歩んできたといってよい（もちろん、イタリアの方も、深刻な南北格差、マフィア問題、機能不全の行政などでは日本以上に深刻な問題に苦しんでいるが）。その意味で、日本政治の展開を見通す上で、イタリア政治の展開は私にとって貴重なヒントの源泉であり続けてきた。読者の皆さんにも、イタリア政治との共通性と対照性という比較のレンズを通すことで、日本政治に関する新鮮な視野が開けてくる感覚を味わっていただければ幸いである。

最後に、私の日本政治論に関心をもっていただき、政治改革以来の日本政治の総決算になる可能性の高い総選挙の直前という絶好のタイミングでの本書の出版を可能にしていただいた花伝社の平田勝社長への感謝を記しておきたい。

後　房雄

二〇〇九年六月

政権交代への軌跡——小選挙区制型民主主義と政党戦略◆目次

第II部　小選挙区制導入後のイタリア政治

第Ⅲ部　小選挙区制導入後の日本政治

序章　変わりすぎるイタリア政治、変らなさすぎる日本政治

――小選挙区制型の政党連合戦略

小選挙区制は一票でも多く得票した候補者一人だけを当選させる制度なので、結果として各党の得票率の差は議席率の差では顕著に増幅される。そのため、通常は相対第一党に過半数の議席が与えられるので、有権者は小選挙区でどの政党の候補者に一票を投じるかを通じて相対第一党＝政権担当政党（および首相とマニフェスト）を直接に選択することが可能となる。その反面で、小政党は得票率を大きく下回る議席率しか得られないことになるが、比例代表制のように有権者の政党選択を議席数に「鏡のように」反映することをあえて犠牲にして、政権選択を重視するのが小選挙区制の狙いである。

私自身も、日本の国民が選挙を通じて直接に政権を選択するというかつて無い経験をもつことが民主主義の実質化にとって決定的な意義をもつこと、また、日本が現在直面しているさまざまな抜本的改革を実現するためには有権者の政権選択の意思によって直接に支持された政権が行政に対して強力な政治的指導力を発揮することが不可欠であることなどの理由で、一九九三年前後の政治改革期から一貫して小選挙区制を擁護してきた。

しかし、このような考え方は政党や政治家の行動様式にはなかなか浸透しなかった。特に、自民か

非自民かについて是々非々で一九九六年総選挙に臨んだ旧民主党を典型として、野党の側の状況が深刻であった。〇五年郵政選挙での大敗という手痛い体験を経て、政権交代を正面から掲げて次の総選挙に臨もうとしている現在の民主党においては、小選挙区制の理解は十分定着していると思われるが、過去四回の総選挙を見る限り、行動にまで貫徹され切っていたとはとても言えない。

特に二〇〇三年総選挙以前の民主党において、毎回の総選挙で試みるべき政権への挑戦を事実上先延ばしするホップ・ステップ・ジャンプ論や、民主党単独で与党自民・公明を上回る得票を得られる見通しもないままに他の野党との政党連合に真剣に取り組まない主体性強化論が強かったことを指摘すれば十分であろう。

それでは、小選挙区制に相応しい選挙戦略は何かといえば、核心は二大勢力が政党連合によってすべての小選挙区で候補者を統一することに尽きる。日本やイタリアの政治改革（小選挙区制導入）のモデルとされたイギリスのように、二大政党が確立されていれば、そうした問題は存在しない。しかし、日本やイタリアのように、中選挙区制や完全比例代表制の時代が長く多党制が定着していた国が小選挙区制に転換した場合においては、ただちに二大政党が確立することは困難であり、また不自然でもある。しかし、事前の政党連合によって、首相候補とマニフェストを統一したうえで全小選挙区で候補者を統一できれば、機能的には二大政党と同様の役割を果たすことができ、有権者の政権選択を可能にすることができる。この点では、小選挙区制導入後の最初の選挙から、左右両陣営ともに広範な政党連合を形成して激しく政権を争ったイタリアの政党の戦略的行動様式は、日本の政党、特に野党に最も欠けているものとして注目に値する。

そこで、本章の後半で、民主党を中心とした日本の野党の総選挙での行動様式を振り返る前提として、まず、イタリアの四回の総選挙における政党連合の変遷について簡単に紹介しておきたい。日本と同様にイタリアでも冷戦終結後の構造的汚職の摘発のなかで政治改革が実現し、一九九三年八月に上院、下院ともに、従来の完全比例代表制から、議席の七五%を小選挙区制で選び二五%を比例代表制で選ぶ日本とかなり近い混合型の選挙制度に転換した。その後、二〇〇八年四月の総選挙までに五回の総選挙が行われてきている。本章ではそのうち四回目までの総選挙を振り返る。

1　イタリアにおける徹底した政党連合戦略

一九九四年総選挙

小選挙区制導入の翌年に行われた一九九四年三月総選挙では、当初、従来の万年与党であったキリスト教民主党が汚職摘発によって事実上の解体状況に陥っていたため、汚職摘発の打撃を受けず小選挙区制導入の先頭に立った左翼民主党（一九九一年にイタリア共産党が大転換の末に創立）が「進歩派連合」を形成して圧倒的な優位を示していた。

しかし、選挙直前の一月に突如、すべての民間テレビ局、広告会社、日刊紙、週刊誌などのオーナーで「メディアの帝王」とも呼ばれるシルビオ・ベルルスコーニが新党「フォルツァ・イタリア（がんばれイタリア）」を創立し、北部では北部同盟と、南部では国民同盟と小選挙区候補者を統一するという変則的な政党連合「自由の極」・「善政の極」を形成して一挙に形勢を逆転させて勝利した。

表1　イタリア総選挙における二大政党連合の下院小選挙区得票率（%）

	1994年	1996年	2001年	2006年
中道左派	33.0（ほかに中道が15.6）	45.4（再建党8.6と休戦協定）	43.8（再建党は比例区のみ独自名簿）	49.805
中道右派	40.4（自由の極＋善政の極）	40.3（北部同盟9.9は別名簿）	45.5	49.739

＊中道左派（オリーブの木）＝左翼民主党＋カトリック中道左派＋緑の党（＋共産主義再建党）
＊中道右派（自由の家）＝フォルツァ・イタリア＋国民同盟＋カトリック中道右派（＋北部同盟）

この総選挙では、二大政党連合の中間に、旧キリスト教民主党の生き残り勢力が中道連合「イタリアのための協定」を結成していたため、ほとんどの小選挙区が有力三候補の争いになったが、中道連合は一五％強の得票率だったために議席はごく少数にとどまった。実質的には、すでに左右の二大政党連合の対決という構図が実現していたと言ってよい（二大政党連合の得票率については表1を参照）。

一九九六年総選挙

ベルルスコーニによる変則的連合戦略は総選挙においては大きな成果をあげたが、政権発足後は、豊かな北部を拠点にして分離主義を主張する北部同盟と、中央からの補助金に依存する南部を拠点にするネオファシズム政党の後身の国民同盟との軋轢が絶えず、約七ヶ月で北部同盟の離脱によって政権は崩壊する。その背後には、敗北から教訓を学んだ左派連合（特に左翼民主党）の側が、連邦主義を打ち出すことによって、極右という評価すらあった北部同盟との連携関係を形成すべく働きかけていたという事実が存在した。

左派が事実上の与党となった超党派専門家内閣の時期を経て行われた一九九六年四月の繰上げ総選挙では、中道左派連合「オリーブの木」が勝利し、イタリアにおける実質的には初めての政権交代が実現した。

オリーブの木の勝利の要因は、九四年の進歩派連合が敗北の教訓を学んで、政党連合を可能な限り拡大すべく徹底した努力を行ったことである。具体的には、残っていた中道連合の約半分を連合に加えたこと（残り半分は中道右派連合に合流）、オリーブの木には加わらなかった旧共産党原理派の共産主義再建党との間で右派に対抗するための「休戦協定」を結んですべての小選挙区での候補者調整を行ったこと、北部同盟との連合は実現しなかったものの右派連合への復帰を阻止することに成功したこと（北部同盟は独自名簿を提出した）、などがあげられる。

この選挙での両陣営の得票率は四五・四％対四〇・三％だったことを考えると、共産主義再建党（比例の得票率八・六％）との休戦協定がなくても、あるいは、北部同盟（同九・九％）が右派連合に加わっていても、どちらかだけで勝敗は逆転していたわけで、政党連合の成否が勝敗をきわどく分けたことが明らかである。

二〇〇一年総選挙

中道左派政権が五年の任期いっぱい続いたあとの二〇〇一年五月総選挙では、長かった野党時代からの脱却をめざして政党連合をより徹底させた中道右派連合「自由の家」が、与党時代の内部対立と緩みから政党連合形成に甘さを残した中道左派連合オリーブの木に一・七％の僅差で勝利した。

中道右派が、北部同盟との連携を復活させて最大限の政党連合を形成したのに対し、中道左派は「価値あるイタリア」や「ヨーロッパ民主主義」などの連合可能な小政党との連合形成に失敗しただけでなく、一九九八年に政権離脱していた共産主義再建党との関係修復にも失敗した（再建党は二票制の下院では比例区のみに名簿を提出したが、一票制の上院では独自名簿を提出した）ことが勝敗を決定した。

二〇〇六年総選挙

このように、与党は連合形成に緩みが出、野党は最大限の連合形成の努力を徹底するというパターンで政権交代が続いたわけだが、二〇〇六年四月総選挙は両陣営がそれぞれ最大限の連合形成を行って総力戦で戦ったという意味で注目された。しかも、結果（下院）は、中道左派が、四九・八〇五％対四九・七三九％というわずか二万五〇〇〇票足らずの差で勝利するという劇的なものとなった（なお、選挙制度は二〇〇五年末に再度改革されていたが、新しい制度は形式的には比例代表制だが相対第一勢力に議席の五五％を保証するプレミアム制を採用しているので、実質的には政権選択型の選挙制度という性格は維持されており、両陣営の選挙戦略も以前の小選挙区制の選挙におけるものと基本的に同じであった。詳しくは本書の第４章を参照）。

下院でいえば、中道左派連合「ウニオーネ（連合）」が一三党、中道右派連合「自由の家」が一二党という最大限の政党連合を形成した（その他の勢力は一％にも満たない）が、そのうちの小政党一つの帰趨が変化しただけで勝敗が逆転していたことが、二万五〇〇〇票弱という票差から明らかである。

実は、このように左右両勢力の得票率がほぼ拮抗するという事態は、九四年総選挙から基本的に一貫している。それゆえ、毎回の勝敗は、二大陣営が潜在的な連合相手を最大限に結集できたかどうかによって左右されてきたのである。

さらにいえば、こうした事態は、最近のドイツ総選挙やアメリカ大統領選挙にも見られるように、日本を含めて、冷戦終結後の先進諸国共通の状況だといってよいと思われる。六〇年代から七〇年代にかけての左派優位の福祉国家の時代、八〇年代から九〇年代前半までの右派優位の新自由主義の時代を経て、現在は左右両派ともに決定的に優位を確立できるような政策軸を見出せていない状況にあるといえよう。

最後に付言すれば、イタリアでは、二〇〇六年総選挙の前後から、左右の政党連合のそれぞれのなかで、統一民主党や統一保守党を結成すべきだという議論が強くなってきた。小選挙区制総選挙を政党連合で戦った経験を経て、両陣営のなかで二大政党制へ移行する条件が整いつつあることを示すものである。実際、二〇〇七年一一月には中道左派は「民主党」を結成し、二〇〇九年三月には中道右派が「自由の人々」を結成した。支持率八%前後の中道政党が二つと一〇%の北部同盟が残ってはいるが、二大政党の骨格は形成されたと言ってよい。

2　日本の野党における中選挙区制の惰性

以上、イタリアの政党の連合形成について具体的に紹介してきた理由は、日本においては依然として中選挙区制時代に定着した政党の思考様式や行動様式が、特に野党のなかに惰性として強く存続しているこことが、イタリアの事例を比較対象にすることで鮮明に浮かび上がるからである。

イタリアの共産主義再建党の行動と比較すれば、当選可能性が皆無に近い小選挙区に独自候補を立てて、結果として自民党を利するような行動を続けてきた社民党や共産党の行動の愚かさは明らかである。その基礎には、小選挙区制への無理解とともに、「最大限綱領主義」と呼ばれる左翼政党共通の政治体質が存在している。イタリアの共産主義再建党は、中道左派連合と連携するかどうかの選択のなかで、「自分の望むものをすべて得られないならすべてをぶち壊す」最大限綱領主義という「左翼の古くからの悪習」から脱却して、「自分はより多くを望んでいるが、最終的には現状で得られるもので満足する。自分の目標からすればわずかなものかもしれないが、ゼロよりはましだ」と考える「改良主義」に転換したのである。

しかし、民主党の方にも中選挙区制的な惰性はないとはいえない。見通しのない主体性強化論を口実に、社民党や共産党との政党連合を真剣に追求してこなかったからである。最大限の政党連合の形成は民主党の政権戦略にとって不可欠なだけではなく、社民党や共産党を民主主義の土俵に完全に上らせることによって国内冷戦対立の負の遺産を主体的に解消するという野党第一党としての民主党の役割を果たすことでもある。

中選挙区制の惰性による政党連合の欠如こそが野党の総選挙四連敗の最大の理由であることを、念のために数字で再確認しておこう（表2を参照）。

一九九六年総選挙

表２　衆議院小選挙区における各党得票率（%）

	1996 年	2000 年	2003 年	2005 年
自民党	38.6	41.0	43.8	47.8
公明党	–	2.0 （比例は 13.0）	1.5 （比例は 14.8）	1.4 （比例は 13.3）
新進党（自由党）	28.0	11.0（比例）	–	–
民主党	10.6	27.6	36.7	36.4
社民党＋共産党（比例）	19.5	20.6	12.9	12.8

小選挙区制による初めての選挙である一九九六年一〇月総選挙においては、自民党の得票率（小選挙区。以下、断りのない限り同じ）は三八・六%だったのに対し、「自民党では行政改革はできない」と共通に主張していた新進党と旧民主党の合計得票率も同じ三八・六%だった。その後、公明党を除いて両党のほとんどの勢力が現在の民主党に合流していることから考えても、四年間の政権を共にするための連合は十分に可能だったはずである。

なお、九七年末の新進党の解党、自由党、公明党以外の新民主党への合流を経て行われた九八年参議院選挙では、野党の選挙協力がないままではあるが結果として自民党が惨敗して参議院の過半数を失う結果となり、民主党、公明党、自由党、社民党、さらには共産党までもが首班指名において第一回投票から一致して民主党代表菅直人に投票した。最終的には衆議院の優越で小渕内閣が誕生したが、こうした野党連合を維持したまま衆議院解散に追い込むことができていれば野党連合の勝利は疑いなかったと思われるが、主に民主党の不決断により、解散に追い込めないまま野党連合は分解してしまった。

二〇〇〇年総選挙

森首相の支持率が一ケタに落ち込む中で行われた二〇〇〇年六月総選挙では、自民党は公明党との連合によって四一％を確保して勝利したが、実は民主党、社民党、自由党、共産党を合計した得票率は四六・九％にも上っていた。タブーといわれていた公明党との連合を、小選挙区の現職議員を比例区に回してまでも実現した自民党の政権への執念と、ホップ・ステップ・ジャンプ論や主体性強化論を口実に政党連合への真剣な努力をまったく見せなかった民主党の無為無策の違いが全てである。

ここで、共産党問題について付言しておけば、九八年参議院選挙後の特別国会における首班指名において、共産党が第一回目から民主党代表の菅直人に投票したことの意味を見落としてはならない。当時の不破議長は、非自民政権を成立させるためであれば野党連合に加わる用意があることを明言し、そのための政策的条件は「安保と自衛隊の現状維持」だけだと述べていた。この方針はその後に開催された中央委員会でも承認されている。

従来の路線からの大きな転換が説得的な説明もなく不破議長の独断で行われたことは、不破の党内での圧倒的な権力からしか説明できないが、逆に言えば、野党連合という選択肢を一旦は選択した不破が議員引退後もその党内権力を維持していると推測されるだけに、一瞬浮上して消えた民主党と共産党との選挙協力の可能性は依然として消えていないと考えるべきである。

二〇〇三年総選挙

二〇〇三年一一月総選挙では、ピークを過ぎた小泉自民党が公明党票も含めて四三・八％にとどまったのに対して、民主党は自由党の合流やマニフェストの活用もあって三六・七％にまで迫った。その差は七・一％だっただけに、社民党と共産党の得票が依然として一二・九％（比例区）であったことを考えると、やはり両党との政党連合が真剣に試みられなかったことは重大な問題である。

二〇〇五年総選挙

小泉マジックともいわれた二〇〇五年九月郵政総選挙では、自民党が四七・八％まで票を伸ばしたのは事実であるが、それは比例区で一三・三％だった公明党票のほとんどが加わっているためであって、比例区での得票は自民党三八・二％対民主党三一％と、その差は七％弱にすぎない。この時も、社民党と共産党の票は、合計で一二・八％（比例区）存在していたので、やはり連合形成が勝敗を分けているという状況は変っていない。

とはいえ、二〇〇五年総選挙に関しては、政党連合問題より以上に、両党のマニフェスト戦略の違いが勝敗を左右したと考えられる。

自民党の勝因として私が決定的だったと考えるのは、小泉首相が「郵政民営化」問題を単なる一争点ではなく、小泉構造改革全体の推進を支持するかどうかのシンボルにまで昇華させることに成功したことである。民主党は、政権選択選挙である以上、郵政問題だけを語るのは矮小化だと批判し、八大政策を掲げ、特に年金や子育て問題の重要性を強調する方針で戦った。しかし、小泉首相は郵政問題だけで体系的なマニフェストを語らないのに対して、民主党はより信頼できる体系的なマニフェストを掲げているという構図をアピールすることを狙った民主党の戦略は空振りに終わり、民主党政権のイメージが拡散してしまっただけでなく、さらに、郵政問題について改革派としての明確な姿勢を打ち出せない民主党の政権では改革全体が進まないのではないか、という小泉首相の狙い通りの世論が支配的となった。

無党派層について

日本の総選挙分析の最後に指摘しておきたいことは、自民党、あるいは自民党・公明党の得票率と、その他の野党全体の得票率とを比較すると、九六年総選挙以来一貫して、ほぼ拮抗するか、野党が上回る状況が続いているということである。その意味で、政党連合の成否こそが勝敗を分けてきたという点ではイタリアと全く同じであるが、それだけに、日本の場合、むしろ与党である自民党の方が二〇〇〇年総選挙にあたって公明党との連合に踏み切ったのに対し、野党が一貫して政党連合に真剣に取り組んでこなかったことの異様さが際立つ。

さらに付言しておきたいのは、実は中曽根自民党が大勝した一九八六年総選挙以後、自民党にも野党にも向かいうる約一〇〇〇万票の流動的な票が存在し続けているという点を明確に認識して選挙戦略を考える必要があるということである。

自民党が八六年総選挙で予想をはるかに越える支持を集めた理由を分析して、当時、政治学者の佐藤誠三郎などが「柔らかい支持層」が大挙して自民党に投票したことが勝因だったと指摘した。佐藤はまた、この「柔らかい支持層」は、決して固定したものではなく、自民党がその期待を裏切れば一気に離れて野党に向かう可能性もあると警告していた。

そして実際、その後、八六年の自民党の「柔らかい支持層」は、実は都市部を中心とした「無党派層」でもあることを示す選挙結果が続いてきた。八九年参議院選挙の土井ブーム、マドンナ・ブームによる社会党の大勝、九三年総選挙における改革派（日本新党、さきがけ、新生党）の躍進と非自民政権の誕生、九五年参議院選挙での新進党の躍進、九八年参議院選挙での民主党の躍進と与野党逆転などである。

このように八六年以後は基本的に非自民側に流れてきた無党派層を、二〇〇一年以来の小泉自民党は引き戻すことに成功してきたわけだが、二〇〇五年総選挙では一際鮮やかにそれに成功して、八六年を越える大勝を実現したわけである。それだけに、〇五年総選挙における都市部での自民党票が「柔らかい支持層」であることは、自民党にとっても民主党にとっても、今後の国政選挙が毎回、大きな潜在的振り幅を持った流動的なものにならざるをえないことを予想させる。

いわゆる無党派層は、鮮明なメッセージ性を備えた魅力ある首相候補やマニフェストに敏感に反応することが推測されると同時に、野党が広範な政党連合を形成して本気で政権獲得を狙う姿勢を打ち出せば、それにも好意的に反応する可能性が高い。日本の有権者に対して初めて選挙における自らの一票で直接に政権交代を実現できるということを実感させられるならば、それは強力な吸引力となるに違いない。

第Ⅰ部　小選挙区制型の民主主義

第1章　戦後民主主義のバージョン・アップ

——政治改革とは何だったのか

一九九三年前後の「政治改革」以後の日本政治について、総保守化だとか、国民不在の単なる権力闘争だとか、政策的対立軸が消滅した漂流だとかの悲観的な評価が一方で根強い。私もそういう側面を全面否定しようとは思わないが、しかし、政治改革をめぐる政治変動のなかに明確に存在したあるまっとうな要素を、しかるべき比重で評価することのほうがより重要だと考えている。そうした要素の存在自体が日本政治において貴重であるだけでなく、その後の過渡的混迷状況からの脱却の方向も、その要素を生かす形で考えるべきだと思うからである。

その「あるまっとうな要素」をめぐって、政治改革にいわば内側から関与した政治学者の佐々木毅は次のように述べている。

「政治改革法の成立は、戦後政治史における一つの革命的な出来事である。結論は満点には程遠いが、よろけながらも政治が自力でここまで進んできたことは過小評価してはならない。(中略)五五年体制の政治的基盤を決定的に変えようというわけであるから、自民党、社会党が苦しんだのは当然であった。抜本的に制度を変えるためには政治家を変えなければならないが、制度を変えなければ政治家は変わらないというジレンマがあったからである。このジレンマが乗り越えられたのは、政治家たちがある程度の自己変革を遂げたからにほかならない。（中略）〔国民も〕政治家たちの行動様式が大きく変化し始めると、実現するかもしれないという気持ちになった。この政治家や政党、国民の間の共鳴関係こそ、決定的な効果を持ったといえよう。新しい仕組みを作って自らの変革を成就していくという、自己改革能力が発揮された一つの事例として見るべきである。従って、将来に向けて更なる改革を実行することができるし、政治への信頼の手がかりとなる資産を手にしたといってよい[1]。」

新しい選挙制度での総選挙も経るなかで、かえってその「資産」もかすんでしまっているようにもみえるが、やはりそこから再出発すべきであろう。

そのために、本章では、そのような「資産」を生み出した政治家たちの自己変革の到達点と限界を再確認する作業に取り組むことにしたい。

1 「政権交代のある民主主義」への挑戦

「戦後体制」の制度疲労と冷戦終結

一九九〇年代の日本を含む先進諸国の政治動向は、明らかに歴史的変動期に入ったことを示している。もちろん、その最大の引き金になったのは、八九年東欧革命に始まる冷戦終結であった。

しかし、八〇年代のレーガン、サッチャー、中曽根に代表される世界的な新保守主義の台頭が示したように、高度経済成長に象徴される戦後の黄金時代をもたらした「戦後体制」が、すでに七〇年代から制度疲労の兆候を示し、根本的な再編成の必要に迫られるにいたったという事態がその底流にあったことも、現在では明らかである。

そこに重なった冷戦終結は、さらに、東西陣営対立という枠組みの崩壊後の、新しい国際秩序の形成という重大な課題を提起することになった。しかし同時に、冷戦終結は、冷戦が各国の国内政治に課していた制約を消滅させ、政治の可変性を一気に高めるという効果ももった。とくに、国内冷戦構造が顕著だったイタリアと日本において、その効果は大きかった。

どちらの国でも、イタリア共産党と日本社会党（あるいは日本共産党を含めた革新勢力）というそれぞれの野党第一党が、市場経済と政治的民主主義という西側の基本的価値に関して有権者の十分な信頼を得ていなかったために、政権交代はつねに「体制選択」と連動せざるをえず、政権交代メカニズムが構造的に機能不全に陥っていた。有権者の側からいえば、政権選択権を事実上奪われていたということになる。冷戦終結は、少なくともその国際的制約条件を取り除くことで、「政権交代のある民主主義」へ移行する現実的可能性を開いたのである。

戦後民主主義を「政権交代のある民主主義」へとバージョン・アップすることは、イタリアと日本にとってそれ自体としても重要課題なのはもちろんだが、さらに、先に指摘した「戦後体制」の根本的改革を進めるために不可欠の政治的手段を獲得することも意味する。というのは、確定したモデルがないなかで方向を探り当てていかざるをえないこの改革には、有権者が現実的な複数の政権選択肢の間で試行錯誤できる政治システムが欠かせないからである。

イタリアや日本では、まずはこのような政権交代メカニズムの実現自体が課題にならざるをえなかった。しかも、同時に、「戦後体制」自体の改革という課題も焦眉のものとなっているわけで、両国の政治変動が他の諸国にくらべて錯綜したものにならざるをえなかったのも当然であった。とはいえ、イタリアは一九九三年に、日本は九四年に、それぞれ小選挙区制の導入を中心とした選挙制度の抜本的改革を、ともかくも実現することに成功した。

本章では、このような認識に立って、政治改革前後の日本政治の変動を、政党や代表的政治家たちが戦後民主主義のバージョン・アップという課題にどのように取り組んだのかという角度から追跡する。

小沢一郎の課題意識

周知のように、小沢一郎という政治家が、九〇年代以降の日本政治をほぼ一貫して主導してきた。私の見方をいえば、それが可能となった理由の一つは、彼が日本の戦後政治のあり方を根底から変える「政治そのものの改革」という課題意識と、目指すべき新たな民主主義のイメージを明確にもっていたこと、そして、それの実現の過程と重ね合わせる形で、自らの目標とする政治勢力の結集、すなわち新保守主義勢力の結集を追求してきたことにある（その後の軌跡をみると、新保守主義というより、自民党政治を転換できるような勢力の結果をめざしたと理解すべきかもしれない）。それこそが、小沢の政治指導者としての様々な欠点にもかかわらず、世論や政治家たちの一部を強力にひきつけ、ほぼ一貫して政治展開を主導するキー・パーソンでありつづけることを可能にしたのである。

以下では、こうした小沢戦略を基軸にしながら、他の政党や政治家たちが小沢に対抗しうる政治改革構想やそれを前提にした政治戦略を、どの程度うちだしえたのかを検討していく。そのさい、それぞれの政治家の戦略構想において、各政党レベルの政治戦略と、日本政治そのものの改革というレベルでの構想ないし戦略とが、どんな関係でどんなバランスで結合されていたのかという点にとくに注目する。そうした追跡から、各政党や政治家の政治改革構想、政治戦略の不十分さのために、せっかくの選挙制度改革の成果が十分生かされず、日本政治を混迷に陥れていることが浮かび上がるであろう。

2　代表民主政の二類型

政治そのものの改革

政治改革をめぐる一連の動きにはさまざまな次元が重なっており、当然ながら、政治家、派閥、政党間の権力闘争という側面をともなっている。さらにいえば、小沢一郎に代表される新保守主義的方向での「日本改造計画」を推進するのか、それに反対するのかという政策的・政治的対抗関係も含んでいる。しかし、私からみて、この動きの著しい新しさは、「政治そのものの改革」という次元が、かなりの政治家たちの意識のなかに成立し、政治過程においても、他の次元と絡み合いながら独自の位置を占めていたということである。

たとえば、小沢の次のような発言を権力闘争の口実とだけみるのでは説明できない展開が、その後の彼自身の行動や政治の中で実際にみられたはずである。

「いまの政治のままでは自民党は永久政権です。国民に選択の余地がないんだから、間違いない。しかし、そういう状況にあることは、将来の日本にとって全くマイナスであり、悲劇です。これは本来は野党が言い出すべきことなのに、われわれ自身が言わざるを得ないという状況になっているんです。(2)」

「政治そのものの改革」について、私自身は戦後民主主義のバージョン・アップと表現した。つまり具体的には、政権交代メカニズムが構造的に機能不全に陥って、有権者が事実上政権選択権を失ってしまった戦後民主主義から、有権者が政権選択権を直接的に行使できる「政権交代のある民主主義」への移行ということである。(3)

これを別の角度から表現すれば、憲法学者高橋和之が紹介しているフランスの憲法学者モーリス・デュヴェルジェの次のような代表民主政の二類型になる。

「代表民主政の諸国において国民が政治プログラムとその担い手の選択に果たしている役割を見てみると、ある国では、国民が選挙を通じて、いわば事実上直接的に政治プログラムとその担い手（首相または大統領）を選択しているが、他の国では、この選択を代表者に委ね、国民はその代表者を選ぶことで満足している。後者のような国では、国民による政策選択が代表者により媒介されるので『媒介民主政』と呼び、これに対して、前者においては国民が代表者に媒介されることなく、事実上直接的に政策選択を行うので『非媒介民主政』と呼ぶ。(4)」

とりあえず問題を議院内閣制に限れば、媒介民主政には比例代表制が適合的で、非媒介民主政には小選挙区制が適合的である。従来の日本のような中選挙区制は、各党の得票率と議席率がかなり対応するという点で、比例代表制に準ずるものと位置づけられる。

こうした観点からすれば、九三年のイタリアにおける比例代表制から小選挙区比例代表混合型（正確には七五％と二五％の運用制）への選挙制度改革や、九四年の日本における中選挙区制から小選挙区比例代表並立制（六〇％と四〇％）への選挙制度改革は、媒介民主政から非媒介民主政への転換を目指したものといえる[5]。

とはいえ、媒介民主政（＝比例代表制）においても、西ドイツにみられたように、民意の変化に対応して政権交代が機能したと評価できる事例もあり、一九八〇年代から九〇年代にかけてのイギリスのように、非媒介民主政（＝小選挙区制）において一党支配の固定化に陥った事例もある。それゆえそれぞれの類型において「理想形態」と「堕落形態」を区別して考えたほうが問題が明確になる。つまり、イタリアや日本では、政権交代メカニズムの導入や有権者の政権選択権の実質化のため、媒介民主政から非媒介民主政への転換を試みたというだけではなく、両国とも冷戦対立という国際的条件もあって、媒介民主政の堕落形態が固定化してその理想形態への改革可能性がみえなかったなかで、あえて非媒介民主政への転換へと踏み切らざるをえなかった、という側面もあったのである。

政権選択権の実質化のために

いうまでもなく、媒介民主政の堕落形態の一つは、一党優位制が固定化してしまって、野党が事実上政権奪取をあきらめるにいたるという形態である。九三年までの日本政治がその典型である。もう一つの堕落形態としては、政党が選挙で示された民意を無視して、単なる党利党略で連立政権の形成や組み替えを行うという形態があげられる。この場合、政権交代は頻繁に起こるかもしれないが、それは有権者の民意を尊重しながらのものではないために、やはり有権者の政権選択権を有名無実化するものといわざるをえない。連立政権の目まぐるしい交代を特徴としていたイタリアの戦後政治はその代表例であった。

その後の例では、九三年総選挙で、自民党が分裂のために中選挙区制のもとでも過半数の議席を失ってしまって以降の日本政治が、そうした堕落形態をみせてくれた。

この九三年総選挙においては、日本新党とさきがけは政権構想を明確にしなかったが、新生党、社会党、公明党、民社党、社民連は非自民政権実現を掲げて選挙を戦った。それゆえ、選挙後、自民党が過半数を大きく割ったなかで、それらの政党で非自民連立政権が形成されたのは有権者の意向に十分沿っていたといえる。細川内閣への異常ともいえる高支持率がそれを示している。

しかし、九四年六月に、新たに総選挙を経ないで自民・社会・さきがけで連立政権を形成し、その後も九六年一〇月にいたるまで総選挙を回避し続けたのは、九三年総選挙で示された民意を、許容範囲を越えるほどに逸脱していたといわざるをえない。

たしかに、中選挙区制や比例代表制の選挙制度では、政党への支持という形で表明された民意は、政党の行動にかなりの裁量の余地を与えるものではあるが、非自民政権を掲げて選挙を戦ったあげく自民党と連立政権を組むというのは、どう考えてもその裁量の範囲内とはいい難い。最低限、連立政権樹立後なるべく早く総選挙によって信を問うべきであった（少なくとも、区割りが確定して新しい選挙制度が実施可能になった九四年一二月には)。

なお、中選挙区制のもとでも政権交代は起こったではないか(だから選挙制度改革は必要なかった)、という主張について言えば、これは、九三年総選挙で自民党が過半数を割ったのは、ほかならぬ選挙制度改革をめぐって党が分裂したことではじめて可能になったという特殊事情を無視している。しかも、本当の問題は、単発の政権交代ではなく、中選挙区制のもとで有権者の民意を尊重する政権交代メカニズムが機能させられるかどうかという点にある。九三年以後の展開は、中選挙区制(あるいは比例代表制)を理想形態に近い形で運用するには、日本の政党の水準はあまりに不十分だということを示していると判断せざるをえない。

私は、小選挙区制導入を突破口にして媒介民主政の堕落形態から脱却し、非媒介民主政の枠組みのなかで政権交代メカニズムの導入をはかり、有権者の政権選択権を実質化させようという構想が浮上したこの一連の経過には、十分に歴史的根拠があったと考えている。[6]

3 「政治そのものの改革」としての政治改革論

日本政治の後見役・後藤田正晴

政治改革の過程を内側から観察し続けた成田憲彦が、「後藤田によって発案され、小沢、細川によって実現された[7]」とそれを要約しているように、選挙制度改革をテコに日本政治のあり方そのものを改革するという意味で、今回の政治改革論の直接の先駆者は、自民党の長老政治家、後藤田正晴であった。とくに、一九八七年三月に中曽根内閣の官房長官のポストを離れてからは、後藤田は「政治の改革」を推進することと、軍事大国化への動きに対する歯止めの役割を果たすことに徹する決意をしたといわれる(8)。

成田はさらに、「政治改革を、後藤田は自民党の再生という観点から考え、小沢や細川は日本の政治システムの再生という観点から考えた」という対比を行っている。たしかに、小沢や細川が離党して新党結成に踏み切ったのに対し、最後まで自民党にとどまったことにも示されるように、後藤田の自民党へのコミットは小沢や細川よりも強かったのはその通りであろう。しかし、そうした行動の違いは、むしろ小沢や細川がいわば最盛期にある政治家として、政治改革と同時に、それを通じてそれぞれの政治目標を追求し、そのための勢力結集をもねらっていたのに対し、後藤田のほうはいわば日本政治の後見役のような意識から、政治改革そのものの重要性を主張し、その実現を最優先するという色彩が強かったゆえのように私には思われる。それが、彼の政治改革論が党派を越えた影響力をもった理由でもあっただろう。

後藤田は一九七二年からの田中内閣の官房副長官時代に小選挙区制導入の準備を命じられたり、一九八〇年に自民党の選挙制度調査会長に就任するなどの経験もあり、選挙制度改革の必要性についてはかなり以前から意識していたが、具体的な案をまとめて本格的に推進し始めたのは、八七年に官房長官を辞めてからである。

八八年三月に出版された後藤田の著書『政治とは何か』(講談社)においては、「小選挙区制を基本にし、それに併せて別にそこで投ぜられた票を集計し、各政党の得票数に比例して政党別に議席を配分するという方式」（すなわち、一票制の並立制）が提案されている。そして、野党に向けて、最初の二、三回は自民党が有利だろうが、回数を重ねればむしろ与野党の政権交代を現実的にすると主張している。[9]

後藤田が小選挙区制導入を主張した主な理由は、まず、中選挙区制のもとでは「同一の党から複数の候補者を立てねばならないため、地盤と労力と経費がかかる個人選挙になっており、それが政治倫理問題の『根源』になっている」から、党営選挙が行われる小選挙区制が望ましいということである。第二に、与野党が政権を交代する議会制民主主義のノーマルな姿を実現するためである。

「政権交代には混乱が起きるだろうが、私は混乱の中から進歩が生まれるのだから、やむをえないことだとみる。与党と野党の政権交代が行われ、外交、防衛などの諸問題についてもニュアンスの違いはあっても、いざという時にはその対立は波打ち際でピタリと止まる。それが民主政治のあるべき姿であって、一刻も早くそのような政治が行われるようになることを期待したい。」

その後、リクルート事件後の八八年一二月に後藤田は自民党内に設置された政治改革委員会の委員長に就任し、八九年五月には「政治改革大綱」をまとめる。そこでは、中・長期的課題として選挙制度改革（衆議院の定数を四七一以下にし、小選挙区比例代表並立制に移行するという内容）が提案されていた。後藤田ビジョンとも呼ばれたこの大綱は、以後、自民党内の政治改革論議の原点ともいうべき位置を占めることになったといわれる。[10]

八九年六月には、宇野内閣のもとで、第八次選挙制度審議会が発足し、同時に自民党内に政治改革推進本部が設けられ（一九九〇年三月に政治改革本部と改称）、本部長伊東正義のもとで後藤田は本部長代理に就任した。

選挙制度審議会のほうは、九〇年四月に「選挙制度及び政治資金制度の改革についての答申」を提出している。内容は、総定数五〇〇程度で、その六割を小選挙区定数、四割を比例代表定数とする並立制で、二票制というものであった。そして、自民党の政治改革本部では、九〇年一一月に「政治改革基本要綱案」がまとめられ、一二月に総務会で党議決定される。小選挙区定数三〇〇、比例代表定数一七一の並立制で、二票制という内容だった。

その後の展開を簡単にたどると、自民党の党議決定に基づく政治改革関連三法案を九一年七月に海部内閣が国会に提出し、九月に衆院政治改革特別委員会で審議未了・廃案となる。

九一年一一月に発足した宮沢内閣のもとで、政治改革をめぐって党内対立が深まるなか、九二年一二月に政治改革本部が単純小選挙区制を中心とした「基本方針」を決定し、総務会がそれを「了承」した。さらに、九三年三月、その内容で政治改革関連四法案が総務会で党議決定されたため、当時、連用制にまで歩み寄っていた野党との妥協にとって重大な障害となり、宮沢首相は指導力を発揮し得ないまま、九三年六月一八日に内閣不信任案の可決にいたった。

後藤田自身は、九二年四月に第二次宮沢内閣の法相として入閣してさらに政治改革を推進することになったが、八八年以来の基本的主張は一貫している。彼が政治改革を主張する二つの理由についていえば、その後の佐川急便事件、ゼネコン汚職などの続発によって、金がかかる政治システムを改革する必要性はさらに強まり、また、冷戦終結で、政権交代のある政治システムの実現が可能だし必要でもあるという認識も、より強まっていった[11]。

体制内革命家・小沢一郎

政治改革の動きを始動させた中心人物が後藤田だとすれば、それを実現した中心人物は、自民党を離党し、非自民政権を樹立してそれを主導した小沢一郎ということになるだろう。

政治改革推進本部の企画委員長などを務めて政治改革を推進した自民党議員の保岡興治は、その小沢評において次のように述べている。

「自民党幹事長の小沢一郎先生が官房副長官の時から、私は選挙制度改革について真剣に議論してきた。小沢先生は『政治改革の向こうに外交がある』という持論を持たれ、究極の政治改革の焦点を、国家の針路を決める世界戦略をつくることにおかれている。ものごとを先の先まで見据えながら本質を正確にとらえて、全力を尽くしてやり抜く政治家として、使命感、情熱に溢れた人である。『改革には化け物のような政治家が必要だ』と言われるが、まさにそのような秘めたるものを感じる。[12]」

小沢の国際関係、とくに日米関係への強い問題関心は、竹下内閣の官房副長官時代の八八年、建設市場開放問題をめぐる日米交渉を担当して決着させた経験を直接の契機にしていると思われるが、八九年八月からの自民党幹事長時代に、与党の最高幹部として冷戦終結や湾岸戦争に直面したことによって決定的なものになった。小選挙区制導入を基軸とした政治改革論は幹事長就任前からの彼の持論であったようだが、[13]「国際社会での生き方から演繹的に発想されている」[14]タイプの独自の政治改革論を本格的に推進し始めるのは、やはり幹事長時代からとみるべきであろう。しかし、彼自身の言葉によれば、この時期にも、金丸、竹下という自民党経世会の二人の重鎮が腹のなかでは選挙制度改革には賛成していなかったので、「この二人とは決定的な齟齬をきたさない程度に積極論を唱えていた」という。[15] そうすると、彼が政治改革に完全にコミットしはじめるのは、九一年四月に幹事長を辞任して以降ということになる。

こうして、経世会の分裂を経て、九二年一二月の「改革フォーラム21」(小沢・羽田派)の結成にいたる。そして、九三年六月の宮沢内閣不信任案への賛成投票、新生党の結成、総選挙での五五議席獲得、細川非自民政権の樹立へと、小沢がその後の日本政治の展開を主導していったことは周知の通りである。

彼自身の日本改造計画の全体像はすでに著書で体系的に示されているので、ここでは、幹事長を辞任した直後のやや勢い込んだ調子の発言を引いておくにとどめたい。

「いまの政治の実態を変えてまともな議論をしていくためには、やはり政治のよって立つ仕組みを変え、ぬるま湯に浸っている万年与野党を一回ガラガラポンする以外にない。実態に即していえば、社会党を解体してだね、健全野党をつくる以外にない。」

「だから、政治改革や選挙制度改革の目的は、制度にどういう欠点があるか、長所があるかを並べ立てあう話ではないんです。日本の政治が、世界の歴史的激動にあたって、ほんとにまともな議論をし、まともな対応をしていくための舞台をつくる政治改革をするということだ。カネのかからない選挙なんて、そんな低次元の話じゃないっちゅうてるの、僕は。」[16]

成田憲彦によれば、後藤田と比べた小沢の重要な特徴の一つとして、後藤田になかった政界再編成の構想をもっていたことがあげられるという。小沢が実際に自民党離党にまで踏み切っていったのは、「権力闘争における生き残りの契機」もあったことはもちろんであるが、それ以上に、成田の指摘する通り、自民党では十分に対応できないような国際的役割を中心にした「日本政治のアジェンダの変化」を強烈に意識していたことによると思われる。[17]これが、たとえば日本政治全体の後見役としての役割意識をもつ後藤田は自民党にとどまり、「日本改造計画」の旗手たらんとする小沢が新生党から新進党へと新しい勢力の結集を追求していったという相違をも生み出したといえよう。

以前から小沢が自民党をかなり相対化していたことを示すものとして、九二年七月の参議院選挙での勝利直後に評論家早坂茂三に対して次のように語っていたというのは興味深い。

「竹下派を百五十人に増やして俺が引き継ぎます。そして自民党を割る。ほかに二、三十人は参加する。公明党と組んで社会党にミサイルをぶち込む。百年たっても右派は左派を切れないからね。この連中と一緒に日本版民主党を作るんだ。二大政党時代の導入ですよ。[18]」

また、「社会党をまずぶっ壊さなきゃならない[19]」というような挑発的な発言も、自民党一党支配の強化をねらったものという文脈で理解するのは誤解であり、むしろ、主眼は自民党分裂をも含む二大政党型への政界再編にあった。

「だから、それこそ『朝日新聞』の予想のように、いまのままでいったらたぶん自民党は圧勝するでしょう。でもそれが心配だなんて、バカな議論をしているからだめなんだ。それで社会党や野党が変わらなかったら、国民だってこのままでいいのかっていう話になりますよ、必ず。」

「いまは、国際社会での日本のあり方とか、外交、安保、教育、治安……、そうした国の基本政策が野党と共有できないから、国民は選択の余地がなくなっているんですよね。自分自身で改革できないでいるのが、（選挙制度改革という）現実に直面して、政界再編の論議は必然的に起きてくる。」

「自民党が二つに割れるかどうかは知りませんよ。社公民がこれじゃいけないと自ら変わって、政権交代可能な政党をつくっていくということになるかもしれん。」

「しかし、社会党が結局何もできなければ、自公民という政界再編の方向をお互いに見定めないではは協力できないでしょう。そういう意味で、政治改革というのは、今後の政界再編をにらんだ、お互いに将来を考えての判断になる。[20]」

自民党若手議員グループと武村正義

以上でみてきた後藤田と小沢（グループ）に加えて、政治改革を推進した勢力としては、後に新党さきがけに結集した自民党若手議員たちのグループと、細川護熙を中心とする日本新党があげられる。[21]

若手議員グループとしては、リクルート事件発覚直後の八八年八月に武村正義を中心にした約一〇人の当選一回生議員によって結成された「ユートピア政治研究会」と、海部内閣が提出した政治改革法案が廃案に追い込まれつつあったなかで、九一年九月頃に五〇人以上が結集した「政治改革を実現する若手議員の会」（正式発足は一二月）が重要である。[22]

彼らは、後藤田や伊東をシンボルとしながら、政治改革に消極的な自民党執行部を突き上げたり推進派を結集したりして大きな役割を果たした。その動機はどのようなものであったのだろうか。

もちろん、若手議員たちは古参議員と比べて選挙地盤が相対的に弱く、スキャンダルに敏感に反応する浮動票に依存する度合いが大きいなどの事情から、再選戦略を強く意識せざるをえなかったことも事実であろうが、同時に、当選を重ねて自民党内での階段を上るために（たとえば大臣になるには最低当選五回が必要とされる）利益誘導政治に埋没するという従来型コースに乗っていってよいものかどうか、迷いを抱えていた。また彼らのなかに多かった二世議員には、ほかに優れた人がいるのに「親父が政治家という理由だけで政治家になってしまった」という「負い目」もあったという。こうして、たとえば武村の次のような「理想」への呼びかけに強く共鳴したのであろう。

「日本の政治家が理想を語らなくなって久しい。戦後、日本の復興を目指した人たちは、それぞれに日本の進む道を大いに語ったものだ。政党を問わず、政治家は理想を国民に訴えた。（中略）四十年近くの自民党の一党支配が続き、当選回数主義、数の論理といったシステムが固定化されていくうちに、理想を語ることは忘れさられてしまったようだ。派閥の論理が、そうした声をつぶしていたと言ってもいいだろう。

『数と力』を得るためにカネとポストを追い求める。そこに政治構造の腐敗が生まれ、それを示すかのように政治家のスキャンダルがつぎつぎと明らかにされていった。一度、カネとポストを求めるレールに乗ってしまうと、なかなか降りられないものだ。」[23]

こうして、若手議員たちは自らの目指す政治家像という彼らなりの通路から、「政治そのものの改革」という次元を意識するようになったと思われるが、自分たちが導入しようとしている小選挙区制を主体的に活用して何を実現すべきなのかという明確な政策構想や、そのための政界再編構想という点では、キャリア不足もあって、あまり明確とはいえなかった。そのため、彼らが独自に大きな役割を果たすのは、選挙制度改革の実現までということにならざるをえなかった。

ただし、武村自身は、当分は多党制を前提にしながら、選挙の度に二大勢力が政権を争うという構図の政界再編のイメージを明確にもっていたようである。しかし、武村の場合も、政策的争点とならんで、「政党の体質、政治手法」の違いをことさら重視する点にも示されているように、小沢一郎に対する受動的対抗という性格が強いといわざるをえない[24]。このことは、その後武村が、新しい二大勢力の一方を形成していく企図に挫折し、自民党の復活に結果として手を貸すことになったことと無関係ではない。

細川護熙の「改革の旗のもとに」

次に、「政治改革政権」を名のる非自民政権の首相として、選挙制度改革の最終段階の中心人物となった細川護熙であるが、彼の改革論の特徴は、既成政党の主張する政治改革や政界再編にはほとんど期待せず、「戦後日本の『保革対立』の政治体制ならびにその基盤である政・官・産複合体としての集権的国家システム」[25]の解体に照準を当てていたことである。熊本県知事や行革審の部会長などの経験をもとに、党派を越えて共感を呼ぶようなかなり新鮮な改革構想を力をこめて提起していたが、むしろそれだけに、政権交代メカニズムを導入するという次元の「改革」には無関心で、自らの目指す改革を実行できるような新しい政治勢力をいかに結集させるか、という点にだけ関心を集中させていた。

「しっかりと旗を掲げて、その旗のもとに、一緒にやる方々がどれだけ集まっていただけるのか、ということが一番肝心なことだと思っています。その場合、日本新党という呼称などには我々はまったくこだわらない。自民党からでも野党からでも、新しい同志の方々がそこに結集して、日本の政治をなんとしても変えていこうという時に、別の名称で新しい受け皿をつくろうというのであれば、それはそれで大いに結構だと思いますね。[26]」

実際、日本新党は九二年参議院選挙、九三年総選挙と急速に勢力を拡大し、細川自身も非自民政権の首相として、一時は八〇%もの内閣支持率を記録することになる。しかし、ここで皮肉なのは、その非自民政権の樹立は、細川が無関心であった選挙制度改革を中心とする「政治改革政権」という旗によって可能となったということである。しかも、細川自身は、そうした旗を掲げたにもかかわらず、実は自らの本来の改革構想を実現するための本格政権を志向していたようである。政権を担当するなかで、以前からの盟友の武村や田中秀征らと距離を置いて、むしろ小沢との連携を強化する方向に傾斜していった理由もそこにあると思われる。

革新側の政治戦略の欠如

一九八八年以降、汚職事件が連続するなかで、もちろん野党も政治改革を強く主張し続けたのではあるが、たとえばイタリアで野党第一党のイタリア共産党＝左翼民主党が、冷戦終結をむしろチャンスととらえ、「政権交代のある民主主義」の導入と結合させる形で、自らの政権戦略を打ち出していったのとはまさに対照的に、日本の野党の主張はほとんどが政治腐敗防止に終始し、具体的に政権獲得を視野に入れた政治戦略はほとんどみられなかった。

せいぜい、この機会に自民党単独政権を倒したいというのが最大の目標で、そのあとにどのような政治システムを導入するのかという将来構想は、ほとんど描けていなかった。それを象徴するのが、社会党が並立制を受け入れて細川非自民政権に参加する経過であった。社会党をその方向にリードした当時の「連合」会長山岸章は次のように述べている。

「三八年間続いた自民党の一党単独政権を打倒することが、金権腐敗政治を打破し、閉塞状態にある日本の政治状況を打開する決め手だということで、それを優先させた。当時社会党は、『並立制は毒まんじゅうではある。しかし、非自民連立政権が実現すれば、連立与党間で、前向きの候補者調整もできるだろう。これは、いわば解毒剤だ。この解毒剤があれば、毒まんじゅうを食っても、なんとか生き抜けるだろう』と判断したと思う。僕も、当時そういう認識をしていた[27]」

その直前の時点でも、社会党の政治改革法案には、「腐敗防止の環境をつくるためには、選挙制度も変えていく必要がある」という認識しかなく、戦後民主主義のバージョン・アップという課題意識は皆無であった。具体案としても、政治腐敗防止法案を前面に立てつつ、選挙制度としては当時の状況では実現可能性のなかったドイツ型の併用制（実質的には比例代表制）を提案するにとどまっていた[28]。

考えてみれば、八九年七月参議院選挙で一人区では圧勝した経験を経てもなお、政権を競う二大政党（ないし二大勢力）の一方へと成長しようという本格的な努力がみられなかった社会党には、そもそも先に触れた非媒介民主政の枠組み（小選挙区制型民主主義ゲーム）を主体的に受けとめる「政治文化」が、根本的に欠如していたというしかない[29]。

とはいえ、社会党周辺に位置する政治家のなかには、政権交代メカニズムの意義を認識していた者もいなかったわけではない。その一人が、社民連の代表で、九二年一一月に社会党や連合参議院の一部議員とともに二八人の政策集団「シリウス」を結成した江田五月である。江田は自民党内での政治改革の動向についても、野党のなかでは例外的に的確な見方を示していた。

「自民党内には選挙制度との兼ね合いで、かなり大胆な発想がある。それは自民党という政党をそんなに後生大事に考える必要はない、ということ。つまり日本の社会は相当な安定社会だから、政権党が多少ガタガタしても大混乱や革命が起こる恐れはない。そこを踏まえて度胸を決めさえすれば、日本の政治システムの改善に乗り出していけるのではないか、というわけだ。だから、たとえ自民党が選挙に敗れる可能性があるとしても、選挙制度を思い切って変えよう。そして議会制民主主義の本来のかたちである政権交代が実現できるようにすればよい、というものだ。」[30]

そして、江田自身は、小沢たち「新保守」と自分たち「新革新」とが連携して、「旧保守」と「旧革新」にとってかわることによって、「その『新』同士が国民に新しい選択肢を提示していき、その選択によって政権交代をともないながら議会制民主主義を進めていくというようになっていくべきだ」[31]というシナリオを示している。

のちに民主党代表になる菅直人もほぼ同様の認識をもっていたようだが、九三年六月の時点で、シリウス新党に踏み切るべきだという提案に江田たちが同調しないという経過もあって、その後の歩みは別々になっていくことになる。菅についてはまたのちに触れる。

労働界側の二大政党構想

野党勢力のなかにはもう一つ、「民間連合」結成を経て八九年末の官民を合わせた労働戦線統一、「連合」実現を目指していた労働組合指導者による小選挙区制導入論という注目すべき動向もあった。宮田義二（鉄鋼労連最高顧問、元ＪＣ議長）、得本輝人（自動車総連会長）、宇佐美忠信（ゼンセン同盟会長）などが連携して打ち上げたといわれる。[32]

労働界の再編・統一→野党再編→政権交代可能な二大政党制、という構想に基づくものとされるが、得本の発言は次のようなものであった。「自民党の長期単独政権による利益誘導型の政治を壊すには政権交代可能な政治体制をつくる必要があり、そのためには、自民党にのみ議席増の相乗効果をもたらす衆院の中選挙区制を見直し、小選挙区制の採用を検討してはどうか。[33]」

労働組合指導者という立場なので、既成野党を相対化しやすかったということもあるだろう。旧同盟会長で民社党の後援者的存在と目されていた宇佐美ですら、次のように述べている。「社公民が一緒になるのは無理だが、小選挙区制で一度自民党に大勝されると、いやでも野党再編の契機になる。何回か選挙を繰り返せば、公認をもらえない自民党若手議員も野党に回り、一緒になって新党を作る動きが生まれ、議席も逆転する。[34]」

とはいえ、当時の野党の側には小選挙区制を受け入れる素地はとてもなかった。「うちみたいな小さい政党は結局、吸収されてしまうから断固反対」（民社党幹部）。「長期的視野なら二大政党時代になるとしても、初めは必ずガクンと負けるから反対だ」（伊藤茂社会党政審会長）。

しかし、連合のなかにこのような政治構想が広がりつつあったことは、のちに九三年政変で、社会党や民社党が、並立制を受け入れてでも非自民政権に参加することに踏み切るうえで重要な要因となる。

政治改革特別委員会での論議——中選挙区制廃止へ

こうした一連の選挙制度改革の実現の過程において、九三年七月総選挙後にキャスティング・ボートを握る立場にたった日本新党・さきがけが、並立制導入を含む「政治改革政権」を提唱し（七月二三日）、野党各党がただちにそれの受け入れを表明するという展開が分水嶺となった。「政治改革政権の提唱」の発案者である田中秀征は、もともと小選挙区制には反対で、並立制でも比例部分のほうを多くすべきだという考えだったが、土壇場で二五〇／二五〇という提案をしたのには、武村の存在が大きかったようである。

「『政治改革政権の提唱』を作成するに当たって、武村さんは具体的な提案にこだわった。私はそれほどまでしなくてもと思ったが、しかし、結果的には、これがその後の政治改革論議に座標軸を与え、その方向に沿って法案化が進むことになる。もしも、この提案が具体的でなかったら、政治改革法案が成立に遭ぎつけたかどうか疑わしい。武村さんの独特のカンが、政治改革の行方を決めたと私は思っている。[35]」

他方、野党のほうに小選挙区制を肯定的に受けとめる素地がなかったことは、すでに指摘してきた。しかし、彼らがただちに並立制受け入れを表明できたのには、それなりの理由もあった。もちろん、自民党政権を倒す千載一遇のチャンスだという意識が決定的であったわけだが、選挙制度論においても、かなりの程度、受け入れの条件ができ上がってきていたという点も、実は無視できない。

その点に関しては、第一二六国会（九三年一月から六月まで）における衆議院「政治改革に関する調査特別委員会」が、議論の場を提供したという意味でも議論の水準を示したという意味でも、きわめて重要である。事務局側としてそれに深く係わった田中宗孝の紹介に基づいて、そのポイントをみておきたい[36]。

この国会には、自民党は定数五〇〇の単純小選挙区制案を、社会党と公明党は小選挙区比例代表併用制案（小選挙区定数二〇〇、総定数五〇〇）を提出しており、それぞれの提出者から趣旨説明が行われ、質疑が行われた（民社党は都道府県を単位とする非拘束名簿式比例代表制を提案していた）。議員同士の活発な論戦は各紙の社説などでも注目された。そうした一〇〇時間に及ぶ議論のなかで、議員相互の間に、ある種の信頼とともに、無視できない共通認識が形成されていったように思われる（ただし共産党を除く）。

田中の紹介によれば、とくに「関係法案の今国会での一括処理」「中選挙区制の廃止」という二点で共通の認識が成立していたという。なかでも、社会党の提案者である佐藤観樹の次の発言はかなり踏み込んだ決意を感じさせる。

「私たちは中選挙区制に戻るつもりはありません。ここで法案を出したことによって、しかもあなたから冒頭に決意を聞かれまして、今国会で成立させようといった決意で中選挙区制に戻るという橋は断ち切られているということで、既におわかりになることだと存じます[37]。」

そして、中選挙区制では同士討ちが避けがたく、それにともない、政策不在の個人中心の選挙になりがちだという批判の共有を前提に、併用制の提案者の側も「政策本位、政党本位」の選挙を実現するためだという主張を行っていた。そのうえで、議院内閣制のもとでの衆議院選挙の意義について、「政権の選択についての国民の直接の意思表示に重点を置く考え方」と「民意の正確な反映と内閣に対するチェック機能の確保に重点を置く考え方」の二つの立場が対立していたわけである。[38]それぞれ、先に紹介した非媒介民主政と媒介民主政にほぼ重なる考え方といってよい。

田中によれば、単純小選挙区制の利点としては、「政権を国民が直接選択できる」「政権が安定する」「政権交代の可能性が高い」「候補者の顔がみえる」などが主張された。

また、併用制の利点としては、「民意が正確に議席に反映する」「二〇〇の小選挙区において候補者の顔が見える選挙をする」「二〇〇の小選挙区において政権の核ができることを期待する」などが主張された。

この最後の点は少数意見で、「直接候補者を選びたい、あるいはまた無所属等の候補者にも立候補の道を開くという観点から小選挙区を併用した」というのが社会・公明側の公式の主張であった。しかし、併用制という形においてであれ、あえて小選挙区制を組み込んだ以上、比例代表制の利点だけから併用制を擁護するのでは、「論理の矛盾」を指摘されるのも当然であった。[39]

政党本位、政策本位の選挙制度へ

では、なぜ社会・公明側は、論理的に一貫する完全比例代表制ではなく併用制を提案したのだろうか。私の解釈は、自民党の単純小選挙区制に完全比例代表制をぶつけるのでなく、あえて併用制を提案することで、何らかの妥協によって中選挙区制に代わる新しい選挙制度を導入する意思があると表明したのではないかというものである。当然ながら、議席数からいって、自民党のかなりの部分の賛成がない限り成立が不可能だからである。

果たしてこの段階で、妥協案として後に成立するような並立制をも想定していたのかどうか、またそのような妥協案実現の過程で、自民党を分裂させることが可能かもしれないという意識があったのかどうかなどが興味深いが、私自身はまだ当事者から確かめることができていない。

それはともかく、特別委員会の議論の過程でも、双方の提案の共通点として、「政党中心、政策本位の選挙制度」「相対多数の者を代表に選ぶ小選挙区を含む」「格差の解消」の三点が指摘されたほか、堀江湛、成田憲彦という二人の参考人によって紹介された民間政治臨調の連用制案に言及しつつ、妥協の可能性を探ろうという趣旨の発言が多くみられたという。

また、自民党の政治改革本部事務局長として、この委員会の議論をリードした一人でもある武村正義の次のような発言は、各党の利害を越える民主主義ゲームのルールという次元を明らかに指摘しており、妥協成立の前提を示すものとしても注目される。

「皆さんはたまたまその瞬間の選挙の全国トータルを議席比で論議をされておりますが、やはり五百人という代表をどう選ぶか。きのうだれかおっしゃいましたように、民主主義のルール、スポーツのルールと同じでありますが、どういうルールで代表を選ぶかという議論をしているわけでありまして、私どもは五百の小選挙区に割って、一つ一つの選挙区で国民なり有権者が納得してくださる、このルールで代表が一人決まるならいいじゃないか、それはわかったということであれば、それは民主主義の原則に合ったルールであります。[40]」

4　小選挙区制型民主主義ゲームへ

非自民政権から自社さ政権へ

以上でみてきたような各党、各政治家の「政治そのものの改革」をめぐる認識内容や水準、それを前提にした政治戦略の内容や水準が、政治改革以後数年の狭い意味での政局の展開にもきわめて重要な要素として働いていたというのが私の理解である。最小限の事例にしぼって触れておこう。

最も決定的だったと思われるのは、その性格からして過渡的政権とならざるをえない運命にあった「政治改革政権」としての細川非自民政権の崩壊から、羽田少数政権を経て、自民・社会・さきがけによる村山政権成立（九四年六月）までの展開である。そこで問題だったのは、選挙制度改革推進派と反対派という構図における改革派としての非自民連合から、自民党分裂まで含む新たな二大勢力の政策的対抗という構図（すなわち小選挙区制型民主主義ゲーム）へといかにして移行するかというシナリオである。各党は、全体シナリオを描きつつそのなかで自らの政治戦略をどのように構想するかということが求められていた。

たとえば菅直人が当時示していた次のようなシナリオは、私からみても望ましいものであったと思う。

「まず社会党が、連立政権から離脱する独自派と残留する協調派に一対二程度の比率で分裂し、それに伴い自民党から若手を中心に数十名が連立与党に参加する。そして現在八党派に分かれている連立与党は新しい参加者を含め二つか三つの党に収れんしていく。

私としては新党さきがけと日本新党に、社民連や社会党の協調派と自民党からの連立参加者の一部を加え、リベラル派と社民派による日本型『民主党』の結成をめざしたい。この『民主党』は衆議院で一三〇名前後の勢力となることが予想されるし、望ましい。他方新生党、公明党を中心に自民党や他の党からの参加者を加えて日本型『共和党』が生まれるのではないか。『共和党』は衆議院で一五〇名前後の勢力となろう。

そしてこの『民主党』と『共和党』が連立を維持して細川政権を支え、次の選挙では自民党政権の復活を許さない立場から全面的な選挙協力を行うことが必要である。

新しい選挙制度による次の選挙で自民党が政権復帰ができない時には、自民党の求心力は完全に失われ、消滅に向かう可能性が大きい。この場合、大部分の議員は『民主党』か『共和党』に合流し、新しい二大政党時代に入ることになろう。

次回の選挙前に自民党の大分裂が起き解体する可能性も指摘されている。しかし政権復帰をかけて一度は新しい選挙制度で自民党もたたかうことになると考えるのが普通だ。

なお連立政権から離脱した社会党独自派と共産党は比例区を中心に併せて三十〜四十人の勢力を維持、政権に対する左からのチェック役を果たすことになろう[41]。」

しかし、こうしたシナリオは、新しい民主主義ゲームへの移行の必要性に最も鈍感な自民党と社会党が、生き残りのためにいわば本能的に分裂回避を最優先した（逆にいうと内部の改革派が分裂に踏み切れなかった）ために挫折したのは、周知の通りである。

こうしたなかで、ある程度実現の可能性があったのは、小沢一郎の戦略構想である。小沢も、将来の二大勢力のイメージについては菅とかなり一致していたと思われるが、時間との勝負で自らの日本改造計画を実行しなければという使命感や焦燥感に駆られていた。小沢は非自民連立をなるべく存続させて、総選挙で自民党を縮小させたうえで二大勢力への展望を探る、という時間のかかる正攻法では満足できず、社会党の左派を切る一方、渡辺美智雄グループなど自民党の一部を加えることで、ただちに自らの構想する改革を実行できる勢力をつくることに直進しようとした。対抗勢力がどうなるかなどはその連中自身が考えればいいことだというのが彼の意識であって、将来の対抗勢力との間で、共通のルールや最低限の信頼を形成していく手続きを重視するなどの発想は希薄だったと思われる。なお、政治システムよりも政策構想に関心を集中させていた細川がそれに同調したのも、十分理解できることであった。

しかし、こうした小沢戦略もまた、渡辺美智雄の自民党離党が実現しなかったために挫折する。[42] それだけでなく、社会党やさきがけが、小沢の「独裁的手法」に反発して自民党との連立に踏み切って非自民連立は最終的に崩壊することになった。その責任の半分は、小沢のパーソナリティや、日本的な馴れ合いに反発するあまりのその「独断的リーダーシップ[43]」にあったといえようが、あとの半分は、並立制を前提にした将来の政治システム像を描こうともせずに、自己の生き残りを最優先させた自民党と社会党に帰すべきである。

社会党は、リベラル勢力結集をめざして、自民党に政策的決断を迫りつつ捨て身で、つまり必要なら連立を離脱する覚悟で、自民党分裂を引き起こすためにあえて自民党との連立に加わるというのであれば意味はあったのかもしれないが、実際には自らの延命だけのために総選挙先延ばしを要望するありさまで、結果として自民党復活に手を貸しただけに終わった。

自民党の側では、小選挙区制に反対し、自民党単独政権の復活・維持を至上目標とする潮流が主導権を奪回してしまった。その中心人物である加藤紘一は、ある対談で次のように述べている。

「カーティス　なぜ日本にもっとパワフルな野党システムが生まれないんですか。

加藤　ディベーティング社会じゃないからでしょうね。一人ひとりが個人の意見を持ってそれに基づいて議論し、それで政治が進んでいくという社会であれば、二大政党はありうると思う。政策についての複雑な議論よりも、政権与党の側か、それとも反対する側かという、この座標軸のほうが日本ではわかりやすいんですよ。

カーティス　一つの政権与党と、それに抵抗する反対党という感じですね。

加藤　二大政党ということじゃないんですね。

カーティス　それなら、自民党の一党支配が一年だけ休憩して、今後はまたかつてのように三〇年、四〇年、五〇年と自民党の一党支配の時代がくるんですか。

加藤　続くんだと思います。大きな政権与党と、中小サイズの野党と。野党のほうの同盟はなかなか難しくなります(44)。」

「自民党一党支配がまた定着すれば、野党が政権を取るかもしれないという緊張感が失われ、与党が腐敗する可能性が大きいと考えられますが、どうですか」という質問にも、加藤は、「その可能性はあるでしょうね。だから自分たちで注意しなければ、と思っています」と答えるのみであり、ここには政治改革論の成果の痕跡もみられない。

九六年一〇月総選挙と民主主義ゲームのルール

もう一つの決定的な節目は、九四年一二月の新進党結成、九六年九月の民主党結成を経て行われた九六年一〇月総選挙であった。ここでは選挙結果を具体的に分析することはしないが、ポイントは、新進党と民主党が共倒れになって自民党を勝利させてしまった、ということに尽きる。小選挙区での得票率をみると、新進党二八％、民主党一〇・六％で、合わせれば自民党の三八・六％と同じなのに、獲得議席数は自民党の一六九（五六％）に対して、新進党九六、民主党一七にとどまっている。両党が候補者を統一していれば、都市部を中心にして結果は激変したはずである。

イタリアでは、九四年、九六年の二回の小選挙区制選挙で、一〇を超える政党が選挙連合を組んでまず三極へ、次に二極へと結集しながら正面から政権を競った。この実例に照らしても、ともに「自民党単独政権では行政改革は不可能だ」と主張していた新進党と民主党が、何の連携の試みもせずに自民党を勝利させたのは、小選挙区制型民主主義ゲームのルールを理解しないがゆえの戦略的誤りだった。

自民党や社民党も、政権選択選挙にもかかわらず、政権構想や連立相手を明示しないで選挙後のフリーハンドを確保しようとする従来型の習慣を変えなかった。

選挙後の他党議員の公然たる引き抜きも含めて、全体として、新しいゲームのルールとプレーヤーの意識や行動のズレの大きさこそが、九六年前後の日本政治の最大の問題だったと思われる。

本章の最後に、比例代表制と小選挙区制が重視する「民意」のタイプが異なるという点に着目して、比例代表制型民主主義と小選挙区制型民主主義のゲームのルールを対比して要約しておきたい[45]。

まず、比例代表制においては、有権者は政党への投票を通じて世界観的、政治理念的志向とでも言うべき包括的、一般的な民意（政党支持の民意）を表明する。政党は有権者に対して体系的な政策を提示するが、有権者は具体的な政策というよりも、むしろそうした政策の基礎にあるその政党の一般的な政治的立場への支持を表明する。そして、投票者全体におけるそうした政党支持の民意は、議会での各政党の議席率に「鏡のように反映」される。

比例代表制においては、一つの政党が過半数の議席（五〇％以上の得票率）を獲得する場合はきわめて例外的なので、通常は選挙後の政党間交渉を経て連立政権が形成される。各政党はその支持者の志向を尊重しつつも、自らの裁量と責任で他党と政策や大臣ポストの交渉を行い、なるべく自らの主張が反映されるような連立政権の形成をめざす。過半数の議席を確保しうる形で政党間の政権協定が成立すれば、連立政権がスタートする。ここで注意する必要があるのは、有権者は政権については選挙で直接的な民意を表明することができず、政党に対して政権への対応も含めた一種の包括的な委任を行なうということである。

与党に加わった政党は、連立与党内の協議に参加することを通じて、それぞれの政策課題への解決策に自らの主張を反映させることを通じて自らの役割を示し、支持を拡大しようとする。野党となった政党は、主に与党案に対する鮮明な批判を提示することによって存在意義を示し、支持を拡大しようとするが、与党も含め、なるべく多くの他党を賛同させられるような対案や修正案を提出し実現させることを通じて支持を拡大しようとする場合もある。

また、次の選挙を経ずに議会の任期途中において、新たな政権協定を締結して連立政権の組み換えを行なうことも比例代表制の場合には許される。そうした行動をとった政党の責任は次の選挙において有権者の審判を受けることになる。

これに対して、小選挙区制においては、二大政党ないし二大勢力（政党連合）がそれぞれ明確で信頼性のある政権構想（マニフェストと首相候補）を提示し、有権者は自らの小選挙区においてどの政党の候補者に投票するかを通じて政権選択権を行使する。ここでは政党選択ではなく政権選択という民意が重視される。それゆえ、この場合の政権構想、特にマニフェストは、四年間の任期中に責任をもって実現できるようなものであり、実現できなかった場合には有権者や反対党が次の選挙で責任を追及できるような具体的な一連の政策であることが求められる。

このような直接的な政権選択という形で表明された民意は、次の選挙までは厳格な拘束力を持つので、多数派を獲得した政党ないし政党連合が与党となり、少数派となった政党や政党連合が野党となるという構図は、新たな選挙を経ないで組み換えることは許されない。仮に組み換えた場合は、速やかに新たな選挙によって民意を問う必要がある。

任期中、与党は自らが提示したマニフェストを実現する正当な権力（過半数の議席）と責任を持つことになる。野党の方は、政権に対する鮮明な批判を展開して、次の選挙において多数派となることを戦略的目標として活動する。もちろん、野党が与党と協力していくつかの政策を実現することもあってよいが、あくまでも体系的な批判活動を通じて次の選挙において多数派を奪回するという野党としての基本的役割が優先されなければならない。

一九九三年から九四年にかけての離合集散で示されたように、中選挙区制のもとでしか活動したことのない日本の政党は比例代表制に準ずる中選挙区制型民主主義のゲームを唯一のものと信じ切っていたと思われる。

一九九六年総選挙を見る限り、日本の政党にとって、新しい選挙制度が想定する小選挙区制型民主主義のゲームがまったく異質なものだということを認識し、そうした新しいゲームのルールに則った行動様式と戦略能力を身に付けることは予想以上に難しいということが判明した。しかし、小選挙区制型民主主義ゲームが開始され、有権者による政権選択権の行使と政権交代メカニズムの作動というその目的が実現するためには、日本の政党、特に野党が新しいゲームのプレーヤーにふさわしい行動様式と戦略能力を獲得することが不可欠である。

注

(1)『朝日新聞』一九九四年二月一六日。
(2)『文藝春秋』一九九一年一月号。
(3)後房雄『政権交代のある民主主義』窓社、一九九四年。
(4)高橋和之「現代デモクラシーの課題」、岩波講座『現代の法』第三巻、岩波書店、一九九七年、二五ページ。同『国民内閣制の理念と運用』有斐閣、一九九四年、も参照。
(5)代表的な選挙制度としては、小選挙区制と比例代表制があるが、最近の各国の選挙制度改革では、その両者を組み合わせた「混合型」が採用されることが多い。混合型にはさまざまな形態があり、日本でもその選択が問題となった。

まず、「並立制」は、議席の一部を小選挙区制で選び、一部を比例代表制で選ぶ二本立ての制度である。そのなかでも、小選挙区と比例区でそれぞれ別に投票する二票制と、小選挙区での票を比例区の票に読み替える一票制とがある。

民間政治臨調が提案した「連用制」は、並立制を、第二党以下にやや有利となるように修正したものである。具体的には、比例区における議席配分において、小選挙区で議席を得た政党の議席配分をその分だけ減らすものである。イタリアでは控除制度という名称でこれが採用された。

ドイツの「併用制」では、有権者は選挙の際に二票の権利を行使する。第一票は小選挙区の候補者に、第二票は政党の州候補者名簿に対して投じられる。この政党に投じられる第二票によって全議席の配分が決まるが、ある党の小選挙区での獲得議席が比例配分された議席数を越える場合の超過議席も認められる。全体として、併用制の実質的な性格は比例代表制にきわめて近い。『新版 比較・選挙政治』ミネルヴァ書房、二〇〇四年、第三章。

(6) 政治改革の経過については、とくに以下のものが有益である。田中宗孝「政治改革六年の道程〈一〉―〈一七〉」、『選挙時報』第四四巻第八号―第四六巻第一号、一九九五―九七年、前田和敬「日本の選挙制度改革――その経緯と課題」、NIRA報告書『選挙と国の基本政策の選択に関する研究』総合研究開発機構、一九九六年、成田憲彦「『政治改革の過程』論の試み」、『レヴァイアサン』第二〇号、一九九七年春。

(7) 成田「『政治改革の過程』論の試み」、前掲、三四ページ。

(8) 保阪正康『後藤田正晴』文藝春秋社、一九九三年、三二二ページ。

(9) 小選挙区制を中心にして、比例代表制で部分的にそれを補うという後藤田案は、すでに八〇年代半ばには形をなしていたようである。菊地久『後藤田正晴』山手書房、一九八五年、一九三ページ以下。

(10) 田中「政治改革六年の道程〈二〉」、前掲、八ページ。

(11) 『中央公論』一九九二年一二月号。

(12)保岡興治監修『思春期を迎えた日本の政治』講談社、一九九〇年、四三七ページ。
(13)小沢一郎『語る』文藝春秋社、一九九六年、八〇ページ。
(14)渡辺乾介『あの人――ひとつの小沢一郎論』飛鳥新社、一九九二年、二五四ページ。
(15)『現代』一九九三年八月号。
(16)『週刊朝日』一九九一年六月二一日号。
(17)成田『「政治改革の過程」論の試み』、前掲、三六ページ。
(18)『諸君』一九九四年七月号。
(19)朝日新聞政治部『小沢一郎探検』朝日新聞社、一九九一年、二〇〇ページ。
(20)『週刊朝日』一九九一年六月二一日号。
(21)大嶽秀夫「自民党若手改革派と小沢グループ」、『レヴァイアサン』第一七号、一九九五年秋。
(22)同右、大下英治『自民党燃ゆ』講談社、一九九二年、一一九ページ、三〇七ページ。
(23)武村正義『小さくともキラリと光る国・日本』光文社、一九九四年、二一―三ページ。
(24)同右、四〇―四五ページ。
(25)細川護熙「『自由社会連合』結党宣言」、『文藝春秋』一九九二年六月号。
(26)細川護熙「『改革』の旗のもとに」、『文藝春秋』一九九三年一月号。
(27)山岸章『「連立政権時代」を斬る』読売新聞社、一九九五年、一二―一三ページ。
(28)佐藤観樹「腐敗の根を断つ選挙・資金制度への改革を」、『月刊社会党』一九九三年四月号。
(29)本書第2章を参照。
(30)江田五月「社会党解党論」、『現代』一九九一年六月号。
(31)江田五月「〈旧革新〉社会党の解体を」、『文藝春秋』一九九三年二月号。
(32)塚本俊之「『政治改革』の社会的政治的背景」、『暁学園短期大学紀要』第二七号、一九九三年。

(33)『朝日新聞』一九八八年九月八日。
(34)『読売新聞』一九八八年九月一七日。
(35)田中秀征『さきがけと政権交代』東洋経済新報社、一九九四年、一〇二―一〇三ページ。
(36)田中宗孝「政治改革をめぐるこれまでの経緯と第一二六回国会における審議の概要（一）―(五)」、『選挙時報』第四二巻第八号、第九号、一九九三年九月、九四年一月。
(37)同右、(二)、七―八ページ。
(38)同右、一〇ページ。
(39)同右、(四)、四ページ。
(40)同右、(二)、一七ページ。
(41)菅直人「私は日本型『民主党』をめざす」、『世界』九三年一二月号。
(42)謎であったこの経過は、田原総一朗『頭のない鯨』朝日新聞社、一九九七年、によってかなり解明された。
(43)大嶽、前掲論文、二三ページ。
(44)『中央公論』一九九七年九月号。
(45)より詳しくは、私も関与した民間政治臨調緊急提言「構造改革を担う新しい政党と政治のあり方」、『論争』一九九七年七月号、を参照。

第2章　制度改革と政治変動
――イタリアと日本における「民主制の民主化」

1　五五年体制とは何だったのか

一九九三年八月の細川非自民連立政権の誕生によって五五年体制が最終的に崩壊したという点については ほとんど異論はないといってよいだろう。

しかし、一九七九年に出版された日本政治学会年報『五五年体制の形成と崩壊』を代表として、それ以前にもしばしば五五年体制の「崩壊」が語られてきていることは周知の通りである。「変容」についてはいうまでもない。こうした議論の経過を現時点から振り返るならば、それまでの「崩壊」（ないしその見通し）の判断が総じて時期尚早であったということ、逆に言えば五五年体制は多くの研究者の想像を越えるほどの耐久力を備えていたということを確認しなければならないであろう。

とはいえ、すでに以前から崩壊が語られてきたことにもそれなりの理由がある。特に、五五年体制が論者によってさまざまに異なる内容で理解されていたという点に注意する必要がある。たとえば山口定は一九八五年の論文において、五五年体制についての七つの規定を紹介している。しかも、それらは包括的で択一的なものではなく、「この体制の諸特徴をそれぞれクローズアップさせたもの」だというのが山口の理解であった[1]。

そうした理解を前提にすれば、戦後日本政治の原型的構造を五五年体制と呼んだうえで（ただし体制としての定着は一九六〇年以降であるという理解が有力である）、その主要な諸特徴それぞれの変容や消滅に着目しながら原型的構造の変化を分析すること自体は意味のある作業だったといってよい。たとえば、「一ヵ二分の一」政党制から「一強四弱」政党制への変化や、「保守・革新対峙」の構図の衰退などはそれなりに重要な変化であった。

しかし、そのことを認めたうえで私としては、九三年の非自民政権の誕生をもって最終的に五五年体制が崩壊したと多くの人たちに受け取られているという事実は、五五年体制の一般的理解において、何よりも自民党単独政権という特徴、私の問題設定に即して言い換えるならば「政権交代メカニズムの構造的機能不全」という特徴こそが決定的に重要であったということを示すものだという点を強調したいと考える。もちろん、他の諸特徴の変化に即して戦後政治の構造変化の諸段階をたどる作業の意義を軽視するわけではないが、現時点で五五年体制の崩壊を論じる場合には、政権交代メカニズムの機能しない閉塞した民主主義という特徴に焦点を据えることがまず必要だというのが私の主張である。

実際、五五年体制の名称の由来である一九五五年に成立した政党制については、当初から「保守永久政権」という性格が重視されてきている。たとえば岡義達が一九五八年に「一ヵ二分の一大政党制」という呼び方を始めたのは、二大政党制とはとても呼ぶことのできない「跛行的」性格を強調するためであった[2]。

それを受けて、升味準之輔・スカラピノも次のように述べている。

「この政党制は、一ヵ二分の一政党制という方がヨリ正確ではないだろうか？　一方の政党は依然支配的であり、つねに政権をにぎっている。そして支配することしか知らない。他方の政党は万年少数党で、有権者の三分の一以上を支配することができず、そして、反対することしか知らない。それどころかときには政権につくことを恐れている様に見える[3]。」

ともあれ、右のような理解に立って、私自身は、政権交代メカニズムの機能しない戦後民主主義から「政権交代のある民主主義」への移行という観点から、冷戦終結後のイタリアと日本の政治変動の比較分析を行ってきた[4]。本章では、その作業の一環として、制度改革（特に選挙制度改革）をめぐる諸政党の動向やその基礎にある制度観・民主主義観に焦点を据えた比較分析を行うことによって、五五年体制の崩壊過程に対する一つの視角を提示することを試みたい。こうした焦点の設定の有意性は、一九九〇年代のイタリアと日本の政治変動において、それぞれ「制度改革」(riforme istituzionali)と「政治改革」がキーワードとなり決定的争点となったという周知の事実から明らかといってよいだろう。そして、そうした共通の焦点を設定することによって、日本とイタリアの一種の対照性を鮮明に浮かび上がらせることも可能になるはずである。

なお、イタリアや日本の「政権交代のある民主主義」への移行という過程については、馬場康雄がハンティントンの「民主化の第三の波」論（一九八四年）を修正しつつ援用して、「民主制の民主化」の事例として第三の波に含まれるものとして理解するという仮説を提示している。つまり、「不十分にしか民主的でない体制、あるいは民主主義の形式的要件を満たしているが大きな欠点をかかえた体制が、より高度に民主的な体制へと変化すること」をも「民主化」という言葉に含めようというのである。(5) 私もこのような時代認識を共有するが、ハンティントンの議論以後、冷戦の終結を経た現在では、それに加えて国際的な冷戦構造の崩壊に連動した国内政治の脱冷戦という文脈を特に重視する必要があると考えている。

2　政党支配体制の爛熟から「制度改革」へ

イタリアの現代史家スコッポラがイタリアの戦後民主主義を歴史的に総括する著書のなかで「制度改革のパラドックス」というハンス・ケルゼンの言葉を紹介しているが、実際、民主主義制度の運用を通じて制度改革を実現するということ、さらには制度改革を突破口にして政治変動を起こそうとすることには本来的なパラドックスが伴うといわざるをえない。スコッポラによれば憲法学者ザグレベルスキーがそれを以下のように敷衍している。

「決定できないがゆえに改革しようとする。しかし、(妥協から決定という方向での)憲法体制の改革はそれ自体が考えられる限り最大の決定である。解体の程度が大きければ大きいほど改革の必要性も大きい。しかし、それが必要であればあるほどそれは困難なのである。(6)」

しかし、そうであるだけに、一九九〇年代以降のイタリアや日本の事例は、様々な留保が必要であり可能であるとしても、民主主義制度を通じてかなり重大な制度改革(具体的には選挙制度の改革)

が実現しうるということ、しかも、そうした制度改革を主要争点として政治変動が開始され、それが制度改革の実現を経てさらに加速するという展開がありうるということを示した点で注目に値する。

その過程では、既成体制への激しい批判を表明し「改革派」を名乗る新しい政治集団や政治指導者の登場が大きな意味をもったが、同時に、主要既成政党のなかから制度改革にコミットする有力な政治集団が出現したことも決定的であった（イタリアにおける共産党主流派＝左翼民主党、日本における自民党小沢・羽田グループ＝新生党。なお、この両国の事例における左右という点での対照性に注意されたい）。

以下では、イタリアと日本のそれぞれの事例において、「制度改革のパラドックス」が具体的にはどのような経過で解かれえたのかを要約してたどることによって、その共通性と相違点を明らかにしていく。そのうえで、両国の野党第一党であったイタリア共産党と日本社会党のそうした制度改革への姿勢が文字どおり対照的であり、しかもそのことが両国の制度改革の過程そのものやそれと並行した政治変動の相違を生み出す主要な要因の一つともなったことに着目して、両党の制度観・民主主義観のある程度立ち入った検討を行うことにしたい。

まず本節と次節ではイタリアの事例を検討対象とする。

比例代表制と政党支配体制

イタリアにおける制度改革実現までの経過をたどるにあたって、実際に実現した制度改革の内容を確認しておくならば、具体的には次のような三つのものが挙げられる。(7)

(1) 九三年三月、市町村長と県知事の直接選挙を導入し、市町村議会と県議会の議員選挙を多数決的な方向に改革する地方選挙法が成立。
(2) 九三年八月、上院と下院の議席の七五%を小選挙区制で選出し、二五%を比例代表制で選出する新しい選挙法が成立。小選挙区の当選者の得票をその政党の比例区の得票から差し引くという「控除」制度を採用しているので、日本での用語でいえば「連用制」である。
(3) 九五年二月、州知事の直接選挙を導入し、州議会議員選挙を多数決的な方向に改革する州選挙法が成立。

要するに、各級の選挙制度をすべて多数決的な方向に改革したわけであるが、これは、一貫して比例代表制を基礎にして運営されてきた戦後イタリア政治の基本構造の変更をめざすものといいうる。

実は、イタリアにおける比例代表制の伝統の強さは、それまで排除されてきたカトリック勢力や社会主義勢力が政治システムのなかに包摂されはじめた第一次世界大戦前後の時期以来のものである(男子普通選挙制導入は一九一二年、それまでの小選挙区制から比例代表制への転換は一九一九年)。比例代表制は異質な諸勢力の共存を可能にする形式であったといえる。

さらに、第二次世界大戦後には、ファシズムやナチズムに対するレジスタンスという共通の前提をもつ主要政党によって挙国一致内閣が成立するが、それが冷戦対立の開始とともに東西の陣営選択をめぐる深刻な対立によって分裂に向かうという事態が展開した(四七年五月に共産党と社会党が政権から排除される)。四六年二月から四七年末までの憲法制定会議の作業はまさにこうした状況と並行したわけであり、その成果であるイタリア共和国憲法(四八年一月一日施行)は、一方のキリスト教民主党（三五・二％）と他方の社会党（二〇・七％）、共産党（一八・九％）という三つの大衆政党の間の妥協の産物とならざるをえなかった。その結果として、一方ではファシズムへの警戒から政府への権力の集中を避けようとする考慮が、他方では両陣営の片方が多数を占めても少数派に対して自らの価値観を強制することができないようにするという考慮が強く働くことになった。そして、こうした文脈で、特に少数派として固定されていった左翼を中心にして、比例代表制はほとんど不可侵の前提と考えられるようになったのである。(8)

その後の戦後政治は、キリスト教民主党（以下ＤＣと略称）が傾向的に得票率を低下させるなかで(四八年の四八・五％から七九年の三八・三％へ)、ＤＣが連合相手を増やしながら自らが主軸の連合政権を維持し続けるという展開となる。政権パターンは、四八年から六二年までの中道連合政権、六二年からは社会党を加えた中道左派政権、七六年から七九年まではさらに共産党をも閣外与党にした国民的連帯政権という変遷をたどる。(9)

この間、七〇年頃までの統治制度改革の中心は、憲法の規定の完全実施という点にあった（憲法裁判所、最高司法評議会などの設置、国民投票法制定、州制度の実施）。その後、七六年総選挙において三四・四％を獲得した共産党の台頭に象徴されるような戦後政治体制の動揺のなかで、各党の新たな政権連合戦略の模索と並行してしだいに統治制度改革が政治的争点として浮上していくことになる。特に、共産党をも加えた国民的連帯政権が七九年に挫折して以降、とりあえずは左右両極を除く主要政党を網羅した五党連合政権が形成されるが、少数政党の発言力強化のなかで統治能力の弱さが恒常的な問題となるなかで、「制度改革」(riforme istituzionali) はイタリア政治の一つの焦点としての位置をしめるようになっていった[10]。

もともとは、社会党系の学者や政治家たちが一九七九年頃に口火を切ることによって議論が開始されたのであるが、八三年には国会に政治制度改革のための両院合同委員会（略称ボッツィ委員会）が設置されて公式の政治課題となるに至る。

この時には、八五年の委員会報告書が多数派報告書と四つの少数派報告書に分裂し、具体的な改革にはつながらなかった。しかし、これを通じて、イタリアにおける「統治能力の危機」（具体的には代表制の危機、政策決定の危機、財政危機など）という認識が広く共有されるようになる。

制度改革といってもその対象範囲が問題であるが、イタリアの場合には非常に広範囲であって、イタリア共和国憲法第二部「共和国の政治制度」の規定全体を対象としているといってよい。つまり、議会（二院制の在り方の見直しも含む）、大統領（アメリカ型ないしフランス型の大統領制の導入）、内閣、行政、司法、地方自治体（連邦制の導入も含む）などが広く対象とされる。しかし、注目されるのは、八〇年代を通じて、いわゆる五党連合体制のもとで連立与党の間での利益山分け体制ともいうべきものが確立し爛熟していくなかで、政治制度改革論の焦点がだんだんと選挙制度改革に絞られていったということである。その理由はこうである。

完全比例代表制の選挙制度のもとで、戦後一貫して第一党でありながらもはや三〇数％の得票（議席）しかないＤＣが与党の地位を維持しようとすれば、三〇％前後の共産党と五、六％のネオ・ファシズム政党（イタリア社会運動）を政権から排除するという条件のもとでは、自由党、共和党、社会民主党、社会党の四党すべてを政権に参加させる五党連合というやり方しか残されていないというのが八〇年代の状況であった。これは、四つの小政党の交渉力がきわめて強くなるということでもあった。

こうした状況のもとで、膨大な公的諸機関を自らの資金源、勢力基盤として「領地」化するというDC各派閥の伝統的なやり方が連立与党全体へと拡大していった。しかも、政党間の配分比率が定められるまでにそれが構造化していたことが一九九二年以降の汚職事件の摘発のなかで明らかになった。市民の側からみれば、通常の行政サービスや手続きのためにすら与党政治家とのコネに頼らざるをえないという、いわば「法治国家以前」の事態となる。

また、自由党から社会党まで含んだ五党連合政権をともかくも存続させることが至上命題となり、明確な政策的選択と実行はほとんど不可能となった。総選挙を繰り返しても、共産党の退潮傾向が始まるなかでは、せいぜい五党間での得票率の変動があるくらいで政権交代は事実上不可能であるため、投票率も低下する一方であった（七六年の九三・四％から九二年の八七・二％へ）。要するに、イタリア政治は選挙で得た得票率（議席）を背景に連立与党がポストや利権をめぐって展開する談合と駆け引きへと堕していたのである。有権者も各党の得票率を多少変動させることしかできず、日常的に政党へのコネに頼って生活せざるをえない存在となってしまった。これをイタリア語ではパルティトクラツィア（政党支配体制）と呼ぶ[11]。

「制度改革」実現の経過と諸要因

事態のこのような深刻化のなかで、制度改革の議論を本格化させた決定的な要因は、このままではイタリアは急展開し始めたEC統合に乗り遅れてしまう（必要な基準を満たす立法や改革ができない）のではないかという広く共有された危機感であった。八六年二月の『単一欧州議定書』の調印以後、九二年末を画期とする「市場統合」プロジェクトが本格化していくが、イタリアは世論調査などでEC統合にもっとも強い支持が示される国でありながら、それへ向けての財政状況の改善やEC法規の国内法規化などの条件整備が著しく立ち遅れ、国際的にイタリアの信用問題すら惹起される状況となっていたのである[12]。

こうした危機感の強まりに、八九年以降はさらに冷戦終結とそれに連動した国内政治の極度の流動化が重なっていくことになるが、そのなかで制度改革が選挙制度改革という一応の成果をあげるに至る経過を、大筋で時系列に従いながら要因別に整理すれば以下のようになるであろう。

第一に、五党連合の与党勢力のなかからの改革の試みが、八〇年代末までにほぼ挫折が明らかになったことである。そして、結果としてはそのことが与党勢力の中心部分の外に改革派勢力を生み出すことになっていく。

与党内部からの制度改革の試みとしては、まず、「イタリア左翼の制度問題に対する伝統的無関心」（スコッポラ）を打破したものとも評される社会党の動きが、七九年総選挙直前に社会党のクラクシ書記長が「大改革」のスローガンを打ち出すことによって開始される。それはクラクシの政治戦略と密接に関連していた。つまり、社会党を疎外しがちなDCと共産党の協調体制を崩し、将来的にはDCに対抗して社会党主導の統一的左翼勢力を構築して政権交代メカニズムと政権の安定化を実現することを目指しながら、とりあえずはDCとの連合政権のなかで自らを強化しつつ共産党の左翼内でのヘゲモニーを崩すという戦略である。

こうした反協調主義の立場は、八三年から八七年までのクラクシ政権において、共産党や労働組合との対決も辞さない「決断主義」の政権運営として表現された（物価スライド式賃金決定方式の改革など）。そして、制度問題でも、議会での秘密投票の制限など「機能的多数決主義」が推進された。しかし、社会党の再興者として君臨し続けたクラクシは、時折は大統領制の導入などに言及しつつも、「構造的多数決主義」につながるような選挙制度改革には一貫して反対するという、本来の政治戦略とは矛盾するような立場に固執するようになっていく。(13)

のちに、クラクシの牙城ミラノを突破口とする九二年以降の汚職摘発のなかでクラクシ自身も膨大な数の捜査通告を受けて失脚することになったことから推測すれば、八〇年代のある時点で、クラクシは本来の政権戦略を捨ててDCとの連合政権の永続化をめざすようになっていた、あるいはそうせざるをえないほど利権構造に深入りするようになっていたということだと思われる。

なお、社会党のなかには、憲法学者で副書記長や首相も務めたアマートなど、選挙制度改革も含めた制度改革に本格的に取り組もうとする指導者もいたが、九三年二月の書記長辞任までのクラクシ時代には大きな発言権はもちえなかった。

五党連合勢力内部からのもう一つの改革の試みは、八二年にDC幹事長に選出されたデミータによるものである。党内左派の有力指導者のデミータは、党外のカトリック知識人やカトリック団体指導者たちの党改革を求める声を背景に、DC-共産党の二大政党制による政権交代メカニズムの構築という政治構想をもち、他の先進諸国とも共通する新自由主義的改革に着手しようとしていた。しかし、DCを利権構造から脱却させようとする党改革の試みが八三年総選挙の敗北などもあって「古いDC」

の強力な抵抗を呼び起こし、八八年から八九年にかけて首相を務めたものの成果をあげることができないまま、八九年には幹事長の座も追われることになる[14]。

それにとって代わって古いDCを復活させたのは、幹事長フォルラーニと首相アンドレオッティであり、彼らはクラクシ社会党との同盟関係を堅持して五党連合政権の永続化を追求することになる。彼ら三人の名前の頭文字をとってCAFと呼ばれるこの体制のもとで、与党勢力は九二年総選挙ではギリギリ過半数にまで議席を減らしつつも存続し、その後の汚職摘発と改革派勢力の台頭によってはじめて壊滅的打撃を受けることになる。

こうして、第二の要因として、DCのマリオ・セーニ議員を中心とする改革派の登場に触れる順序となる[15]。彼は首相や大統領を務めたアントニオ・セーニの息子であるが、七九年初当選以来、国民的連帯政権をはじめとして協調体制に対する一貫した批判を展開していたが、期待していたデミータの改革が挫折したことによって、八九年から国民投票によって多数決的方向での選挙制度改革への突破口を開くという新しい運動に乗り出していくことになる（七月一四日に記者会見で発表）。

彼の国民投票運動は、DCのなかでは左派の一部からしか支持されなかったが、カトリック団体指導者やカトリック知識人たちを広く結集したほか、各政党から横断的に改革派を集めた。そのなかでも特に、オッケット書記長を中心とする共産党主流派、のちの左翼民主党がその主力として加わったことが決定的であった。これは、独自に第三の要因として指摘しておくべきものである。実際、国民投票の提起に必要な五〇万人の署名集めから、国民投票勝利のための全国的なキャンペーン、さらには議会で与党勢力の執拗な抵抗を押しのけながら選挙法改正を可決するまでの過程は、左翼民主党の存在なしには考えられなかったであろう。

なお、セーニの改革派としての基本認識は彼の著書の次の一節に示されている。

「わが国の政治システムは不可逆的な危機へと向かっているというのが私のかなり以前からの確信であった。政治世界はもはや解決不能なまでにもつれていた。もはや職業的存在となってますます市民社会から乖離している政治家階層によって支配された諸政党の危機。比例代表制によって麻痺させられ、政党支配体制に従属させられたことによる中央政府からコムーネ〔市町村〕に至るあらゆるレベルの統治制度の弱体性。財政赤字や政治腐敗の蔓延などのような重大問題への取り組みが回避され、深刻化していること。こうした状況は、統治制度や政治階層への市民の信頼をますます掘り崩しており、体制の真の正統性を着実に減少させている[16]。」

これに続けて彼は、制度改革と政治変革の関係を明晰に論じてきたモーリス・デュヴェルジェの著作に大きな影響を受けたことを認め、制度改革の核心は選挙制度改革であり、政党の名簿を市町村長の直接選挙、小選挙区制、政府の直接的選択によって取って代えること、つまり比例代表制から多数決制に転換することによってのみ変化が可能になるという持論をもつようになったと述べている。

このような改革派の台頭に対して、もちろん政権多数派は執拗な抵抗をみせる。特に、ともかくも議会での多数を確保していたので、国民投票運動などによる圧力に彼らが譲歩を余儀なくされるまでには、さらに次の二つの要因が加わる必要があった。

まず、第四の要因として、北部同盟という豊かな北部地方を基盤とした過激な既成体制批判の勢力が急激に台頭して、全国的に政党支配体制への批判を増幅させるとともに、より具体的にもＤＣや社会党の票をその拠点である北部において大きく侵食していったことが挙げられる。

全国的に注目され始めたのは、州レベルでの得票率において、ロンバルディア同盟が八七年総選挙で三%、八九年欧州議会選挙で八%、九〇年地方選挙で一八%と急伸した過程においてであった。さらに、九〇年に他の地方同盟も含めて北部同盟が結成され、九二年総選挙ではロンバルディア州で二三%、ヴェネト州で二五・五%、ピエモンテ州で一六・三%など、北部全域でDCに迫る第二党に進出した[17]。

さらに第五の要因としては、九二年総選挙直後から本格化していった連鎖的な汚職摘発によって、八〇年代の与党のほとんどの指導的政治家が捜査通告を受けるなどで失脚し、九四年総選挙までには五党すべてが分裂や事実上の解党を余儀なくされて姿を消してしまったという、「司法革命」ともいわれる事態がある。こうして、七〇年代末以降形成されてきていた「公共部門を利用した利権や役得の配分に基づく指導的政治家、実業家、公務員による一種の管理された非合法体制」が白日の下に晒されることになったのである。九三年末の時点で、九四五人の国会議員の内の二五一人(首相経験者が四人)を含む一四五六人の実業家、公務員、中央地方の政治家が告発されていたという[18]。

これによって、議会内での改革反対派が深刻な打撃を受けることになったわけであるが、とはいえ、選挙法改正に同意せざるをえないまでに追い込まれたのは、国民投票による有権者の明確な意思表明という第六の決定的な要因によるものといわねばならない。その過程を要約しておこう[19]。

九〇年四月から署名集めを開始した国民投票運動によって、八月には六〇万余りの署名を付した三つの国民投票提案が最高裁に提出された。法律の全部または一部を廃止するかどうかのみを決定できる憲法七五条の国民投票制度を巧妙に利用して、選挙制度を多数決的な方向に変更するような以下のような国民投票案が作成されたのであった。

（1）上院議席の七五％については、本来は小選挙区制で選挙され、当選に必要な六五％の得票に達しない場合には第二段の規定である比例代表制が適用される仕組みであることに着目して、六五％という限定を削除して小選挙区制が実際に適用されるようにする提案。

（2）下院は規定上も比例代表制であるが、各党の名簿のなかでの当選者は候補者個人に対する優先投票の多い順に決定される仕組みがあり（各有権者は三票から四票をもつ）、これが利益誘導政治や派閥形成の手段となり、さらにはマフィアの票の操作による政治家への圧力にも使われているので、優先投票を一票に減らす提案。

（3）人口五〇〇〇人未満のコムーネ（市町村）にのみ適用されていた多数決的選挙制度をすべてのコムーネへと拡大する提案。

しかし、九一年二月の最高裁の決定では第二提案だけが認められるにとどまった。その国民投票は六月に実施されたが、些細な問題であるとして棄権を呼びかける社会党やDCの守旧派勢力の思惑に反して、利益誘導政治やマフィア支配そのものを問う国民投票として関心を集めていった。五割を割って不成立に終わるのではないかという危惧もあったが、六二・五％の投票率を記録し、九五・六％の賛成で可決された。改革賛成派が投票において勝利しうることが証明されたことの意味は大きかった。

その後、九二年総選挙では与党勢力が辛うじて過半数を維持したが、大統領に左翼民主党も同意したスカルファロを、下院議長には左翼民主党長老のヨッティを選出せざるをえないという状況となり、さらに九月には第二次両院制度改革委員会が設置されるに至る。

九三年一月には、修正のうえ再提出されていた他の二つの選挙法改正案を含む一〇の国民投票案が最高裁によって認められる。これ以後、国会では両院委員会の作業が急展開し、三月にはコムーネと県の多数決的な新しい選挙法が可決される。

四月にはコムーネ選挙法に関するものを除く残りの国民投票が実施され、七六・九％という高い投票率が示されるとともに、上院選挙法改正、政党活動への国庫補助廃止、国家持株省、農林省、観光・文化省の廃止などが八〇％から九〇％の高い賛成率で可決された。政党としては、左翼民主党、急進党、北部同盟のほか、指導部が大きく刷新されたＤＣ、社会党、社会民主党、共和党、自由党までが賛成を打ち出すまでになっていた（与党勢力内では反対派が依然として根強かったが）。

九二年総選挙の得票率からこの国民投票直前の政党支持率への変化をみると、ＤＣが二九・七％から一八・二％へ、社会党が一三・六％から五・一％へと激減する一方で、左翼民主党が一六・一％から二〇％（第一党）へ、北部同盟が八・七％から一五・五％へと伸びている。

いずれにしろ、こうして、イタリア社会運動や共産主義再建党などの左右両極の反対はありながらも、議会の多数は選挙法改正に前向きとなり、八月にはついに上下両院の新選挙法が可決されることになる。

以上の経過から浮かび上がる一つの特徴は、既成政党のなかでは事実上イタリア共産党＝左翼民主党のみが真正の改革派としての立場を確立し、選挙法改正を実現する中心勢力となったということである。そして、このことの結果として、その後、多数決的選挙制度のもとで政権を競う新しい二大勢力の形成においても、左翼連合が大きく先行するという展開がもたらされることになる。次節では、そのような展開を可能にした基本的条件の一つである、イタリア共産党における制度文化の刷新過程を検討する。

3　イタリア共産党の「制度文化」の刷新

他の多くの左翼政党と同様に、イタリア共産党にも一九八〇年代に至るまで「比例代表制神話」ともいえるものが存在していた。少数派としてなるべく多くの議席を確保するうえではもっとも望ましい選挙制度であるから、戦後のある時期まではそれは十分理解できることである。さらに、過去における多数決的な要素の導入が、ファシズムや強権政治と結び付くかたちでなされてきたという歴史的経過もそのような神話をより強化していた。

イタリアで男子普通選挙制が導入されたのは一九一二年であるが、翌一三年の総選挙が従来からの小選挙区制で行われたのを除き、その後は一九年に導入された比例代表制が最近まで維持されてきた。ただし、二つの例外がある。一つは、ムッソリーニ政権が成立した翌年の二三年にアチェルボ法による選挙制度の変更で、二五％以上得票して相対第一位になった名簿に五三五議席中三五六議席（約六六％）を割り当てるプレミアム制度が導入された。それに基づく二四年の総選挙では、ファシスト党を中心として形成された巨大名簿が五六・五％の得票で規定のプレミアムを獲得した[20]。

もう一つの例外は、第二次大戦後、低落傾向にあったＤＣを中軸とする中道政権が延命をねらって五三年初めに導入した選挙法改正で、五〇％を越える得票をした名簿に下院の五九〇議席中三八〇議席（約六四・四％）を割り当てるプレミアム制度が導入された（当時、ペテン法と批判された）。この制度に基づく総選挙は同年夏に行われたが、中道勢力の名簿はわずか数万票の差で過半数に届かず、プレミアム制度は発動されなかった。そして、このプレミアム制度は翌五四年に廃止された[21]。

イタリア共産党は、このような文脈のなかでもっとも強力な反ファシズム勢力としての役割を担ってきたわけであるが、同時に、戦後を通じて、その革命戦略と民主主義制度との緊張関係と格闘してきたともいえる。そして、一九五六年の「社会主義へのイタリアの道」（構造改革路線）、一九七三年の「歴史的妥協」路線、さらにはユーロコミュニズムの提唱など、国際的に見てもたえず異端ともいえる先駆性を示してきた。そのなかで、その社会主義像やそれへの移行過程における民主主義の「普遍的価値」（ベルリンゲール書記長）については明確な認識が確立されていったが、七〇年代に入って得票率が三〇％を越え、より具体的な政権戦略が必要となってくるとともに、マルクス主義を基礎とするその「制度文化」の刷新がしだいに課題として突き付けられるようになっていく。ここで問題となったのは、端的にいえば、ゲームのルールとしての民主主義よりも政治的力関係に関心を集中するような傾向である。

そうした制度文化（ないし制度への無関心）を前提にすれば、有権者の過半数の支持を獲得しうるまで政治的力関係を変化させていくことこそが政権戦略ということになり、その意味でも得票率と議席率が直結する比例代表制が望ましいということになる。

七三年のチリのクーデター直後に提案されたベルリンゲール書記長の「歴史的妥協」路線は、冷戦構造に決定的に規定されながら、まさにそのような制度文化を表現するものでもあった。つまり、彼は、イタリアの直面している深刻な諸問題に対処し、反動的な冒険の脅威を抑え、経済発展・社会革新・民主的進歩の道を切り開くためには、「イタリア人民の大多数を結集し、これを代表する諸勢力間で、新たな、そして大きな『歴史的妥協』を成立させる」ことが必要だと主張したのであった。

その際、彼は、左翼諸政党が得票と議員の数で五一％をとれば、この五一％を表わす政権の延命とその事業が保障されたと考えるのは「まったくの幻想」だと述べた。そして、議会は「国を映す鏡」でなければならないというトリアッティの言葉を紹介し、「比例代表制を清算しようとする企てに反対して、この原則を守ること」をあらためて表明していた。[22]

冷戦構造のもとではやむをえなかったともいえるが、こうしてイタリア共産党は左翼諸政党による五一％の票と議席の獲得という絶望的ともいえる条件すら社会変革には不十分と認識し、七六年以降DCとの大連合に踏み出すことになり、結果としては協調主義の論理に包摂されかねない地点にまで入り込み、支持層の不満と不信のなかで七九年に突如として与党離脱を表明せざるをえなくなる（このなかで、結果として共産党への民主主義的正統性の認知が大きく進んだことの意味は大きいが）。

こうして、その後の八〇年代は具体的な政権戦略という点では共産党の深刻な混迷と模索の時期となるが、そのなかで、八四年の段階でも、イタリア共産党の代表は、両院制度改革委員会において「比例代表制には手を触れてはならない」という立場を表明していた。[23]

このような袋小路ともいえる状況のなかで、選挙制度改革論へも踏み込んだ新たな政権戦略論の口火を切ったのは、注目すべきことに左派の代表的指導者で運動至上主義者とすら言われていたピエトロ・イングラオであった。彼は、第一七回党大会を目前にした八六年二月の雑誌インタビューにおいて次のような議論を展開した。

彼は、戦後イタリアにおいて四〇年間続いてきた比例代表制について、広範に分岐した政治諸勢力を登場させ、それらの間での広範な中道的連合を形成させるような機能があったこと、政党に多くの決定を委ね、大きな裁量の余地を与えるものであったこと（それゆえ大きな長所があったこと）を指摘したうえで、現在ではそれが三〇％もの支持をもつ共産党に対する「排除協定」によって協調主義体制の支柱へと変質し、社会党や共和党などの中小政党に不釣り合いな「地位の利益」を与えるようになっていると指摘した。

そのうえで、多数決制への選挙制度改革の主張を驚くほど明確に述べた。

「二者択一的な立場の間での対抗を実現したいのであれば、制度改革の対象のなかに選挙制度をも含める必要があるというのが私の主張です。有権者が力関係に影響を与えるだけでなく、政策的連合のタイプに関しても発言力を行使できるようにすることによって、人々の選択と形成すべき政府との間により直接的な関係を作るような方法を考えることができるでしょう。言い換えれば、選挙制度を変更することによって、政党間の競争は大きく変化し、すでに有権者の意志表明の時点で明確な二者択一的な選択がなされるようになるだろうということです。政治的選択は大きく市民の手に近づき、政治家階層の手から大きく離れるでしょう。そして、このことは、統治可能性という観点からだけでなく、民主主義的信頼性という観点からも大きな利点をもたらすでしょう。[24]」

この問題提起を突破口にして、歴史的妥協路線の挫折以後、民主主義的オルタナティヴというスローガンを掲げながらも具体的な戦略構想を打ち出せないままであった共産党が、ようやく新しい戦略を明確にして攻勢に出る画期となったのは、八七年一一月の中央委員会において、六月に副書記長となったばかりのアキッレ・オッケットが行なった報告であった。[25] オッケットはイングラオの強い影響を受けて育った指導者であり、書記長をめざす過程で左右両派を総合しうるような戦略を志向するようになっていったとはいえ、右に紹介したようなイングラオの戦略的発想から強い示唆を受けていたことは間違いない。

さて、「イタリアの危機とオルタナティヴの展望」と題するオッケット報告の眼目は、「協調主義体制」に堕しているイタリアの政治体制の危機を克服するための共産党の戦略構想を正面から提示することにあった。その要点は以下のようなものであった。

イタリアの政治体制の危機の核心は、DCが不動の中心を占める「民主主義のエリア」へと他政党を補充することによって社会的・政治的な圧力に対応していくという「協調的民主主義」がもはや枯渇したということである。もはやそれは、利益配分をめぐる与党諸政党間の駆け引きの永続化へと堕しており、民主主義体制そのものを危うくしている。

「協調的民主主義」は、ある時期までは、DC内外に存在する反動的傾向を抑えつつ民主主義体制を強化する役割を果たしてきた。そして、国家の民主主義的基礎を拡大することを主目的として、あえてDCに代わる政権を提起せずにそのヘゲモニーを崩していくことに闘争を集中したトリアッティ戦略の賢明さと政治的リアリズムもそれに大きく寄与した。初期の中道左派政権（社会党の参加）を評価したのもこの文脈においてであった。ベルリンゲールの歴史的妥協も、この民主主義の拡大過程を極限まで進めることによって国の変革を実現しようとするものであったと位置づけられる。しかし、七〇年代後半の国民的連帯政府の実験は、テロなどから民主主義的獲得物を防衛し共産党の政権参加を「正統化」するという成果をもたらしたものの、国の変革過程を開始することはできなかった。

われわれはあの時点で、民主主義国家の基礎を漸次的に拡大していくという戦略構想の終焉を確認すべきであったが、立ち遅れてしまった。それに対して、古い政治の枯渇を直観した社会党は、保守的な枠組みのなかにおいてではあれ、古い政治に不満をもって新たな近代化をもとめる「強い階層」の要求を表現することによって自らを強化することができた。

現在の政治体制の危機が反動的解決をもたらさないようにするためには、われわれ自身の戦略における断絶、質的飛躍が必要である。とりわけ、政党の組み合わせの政治から脱却して、「産業社会モデル」の変貌ともいうべき巨大な社会変化を踏まえた「プログラム（政策）の優位」の政治に転換しなければならない。政治体制の解体か刷新か、経済の規制緩和か新しい規則か、国家の従属的役割か公と私の新しい関係か、社会国家の解体か改革か、などが分岐点である。

このような政治戦略の根本的な再構築を受けて、八八年一〇月の中央委員会への報告において、六月に書記長に就任していたオッケットは、ついに選挙制度改革を明確に打ち出すことに踏み切る。[26]

その報告で彼は、「政治システムの刷新の決定的な通路は選挙法改正である」と明言したうえで、まず州や地方自治体について、変移主義的堕落、有権者の選択の投票後における事実上の否認、地方議員たちの絶えざる取引から生まれる決定阻止などの現象が耐え難いレベルにまで達していると指摘し、次のような提案を示した。

「地方自治体の改革は、実現されるべき政策や、その実現を委ねられる政治勢力や人物を市民が直接に決定することを可能にするような新しい選挙制度を抜きにしては考えられない。」そして、中央議会についても新しい選挙制度の導入を提案する。「中央政府についてもまた、有権者は自分の票に明確な意味をもたせる権利を有する。つまり、自分の票によって、どのような多数派が国を統治すべきと考えているかを明確にする権利である。」この段階では、そのような効果をもたらす選挙制度は複数考えられるとして具体案は明示されていないが、比例代表制から多数決的選挙制度への改革という方向は明確である。

こうして本格的に展開され始めたオッケット戦略は、八九年三月の第一八回大会において最終的に確立することになる。[27]

この大会で提起された政治目標は二重であって、一つは「新しい政権交代制度」の実現であり、もう一つは、政党配置よりも政策を優先させる形で「キリスト教民主党中心の連合政権に代わる統治のオルタナティヴの陣営を構築すること」である。

特に前者を補足するなら、それがDCへの批判であるだけでなく一つの共同事業への呼びかけとしても提起されていることが注目される。すなわち、DCは、「政権交代システムの構築の当事者」であることを自覚することによって自己刷新を遂げる必要がある。われわれのDCへの批判は、「政治的、政策的弁証法を麻痺させ、国家および統治の機能と責任を堕落させている特定の権力体制」への批判なのであって、DCを、将来周辺的な存在に追い込むべき「保守的右翼」の代表へとおとしめようとするものではないというのである。

しかも、政権交代を可能にするような新しい政治体制を実現するための不可欠の改革として、現行の比例代表制度の改革が明言されたことが重要である。「諸政策と各級政府の問題について市民がより直接に決定できる可能性を与えることが不可欠だ」。つまり、選挙後のＤＣを軸にした政党間の駆け引きによって、堕落した協調的民主主義の体制が結局は存続するという繰り返しを阻止するために、市民が投票によって政権構想についての明確な選択を表現できるような選挙制度が必要だというのである（具体案としては、六割小選挙区制四割比例代表制、フランス型の小選挙区二回投票制、比例代表制での第一回投票後に政権構想をめぐる第二回投票を行なって勝者に議席のプレミアムを与えて多数派形成を保障する制度、などが検討されていたという）。

以上を前提として、次のような変革過程のイメージが提示されている。

「社会が全体としてより成熟した制度に向かって進むにつれて、また、変化が生まれ民主化の過程が前進するにつれて、オルタナティヴはますます先進的な選択をめぐって、新しい文化と新しい文明化の目標および自己決定と人間的連帯の新しい地平によりいっそう合致する選択をめぐって構築されうるようになるであろう。そして、これまでと異なった着想に基づく改良主義的、改革的構想の間の交代という展望も形成される可能性がある。」

すなわち、一旦形成され政権を獲得した民主主義的多数派がますます強化されてさらなる改革を進めて行くという、長期にわたるにしても直線的で不可逆的な変革過程のイメージは放棄され（ベルリンゲールの歴史的妥協戦略は依然としてこうした変革過程を想定していた）、相互に、少数派になった勢力が自己刷新して再び政権を獲得するという政権交代の繰り返しのなかで、双方の共有部分の水準がだんだんと高まり、対抗関係も「ますます先進的な選択をめぐって」展開されるようになるなかで社会変革が実現され定着して行くという曲折に富んだ見通しが採用されているのである。

それを裏打ちするかのように、ＤＣに対して、「単なる一つの極であること、国の政治的弁証法の単なる一部であることを望まず、イタリア社会の緊張のすべて、対立しあう使命のすべてを包含しうると過信するような、自らの党の役割についての包括的、専一的な見解に固執」しているのではないかという批判を行なっているが、これは、将来において、自らもまたそのような「包括的、専一的」な役割を追求するつもりがないことを明確化したものとしても理解しうる。

以上のようなイタリア共産党の制度観、民主主義観の最終的到達点を示すものとして、最後に、八九年一一月のベルリンの壁崩壊直後に提案された、もはや共産党ではない、正面から政権をめざす左翼政党への「転換」を確定した九一年一月の最後の大会に提出されたオッケット議案で示されている民主主義観を紹介しておきたい。

「人類の歴史的発展の現段階に照応する政治観は一つだけである。すなわち、手段でありかつ目的である民主主義という政治観である。（中略）

民主主義は経済関係や社会関係の発展から分離した静態的な不変の形態なのではない。その反対に、民主主義とは、さまざまな利害や対立が、グラムシが「経済的―同業組合的」と規定した水準を克服して政治的形態をとる舞台なのである。実際、民主主義制度は、東の諸国の劇的な歴史的経験に照らしてみても、さまざまな主体が自らを労働組合、団体、運動、政党などの集団的形態に自由に組織化する可能性をもつ唯一の制度である。階級対立も含むさまざまな対立は弱まるわけでも中立化されるわけでもなく、より豊かでより高い表現形態を見出すのである。それは闘いあう諸勢力が相互に相手を絶滅させようとする形態ではなく、相互に影響を与え変化させあう形態なのである。(中略)民主主義は常に未完成の過程であり、しかもそれゆえに拡大力をもち、尽きることのない変化能力をもつ過程である。もはや社会主義を抽象的なモデルとして考えることはできない。民主主義は社会主義の道なのである。[28]」

すでに紹介したように、その後九三年八月には小選挙区制が導入され、その第一回目の総選挙が九四年三月に行われた。その時は、左翼民主党は左翼七党派で進歩派連合を組んで選挙に臨んだ。汚職摘発で壊滅的打撃を受けたDCの生き残りを中心にした中道連合も形成されたが、選挙の勝敗は、急遽結成された新興実業家ベルルスコーニの新党フォルツァ・イタリアが軸となって国民同盟と北部同盟をブリッジ共闘で結び付けた右派連合と進歩派連合の間で争われた。結果は右派連合の圧勝に終わったが、その強烈なインパクトによって万年与党勢力であった中道が不可逆的な敗北に追い込まれ、旧来の協調主義体制への回帰が不可能となったことの意義は見落とせない。この時点で私は、イタリアは第二共和制に「右足」から入ることとなったと述べ、「その第二共和制が政権交代のある民主主義となる可能性がきわめて大きくなった」と評価した。[29]

この選挙結果については悲観的な評価もかなり多かったし、それにはそれなりの理由もあったが、その後、それに続く二回目の九六年四月総選挙において左翼民主党を軸とする中道左派連合が勝利したことによって、イタリアの政権交代のある民主主義への移行はほぼ分水嶺を越えたといいうる状況となった。

左翼民主党を主軸とする中道左派連合「オリーブの木」と共産主義再建党との選挙連合は、下院六三〇議席の内三一九議席、上院三一五議席の内一六七議席を獲得した。再建党は、プローディ中道左派政権の成立に協力したうえで、政策毎に立場を考えると表明した。政党間の競争でも、左翼民主党は元首相で中道右派連合の首相候補ベルルスコーニの率いるフォルツァ・イタリアを〇・五％というきわどい差で抑えて、旧共産党時代を含めて史上はじめて国政選挙で第一党となった。

中道左派の勝利について、最も注目すべき点は、それが戦略的な勝利であったということである。そのことは、九四年選挙と九六年選挙とで各政党の得票率にはそれほど大きな変化がないにもかかわらず、右派連合の圧勝から中道左派の勝利へと結果が一変した理由を考えてみれば明らかである。それは、相手陣営を解体し、自陣営を拡大する左翼民主党の連合形成上の戦略的成功によるものであった。国民同盟‐フォルツァ・イタリア‐北部同盟という異質なもののブリッジ共闘による右派連合政権から、連邦制の導入問題などをテコにして北部同盟を引きはがしたこと、カトリックを基盤とする中道勢力に左右の選択を迫ってカトリック中道左派との連合を成立させたこと、超党派専門家内閣の首相ディーニを支えることを通じて中道勢力との連携をさらに拡大したこと、などが特に決定的であった。[30]

イタリア共産党は、あえて小選挙区制導入の先頭に立って有権者に直接の政権選択権を与えるというゲームのルールの変更を行なうことと並行して、政権をめざしうる左翼勢力の再編成のために「自らを供する」覚悟で左翼民主党への転換を成し遂げたのであったが、その左翼民主党の九六年の勝利は、前回の苦い敗北の教訓を十二分に消化して、新しいゲームのルールを見事に使い切るだけの戦略的能力を身につけたことを意味する。イタリアの代表的日刊紙は、「左翼民主党はチェスの名人のように、中道右派の駒を一つ一つ倒していった[31]」と評した。

4　日本における保守主導の「政治改革」

前章でみたように、日本における「政治改革」は、とりあえず八七年一一月に発足した竹下内閣がその中心課題として税制改革と並んで政治改革を掲げたのをその発端と考えることができるだろう。その趣旨は、政権交代が行われないためにリクルート事件のような政治腐敗が起こるのだから、政権交代を可能にする小選挙区制の導入こそが政治改革のカギだ、ということだと説明された。八九年六月の第八次選挙制度調査会の発足にあたっての宇野総理の「あいさつ」では、「金権体質をもたらす根源に踏み込み、政治の在り方そのものの抜本的な改革を行い、ガラス張りで金のかからない政治活動と政策中心の選挙を実現することが、ぜひとも必要であります」と述べられていた。

その後の経過を簡単にたどれば、八九年八月に海部内閣が成立し、九〇年四月の八次審第一次答申（衆院小選挙区比例代表並立制など）、七月の第二次答申（参院比例区の非拘束名簿式、公的助成導入など）を経て、一二月には、自民党総務会において激論の末、政治改革基本要綱（小選挙区三〇〇、比例区一七一、二票制）が党議決定される。九一年六月には政治改革関連三法案が自民党総務会で党議決定され、七月に閣議決定されて国会に提出されるが、九月には衆院政治改革特別委員会で審議未了・廃案となる。

九一年一一月には宮沢内閣が成立するが、政治改革をめぐって党内対立が深まるなか、九二年一二月の自民党政治改革本部が単純小選挙区制を中心とした基本方針を決定し、総務会がそれを「了承」したため、これ以後、「連用制」にまで歩み寄った野党との妥協にとって重大な障害となる。そうしたなかで、九三年五月末に首相が「選挙制度改革は今国会でやる」とテレビで明言したにもかかわらず総務会決定を変更できなかったため、六月一八日の野党提出の内閣不信任案に小沢・羽田派ら三九人の自民党議員が賛成し、解散・総選挙となる。

七月総選挙後、キャスティング・ボートを握った日本新党と新党さきがけが並立制導入を軸とした「政治改革政権」を提唱し、八月には非自民七党一会派による細川内閣が成立する。九月には小選挙区、比例区各二五〇、二票制の並立制を中心とした政治改革四法案が国会に提出される。一一月に衆議院本会議で可決されるが、九四年一月の参議院本会議では社会党議員の造反などによって否決される。その後、両院協議会が行き詰まるなか、与党と自民党のトップ会談で小選挙区三〇〇、比例区（一一ブロック）二〇〇などの妥協案が成立し、一月二九日の衆参両院の本会議で可決され成立した。なお、衆院の小選挙区区割り法案は、その後の村山内閣のもとで一一月二一日に参院本会議で可決され成立した[32]。

このような日本の経過とイタリアの経過との比較検討はきわめて興味深い課題ではあるが、ここではいくつかのポイントにしぼる形で両者の異同を指摘するにとどめる。

まず第一に、イタリアにおける北部同盟やセーニ・グループ、日本における日本新党や新党さきがけという、鮮明な現状批判勢力ないし改革派勢力の登場が、世論と既成政党との乖離や政治状況の流動化を表現し、かつ加速するという共通の現象が見られたという点が指摘できる。日本についてはさらに、経済界、労働界、ジャーナリズム、学界などからの参加者を網羅して九二年四月に結成された民間政治臨調（政治改革推進協議会）の役割も重要であった。連用制の提案などで選挙制度改革論をリードしただけでなく、「中選挙区制度廃止宣言」に一九二名の署名議員を集めるなどの政治的影響力をも発揮し、イタリアの国民投票運動を思わせるような存在であった[33]。

そうした共通点があるだけに、第二点として、イタリアでは共産党＝左翼民主党というそれまでの万年野党であった左翼勢力が中道的改革派のもっとも重要な同盟勢力となって選挙制度改革を実現したのに対して、日本では自民党中枢内に形成された小沢・羽田グループ（改革フォーラム21）という新保守主義的改革派が決定的に重要な役割を果たしたという鮮明な対照性が注目される。

日本の事例に関していえば、小沢グループ、ないし小沢一郎という政治家の評価をめぐって研究者の間でもかなり大きな相違が存在していた。

たとえば、高畠通敏は、「だいたい政権政党が、自ら政権を失う可能性をもつところの『政治改革』を、本気で提唱すると考えること自体が常識に反している[34]」と突き放した評価を加え、政治改革が掲げられる本当の理由は実は別のところにあると指摘した。

つまり、政治改革が自民党の目標となったのは、日本の経済大国化と成熟社会化にともなう国際・国内の構造変化が保守党の支配体制の危機をもたらしているために、特に都市部に基盤を置くような新しい保守党支配体制への転換が必要となっているからだというのである。より具体的には、経済摩擦批判を回避するためコメの自由化に踏み切らざるをえないという判断から、農民票の反乱がおこっても多数を確保できるような都市型保守党の形成がめざされているという理解である。要するに、「自民党が考える政界再編成は、たんに保守・穏健の二大政党をつくることにあるのではなく、財界や労組をバックに中間層を主たる支持層とする新しい都市型保守党を基盤にして長期安定政権を再形成することに真の狙いがある(35)」というのである。

しかし、このような長期単独政権の再形成がねらいだという理解の誤りは、小沢が少なくとも幹事長時代から一貫して二大政党論を主張し続けている事実(36)、さらに九三年六月の自民党離党・新生党結成から九四年一二月の新進党結成へとその主張を実際に行動に移したという事実から見て、現在では明らかだといわざるをえない。

他方、樋渡展洋は、「石油危機以降の与野党間の政策的収斂と政権工作の進展」を重視する立場から、「自民党の一部が選挙制度改革後の政党制の二極対立化を見越して比較的容易に離党し得たのは、中道野党との協力が十分期待し得たため」であるとの理解を示している(37)。

こうした側面自体は重要ではあるが、これのみを重視するのでは、逆に小沢グループがあえて離党に踏み切った積極的理由が理解できなくなる。結果として、ジャーナリストなどにみられるような、竹下派内の権力闘争だけから説明する議論に親和的な説明となってしまう(38)。実際、今後の「新たな政策的対立軸」にもとづく「政党間の政策競合」の出現に関して樋渡はかなり悲観的のようである。

樋渡はまた、八〇年代の「政府・行政主導の経済社会改革」の実績を重視しているが、私は、冷戦終結後の状況のなかで、むしろそうした改革方式の限界を自覚しつつ、これまでの日本政治の常識を越えて、保守勢力内部にイデオロギー的ともいえるほど確信的な新保守主義的改革派が形成されたことこそが、日本の政治変動の最も重要な要因であったと考えている。

付言すれば、新党さきがけや新生党に参加する議員たちを中心に、自民党内でかなり高い水準で制度改革論が積み上げられていたことも過小評価されてはならない[39]。

以上の第二点の反面ともいえるが、第三点として、すでに紹介したイタリア左翼の根本的な自己刷新と対照的に、日本における革新勢力のなかからはみるべき改革派が登場しなかったことが大きな相違点として挙げられる。

もっとも、ＪＣ系の労働組合指導者たちの間では、八八年頃から「政権交代可能な政治体制の確立」を目標とした小選挙区制導入論が展開され始めていたのであり、これが旧同盟系の労働組合や民社党が細川「政治改革政権」からさらには新進党へと合流していく基礎になる[40]。

しかし、社会党や共産党の周辺ではそのような制度改革論は皆無に近かった。特に、「政治改革政権」に参加しながら、実はまともな制度改革論をもちえていなかった社会党の責任は重大である。そしてそのことは、その後の、新しい選挙制度を舞台にした「リベラル民主」勢力の結集において社会党が挫折を繰り返さざるをえなかった理由でもあった。

イタリアと比べて日本での二大勢力化を遅らせたもう一つの要因として、第四に、五五年体制の体現者ともいうべき自民党が九三年総選挙後も二〇〇議席を越える第一党として存続し続けたという点を指摘せざるをえない。その一つの理由は、イタリアでは「司法革命」とも呼ばれる徹底した汚職摘発によってキリスト教民主党の指導者層が壊滅的打撃を受けたのと対照的に、日本での汚職摘発がきわめて表面的なものにとどまったことであろう。同時に、社会党に劣らず、自民党に残った政治家たちにおいては、「政権交代のある民主主義」を受け入れる素地がいかに欠如しているか、ということでもある。

以上のような政治過程の相違がもたらされた一つの理由として、第五に、ともかくも一〇年以上にわたる制度改革論の蓄積があったイタリアに比べて、日本においては政界、学界、ジャーナリズムを通じて全体として制度論の水準が著しく低かったことを指摘すべきであろう。政治倫理問題を「あまりに倫理主義的に」取り上げる伝統が今回も「腐敗防止先行論」として登場したことがそれを如実に示している。(41) ちなみに、日本でも著書の翻訳や紹介の多いデュヴェルジェの小選挙区制論が、イタリアでは大きな影響力をもったのに対し、日本の「政治改革」論議ではまともに紹介されもしなかったことも奇異な現象であった。(42)

次節では、そうした制度論の欠如の典型例として、また二大勢力化を遅らせた要因の一つとして、日本社会党の戦後の「制度文化」を検討してみたい。

5 社会党の「制度文化」の貧困

日本社会党は、一貫して社会民主主義的潮流と共産主義的潮流が共存していたことを特徴とする、社会主義インターナショナル加盟政党のなかでも特異な政党であった。そして、「共産主義的」政治文化は、最左派の社会主義協会だけにとどまることなく、党の大部分においても自覚的、無自覚的に共有されていたように思われる。

それは、平和革命か暴力革命かという論点が事実上執拗に残り続けたことにも示されるが、実はそれ以上に、公式路線とされるその平和革命の具体的プロセス自体がどのようにイメージされていたかという点に注目することによって明確に検出することができる。

一九五五年に再統一された社会党の綱領は、暴力革命を明確に否定し、「民主的、平和的に資本主義を変革」すると主張しているが、その民主的平和的革命の過程は次のように描かれている。

「社会党は、政治権力をその手に獲得し、窮極的にこれを安定化する。社会党はこうして政権をにぎり、これを安定化させつつ、資本主義社会を社会主義社会に変革しなければならない。……生産力の発展、完全雇用、生活水準の引上げ、社会保障および所得のより平等な分配などの政策をともなって、一歩一歩ふみしめながら行なわれるこの変革は漸進的であり、相当永い年月を必要とする。」

ここから浮かび上がる変革過程のイメージは、一旦成立した社会党政権が成果をあげることによって「漸次安定」していき、連続的に社会主義政権へと発展していくという、長期にわたるとはいえ不可逆的な過程のイメージである。ここには、社会党政権による改革が、他の政権によって変更され、また再度導入されるというような曲折の中ではじめて国民的評価が確立しうるという認識はない。それゆえ、政権交代はやむをえず受け入れざるをえないものではあっても、変革過程のための必要物としての積極的評価の対象とはなりえないのである。

そして、実はそのような不可逆的過程を想定しているからこそ、「この政府の施策を非合法的手段により妨害し制約しようとするもの」に対する対処という問題設定も必要になる。なぜなら、大きな既得権をもつ勢力が、社会党政権の成立をそのまま社会主義体制への変革に直結するものとして受け取ること、それゆえ合法的な政権奪回の可能性はもはやないと考えるということを、社会党の側も事実上想定せざるをえないからである。いわゆる「敵の出方」論が尾を引かざるをえない所以である。

以上のようなイメージは、たとえば一九五九年の西ドイツ社会民主党のバートゴーデスベルク綱領[43]が想定する多数派-少数派の任務分担という考え方や、諸政党の競争を強調する変革過程イメージとは重要な異質性を示しているといわざるをえない。

「民主主義においては、少数派の権利は多数派の権利とともに保障されるべきである。政府と野党は同等のさまざまな任務をもっており、両者とも国家に対して責任を負う。ドイツ社会民主党は、民主的社会主義の基本的要求に基づいて国家と社会を形成するために、他の民主的諸政党と対等の立場で競争しつつ、国民の多数を獲得しようとする。」

ここには、「敵の出方」という問題設定をする必要性自体を感じさせない変革過程イメージが前提されているといってよいであろう。

社会党はその後、六〇年代初めの構造改革論の挫折を経て、左派の影響力の強まりのなかで、六四年には「日本における社会主義への道（社会主義理論委員会報告）[44]」を策定するが、そこにも、「敵の出方」論を否定しながらもこだわらざるをえない政治文化が鮮明に表現されている。

「われわれの平和の道こそ、単にのぞましいばかりでなく、もっとも有効に社会主義へ到達する道であることを確信し、意識的にこの道を選択し、追及していくまさにその努力こそが相手の「出方」をも規制していくのである。」

ここでは、「過渡的政権」として、社会党単独政権以外に連立政権をも考慮にいれているが、それも「社会主義政権の端緒的段階」と規定されており、それ以降の不可逆的な過程の出発点と位置付けられていると言わざるをえない。

「権力の掌握は一挙に行われるものでなく、過渡的政権から安定した社会主義政権へ転化するまで段階的に行われる。」

先に触れた構造改革論も含めて、その後も、変革過程の漸次的性格、出発点となりうる政権についての現実的構想（「社会主義的・的政権[45]」など）、将来の社会主義像などの論点については社会党内の議論はそれなりに蓄積されてはいくが、変革過程における政権交代メカニズムの積極的位置付けという構想が正面から展開されることはついになかったと私は判断している。

たとえば一九六九年の社会主義理論委員会の「社会党はなぜ社会主義をめざすか[46]」という文書においても、チェコ事件などを契機に他の諸論点については新しい議論がみられるにしても、変革過程のイメージは論点とされないまま不変である。

「われわれは、この反独占国民戦線に依拠しつつ、社会党のヘゲモニーのもとに『護憲・民主・中立の政権』を樹立することをめざす。この政権は護憲・反安保ならびに当面する経済社会改革の課題をになうところの、社会主義への過渡期の政権である。この政権による右の課題遂行を通じてわれわれは広範な国民の支持をとりつけ、揺るぎない社会主義政権を実現すべき任務をもっている。[47]」

その後、西欧型社会民主主義への転換との評価もあった一九八六年の「日本社会党の新宣言」に至ると、「自民党にとってかわり政権を担当する党としての能力と決意を国民の前に明らかにする」という意欲が示され、変革過程イメージについての一定の変化も感じられないことはない。

「今日では、政治意識と価値観の多様化のなかで、連合政権はふつうのことである。日本社会党は、憲法完全実施をめざすという合意、および改革の政策が一歩でも前進する見通しを前提とし、どの政党との政権関係にも積極的に対応する。日本社会党は、この連合政権のなかで、多くの国民の支持のもとに、さまざまな政治勢力と誠実かつ真摯な討議をつうじて、主体性と主導性を発揮し、党の理念にもとづく政策の展開をはかる。」

しかし、やはりここに前提されているのは、出発点の連合政権がだんだんと不可逆的に社会主義的性格を強めていくという過程イメージであろう。むしろ、そうした将来の社会主義政権への連続に具体的に言及しなかったことが変化なのかもしれないが、それは過程イメージそのものの変更としては示されていない。いわんや、同時期のイタリア共産党にみられたような、制度改革を政権獲得への戦略的突破口として位置付けようという発想はまったくみられない。

結局社会党は、八九年以降の政治改革の動向のなかで、明確な制度文化の刷新を経過しないまま、九三年七月に自民党政権を倒すための妥協として並立制を受け入れるということになる。

その直前の段階でなされた社会党の政治改革法案の説明においても、「腐敗防止の環境をつくるためには、選挙制度も変えていく必要がある」[48]というだけの認識であり、「政権交代のある民主主義」へ向けての民主主義のタイプの変更という構想とか、変革過程の新たなイメージとはまったく結び付いていない。具体案としても、政治腐敗防止法案を前面に立てつつ、選挙制度としては実質的には比例代表制であるドイツ型の併用制が提案されているにとどまる。

このような社会党が、細川政権に参加する土壇場で並立制を受け入れた経過については、キー・パーソンであった当時の連合会長山岸章が次のように説明している。[49]

「社会党が小選挙区比例代表並立制の新選挙制度で総選挙をやった場合、惨敗する公算が大きい。下手をすれば壊滅的ダメージを受ける可能性だってある。もともと僕も、小選挙区比例代表制はいいんだけれど、並立制ではなくて、併用制を目指していた。（中略）

三八年間続いた自民党の一党単独政権を打倒することが、金権腐敗政治を打破し、閉塞状態にある日本の政治状況を打開する決め手だということで、それを最優先させた。当時社会党は、『並立制は毒まんじゅうではある。しかし、非自民連立政権が実現すれば、連立与党間で、前向きの候補者調整もできるだろう。これは、いわば解毒剤だ。この解毒剤があれば、毒まんじゅうを食っても、なんとか生き抜けるだろう』と判断したと思う。僕も、当時そういう認識をしていた。」

この時期、民主主義リベラル新党の結成に最も前向きの発言を繰り返していた久保亘ですら、小選挙区比例代表並立制については、否定的な評価を変えていない。九四年一一月のインタビューにおいて、九三年八月に並立制をあえて受け入れて細川政権に加わった理由について、社会党が反対すれば自民党は並立制で妥協して細川・武村と連携するということになり、社会党は孤立して「自民党を政権から切る」ことができなかったであろうから、「この制度をのんでも政権交代が可能ならば、それを選ぶべきだということだった」と説明している。[50] 要するに、政権交代メカニズムを実現するための条件としてではなく、単発の政権交代を実現するための必要悪としか考えられていないのである。

久保自身は、小選挙区制が導入された以上は「政界再編のゴールは二極だ」と考えていたようだが、主唱する新党構想をまったく行動に移さないまま時間を浪費し続けたその行動は、小選挙区制を受け身の妥協の産物としか受け止められない限界と無関係ではないだろう。

おわりに

本章では、最近のイタリアと日本の政治変動について、冷戦終結を背景にした「民主制の民主化」という基本的な共通性とその上での相違点を明らかにするねらいで比較分析を試みた。多少の実証を伴った仮説提示という段階にとどまっているが、制度改革を主要争点とし、かつその実現によって加速されるという今回の政治変動の特質ゆえに、アクターである各政治勢力の「制度文化」が政治変動の重要な要因として作用し、両国の相違点を生み出す要因ともなっていることは明らかにしえたのではないかと考える。

そうした制度文化の違いは、その後の二大勢力化の過程においても、各政党の連合形成における戦略的能力の違いを生み出す要因として作用し続けていく。

特に、日本についていえば、制度改革論の蓄積と普及が著しく不十分なまま、一部の改革派集団が日本政治の現状打破を漠然とながら強く望む世論を一時的に引き付けることによってかろうじて選挙制度改革が実現したというのが実態なので、改革実現後あらためて制度論を積み上げていく必要性は大きく残った。

また、新保守主義勢力は小選挙区制を推進した側であってともかくも二大勢力化の展望をもっていたのに対し、それへの対抗勢力の結集をめざす勢力の大部分が小選挙区制の制度的特質をほとんど理解せず、二大勢力化を進めるような決断を避け続けるという対照もその後も残り続ける。もっとも、前者の勢力における制度文化もとても満足すべき水準とはいえない。特に、有権者への直接的政権選択権の保障という観点の欠落は、双方に共通する重大な問題点であった。

こうして、政治改革以後の日本政治の展開は、それぞれの政治勢力が、現実の小選挙区制選挙の試練にさらされながら自らの制度文化をさらに刷新し、小選挙区制という新しいゲームのルールを使いこなせるような戦略的能力を身につけていく過程の進展度によって大きく規定されることになる。

注

（1）三宅一郎・山口定・村松岐夫・進藤栄一『日本政治の座標軸』有斐閣、一九八五年、八三―八五ページ。
（2）岡義武編『現代日本の政治過程』岩波書店、一九五八年、一〇三ページ。
（3）ロバート・A・スカラピノ／升味準之輔『現代日本の政党と政治』岩波新書、一九六二年、六〇―六一ページ。升味準之輔『現代日本の政治体制』岩波書店、一九六九年、三四二―三四三ページ。
（4）後房雄『政権交代のある民主主義――小沢一郎とイタリア共産党』窓社、一九九四年。北岡伸一『政党政治の再生』中央公論社、一九九四年、Massimo L. Salvadori, *Storia d'Italia e crisi di regime*, il Mulino, 1994. をも参照。
（5）馬場康雄「日本とイタリア・戦後五〇年の比較」『年報・日本現代史』創刊号、一九九五年、一一二―一一四ページ。
（6）Cited in Pietro Scoppola, *La repubblica dei partiti*, il Mulino, 1991, pp. 399-400.
（7）Carlo Fusaro, *Le regole della transizione*, il Mulino, 1995. 高橋利安「イタリアの新しい選挙制度について」大須賀明編『社会国家の憲法理論』敬文堂、一九九五年、所収、同「イタリア版『政治改革』の一側面――イタリアの地方選挙制度」『鹿児島経大論集』第三六巻第四号、一九九六年一月。

(8) *Ibid.*, pp.33-34, Augusto Barbera, Introduzione, in Carlo Fusaro, *Guida alle riforme istituzionali*, Rubbettino, 1991,p.18. 森田鉄郎・重岡保郎『イタリア現代史』山川出版社、一九七七年、二七三―二八三ページ。
(9) David Hine, *Governing Italy*, Oxford University Press, 1993, pp.96-107.
(10) Fusaro, *Guida alle rifome istituzionali*, *op.cit.*, Capitolo secondo.
(11) Scoppola, *op.cit.*, Capitolo decimo, Michael Braun, *L'Italia da Andreotti a Berlusconi*, Feltrinelli, 1995, pp.16-60. 村上信一郎「保守党のジレンマ――八〇年代のイタリア政治とキリスト教民主党」中部大学国際地域研究所『国際研究』第五号、一九九〇年、馬場康雄「日本とイタリア・戦後五〇年の比較」『年報・日本現代史』創刊号、一九九五年。
(12) 村上信一郎「EC統合とイタリア政治」『国際問題』一九九〇年一一月号、鈴木桂樹「EC統合のなかのイタリア政治」日本政治学会編『EC統合とヨーロッパ政治（年報政治学一九九三）』岩波書店、一九九三年。
(13) 真柄秀子『西欧デモクラシーの挑戦』早稲田大学出版会、一九九二年、第五章、馬場康雄「遅れて来た『豊かな社会』の政治変容――一九八〇年代のイタリア」東京大学社会科学研究所編『現代日本社会』第二巻、東京大学出版会、一九九一年、三六二ページ以下、村上「保守党のジレンマ」、前掲、三一ページ以下。
(14) Braun, *op.cit.*, pp.52-57. 村上「保守党のジレンマ」、前掲、七一ページ以下。
(15) Simon Parker, "Electoral reform and political change in Italy 1991-1994, "in Stephen Gundle and Simon Parker (ed.), *The New Italian Republic*, Routledge, 1996, Mario Segni, *La rivoluzione interrotta*, Rizzoli, 1994.
(16) *Ibid.*, p.36.
(17) Ilvo Diamanti, *La Lega*, Donzelli, 1993 *Id.*, "The Northern League: from regional party to party of government," in Gundle and Parker(ed.), *op.cit.*.
(18) David Nelken, "A legal revolution? The Judges and Tagentopoli, " in *Ibid.*.
(19) Parker, *op.cit.*, Segni, *op.cit.*, Fusaro, *Le regole della transizione, op.cit.*, pp.163-170, Giorgio Napolitano, *Dove va la*

Repubblica?, Rizzoli, 1994. 後房雄『政権交代のある民主主義』前掲、一八二ページ以下。

（20） Giorgio Candeloro, *Storia dell'Italia moderna*, vol.IX, Feltrinelli, 1981, pp. 33-42, 64-65.

（21） Fusaro, *Le regole della transizione*, *op.cit.*, p. 28.

（22） エンリコ・ベルリンゲール（大津真作訳）「チリの事態後のイタリアについての考察」『先進国革命と歴史的妥協』合同出版、一九七七年、馬場康雄「『歴史的妥協』か『権力掌握』か――第二次大戦後のイタリア」篠原一編『連合政治』岩波書店、一九八四年。Sidney Tarrow, "Historic compromise or bourgeois majority? Eurocommunism in Italy 1976-9,"in Howard Machin(ed.), *National Communism in Western Europe*, Methuen, 1983.

（23） Gianfranco Pasquino(a cura di), *La lenta marcia nelle istituzioni: i passi del Pci*, il Mulino, 1988, pp. 7.

（24） Pietro Ingrao, "Alternativa di stato, "in *L'Espresso*, 23 Febbraio 1986, p. 13.

（25） Gianfranco Pasquino(a cura di), *La lenta marcia nelle istituzioni: i passi del Pci*, *op.cit.*, pp. 313-360, Michele Prospero, *Il nuovo inizio*, Metis, 1990, capitolo IV.

（26） Pasquino(a cura di), *op. cit.* , pp. 433-438.

（27） アキッレ・オッケット「イタリア共産党第一八回大会への書記長報告――イタリアとヨーロッパにおける新しいイタリア共産党――代案の時」、『世界政治』第七八八号―第七九〇号、一九八九年。

（28） イタリア共産党第二〇回大会第一議案「左翼民主党のために」後房雄編著『大転換――イタリア共産党から左翼民主党へ』窓社、一九九一年、二五七―二五八ページ。

（29） 後房雄『政権交代のある民主主義』、前掲、二一六ページ。

（30） 後房雄「左派連合の勝利なるか――イタリア総選挙展望」『週刊金曜日』一九九六年四月一二日号、同「『政権交代ゲーム』の始まり・イタリア」『週刊金曜日』一九九六年五月一〇日号。

（31） Paolo Mieli, "Finale di partita, "in *Corriere della sera*, 23 aprile 1996.

（32） 「政治改革」をめぐる経過については、とりあえず以下のものを参照。石川真澄ほか『日本の政治はどうかわる』

労働旬報社、一九九一年、朝日新聞政治部『政界再編』朝日新聞社、一九九三年、同『連立政権回り舞台』朝日新聞社、一九九四年、鈴木棟一『永田町大乱』講談社、一九九四年、同『永田町大乱2』講談社、一九九五年。
(33) 民間政治臨調『日本変革のヴィジョン』講談社、一九九三年。
(34) 高畠通敏「政治改革の真の課題とは何か」『世界』一九九二年七月号。
(35) 同「真の政治改革は地方議会から始まる」『エコノミスト』一九九三年一月五日号。
(36) 小沢一郎「激動の九〇年代を生き抜く政治」保岡興治監修『思春期を迎えた日本の政治』講談社、一九九〇年、同「我々はなぜ改革をめざすか」『文藝春秋』一九九二年一二月号、など。
(37) 樋渡展洋「『五五年』政党制変容の政官関係」日本政治学会編『現代日本政官関係の形成過程（年報政治学一九九五）』岩波書店、一九九五年。
(38) 典型的なものとして、大家清二『経世会死闘の七十日』講談社、一九九五年。
(39) 保岡興治監修、前掲書、保岡興治『政治改革と腐敗防止システム』講談社、一九九一年、佐々木毅監修・CP研究会編『日本政治の再生に賭ける』東洋経済新報社、一九九三年、など。
(40) 塚本俊之「『政治改革』の社会的政治的背景――社会経済国民会議から自民党『政治改革大綱』まで」『暁学園短期大学紀要』第二七号、一九九三年。
(41) 佐々木毅『政治家の条件』講談社、一九九五年、六九ページ。
(42) 樋口陽一『比較のなかの日本国憲法』岩波新書、一九七九年、高橋和之『国民内閣制の理念と運用』有斐閣、一九九四年、には有益な紹介や議論があるが、なぜか今回の経過にかみ合った形では提起されなかった。
(43) ホルスト・ハイマン『民主的社会主義と社会民主主義』現代の理論社、一九九二年、所収。
(44) 『月刊社会党』一九六四年一二月号。
(45) 「『社会主義的・的政権』という言葉の意味は、長かった保守政権を倒して作る革新政権は、保革の力関係において完全な社会主義政策を実施できるかどうか疑問であるが、だからといって、日本のおかれた立場を考えた場合、完全に力がつくまで待つこともできず、一日も早く政権をとって、段階的に社会主義政策を実施し、『的』の字をひとつずつ取り除いて完全な社会主義に到達する以外にないということである」。佐々木更三『社会主義的・的政権』毎日新聞社、一九七五年、「序」。

(46)『月刊社会党』一九六九年一二月号。

(47)『月刊社会党』一九八六年三月増刊号。

(48) 佐藤観樹「腐敗の根を断つ選挙・資金制度への改革を」『月刊社会党』一九九三年四月号。

(49) 山岸章『「連立政権時代」を斬る』読売新聞社、一九九五年、一二─一三ページ。

(50) 久保亘・田原総一朗『いま、民主リベラル』社会新報ブックレット、一九九五年、三五─三六ページ。

第Ⅱ部　小選挙区制導入後のイタリア政治

第3章　イタリアにおける小選挙区制導入と二大勢力化
――一九九四年総選挙から二〇〇一年総選挙まで

イタリア戦後政治史年表

一九四五年	四月	イタリアのナチズムからの「解放」、ムッソリーニ処刑
	一二月	挙国一致のデ・ガスペリ内閣成立、連合軍の占領体制終結
一九四六年	六月	憲法制定会議の選挙、国民投票で君主制廃止が決定
一九四七年	五月	政権からの社会党、共産党の排除
	一二月	イタリア共和国憲法制定（四八年一月施行）
一九四八年	四月	最初の総選挙でキリスト教民主党が勝利
	八月	労働総同盟の分裂
一九四九年	三月	政府は、社共の反対を押してＮＡＴＯ加盟を決定
一九五六年	一二月	イタリア共産党第八回大会で構造改革路線を提起
	三月	タンブローニ内閣がネオ・ファシズム政党の支持で成立
一九六〇年	七月	広範な反ファシズム運動がおこるなかで、タンブローニ首相辞任

一九六二年　二月　社会党の閣外協力によるファンファーニ内閣成立
一九六三年　一二月　社会党参加の中道左派政権（モーロ内閣）成立
一九六九年　「熱い秋」といわれる学生運動、労働運動の高揚
一九七〇年　六月　州制度導入にともなうはじめての州議会選挙
一九七三年　一〇月　共産党書記長ベルリンゲールが「歴史的妥協」路線を提起
一九七五年　六月　統一地方選挙で共産党が大躍進
一九七六年　六月　総選挙で共産党が三四・四％（下院）を獲得
七月　共産党の棄権によるアンドレオッティ内閣成立
一九七八年　三月　共産党の閣外支持によるアンドレオッティ内閣成立
三〜五月　「赤い旅団」によるモーロ元首相の誘拐殺害事件
一九七九年　三月　共産党が与党離脱
一九八一年　六月　スパドリーニ（共和党）を首相に、五党連合政権が成立
一九八三年　八月　社会党のクラクシ書記長が首相に（八七年三月まで長期政権）
一九八九年　一一月　共産党書記長オッケットが「転換」を提案
一九九一年　二月　共産党臨時大会で左翼民主党を創立
一九九二年　四月　総選挙でキリスト教民主党が三〇％を割り、与党連合が五〇％を割る
その直後からミラノを起点に連鎖的汚職摘発が本格化
一九九三年　八月　上院と下院の新選挙法成立（小選挙区制の導入）

一九九四年	三月	新選挙法での初の総選挙で右翼連合が勝利
	五月	ベルルスコーニ内閣が成立
	一二月	北部同盟の与党離脱によってベルルスコーニ内閣が総辞職
一九九五年	一月	ディーニ超党派専門家内閣が成立
一九九六年	四月	総選挙で中道左派連合「オリーブの木」が勝利
	五月	プローディ内閣成立
一九九八年	一〇月	ダレーマ内閣（中道左派）成立
一九九九年	三月	プローディ前首相が欧州委員長に就任
二〇〇〇年	五月	アマート内閣（中道左派）成立
二〇〇一年	五月	総選挙で中道右派連合が勝利
	六月	ベルルスコーニ内閣が成立

はじめに

本書の観点からみて、冷戦終結以降のイタリア政治における最大の注目点は、一九九三年におこなわれた上院と下院の選挙制度改革（議席の七五％についての小選挙区制の導入）の効果が、九四年、九六年、二〇〇一年と総選挙を重ねるなかで着実に表れてきていることである。もちろん、理想の政治が実現したというのには程遠いが、「有権者の政権選択権」の実質化、任期いっぱい続く安定政権の実現などの当初の目標がかなりの程度実現してきていることは見落とせない事実である。

ほぼ同時並行で進行した日本の「政治改革」がなかなか目にみえる成果(政権交代の実現)をあげられないでいることを考えるならば、イタリア政治にみられるさまざまな病理や不安定要因に過度にこだわるよりも、選挙制度改革を突破口にしてかなり実質的な転換が実現したことのほうにこそ注目すべきであろう。一〇年程度の期間で、意味のある改革が実現するという事例はそれほどありふれたものではないからである。

こうした立場から、日本においても、イタリアとほぼ同時期にほぼ同様の新しい選挙制度が導入されたこととの比較を意識しながら、「小選挙区制導入の実験室」としてのイタリアの事例を紹介することにしたい。イタリアでは、新しい選挙制度のもとでの総選挙は、二〇〇八年までに五回行われているが、本章では、とりあえず、「分水嶺」とも評価された二〇〇一年総選挙までの時期を対象とし、それ以後の二〇〇六年総選挙、二〇〇八年総選挙については第4章、終章で取り上げる。

このようなイタリア政治の転換は、かなり以前からの「制度改革」の試みの成果として実現した九三年の選挙制度改革を直接の契機にしているが、それ自体、イタリアの国内政治をも強く拘束してきた冷戦対立の終焉、通貨統合などのヨーロッパ統合の急展開、八〇年代の五党連合による政党支配体制の病理の表面化とそれへの批判の噴出、過激な現体制批判を展開する地域主義政党「北部同盟」の台頭、九二年春以降の大規模な連鎖的汚職摘発(タンジェントーポリ)と従来の政治家たちの大量失脚などによる状況の流動化のなかではじめて可能になったことはいうまでもない。

しかし、ここで強調しておきたいのは、戦後の「第一共和制」の危機ともいわれるそのような深刻な状況のなかで、イタリアの改革派勢力が、選挙制度改革をテコにして戦後民主主義を内在的に改革することによって状況変化に対応しようと試み、そして一定の成果をあげたという側面が明確に存在するということである。この期間にイタリアの政治家や政党が発揮した指導力は、まさに指導力の欠如に悩む日本との対比で注目に値する。

たしかにその過程において、一部には、イタリア民主主義そのものが危うくなっているのではないかという危機感の表明もあった。それはとくに、九四年総選挙において右翼連合が勝利し、ネオ・ファシズム政党の後身の国民同盟から五人が入閣した時期に強まった。たとえば、レジスタンス世代の著名なジャーナリストであるジョルジョ・ボッカは、一九二〇年から一九二五年のファシズムの台頭、権力獲得の過程との類似性を指摘し、国民同盟は五〇年間のゲットーから脱出してファシズム体制への復帰を追求しているとまで主張した。国民同盟が政府諸機関の重要ポストを獲得しつつあるのは、単なる勢力拡大ではなく、出版や公社公団や銀行などを統制下において「協同体国家」を再現しようとする試みだというのである。(1)

これはその後の展開を経た現在からみれば過剰反応だったことは明らかであるが、それ以外にも、主要民間放送局すべてをふくむ巨大企業グループの所有者であるベルルスコーニが首相になることによる「利益相反」問題や、経営者時代の多くの贈賄の刑事事件で起訴されているベルルスコーニが首相になる資格があるのかという問題など、イタリア政治の病理ともいえる要素は数多い。

しかし、他方では、二〇〇一年総選挙がイタリア政治の分水嶺になるのではないかという評価が選挙直後に政治学者パスクイーノから出されるなど、不安定要因をはらみながらもイタリアが「第二共和制」に入ったという見方もある程度の説得力をもつようになってきている。

本章では、二大勢力による「政権交代のある民主主義」への移行というイタリアの改革派勢力の目標を基軸に据えながら、最後の完全比例代表制総選挙がおこなわれた一九九二年前後から二〇〇一年総選挙までのイタリア政治を小選挙区制導入の政党へのインパクトに注目しつつ追跡していきたい。

1　比例代表制から小選挙区制へ

（1）比例代表制の病理形態としての「政党支配体制」

三つの大衆政党の共存

日本もふくめた先進諸国の戦後政治との比較のなかで浮かびあがるイタリアの戦後政治の諸特徴は、比例代表制という選挙制度と密接に関連している。共産党からネオ・ファシズム政党までの左右の大きな幅のなかである程度の議席をもつ政党が常時七程度存在する遠心的な多党制、連合政権の恒常化、議会の任期中における頻繁な連合政権の組み替え、社会全体の運営において政党が圧倒的な主導権をもち、公的機関のポストやリベートまでを政党間で山分けするにいたっていた「政党支配体制」など。

要するに、よくも悪くもすべてを政党が仕切るというのが、政治、行政、国有企業をはじめとして戦後イタリア社会全体の特徴となっていたのであった。なかでも、キリスト教民主党（以下、ＤＣと略記）、共産党、社会党という数十万人から百数十万人もの党員を要する大衆政党がその中心であった。そして、イタリア社会では、カトリックによる白のサブカルチャーないし拠点地域（北東部）と、共産党や労働総同盟による赤のサブカルチャーないし拠点地域（中部）が確固とした存在を誇ってきた[2]。共有権者のなかでも、たとえば世論調査において、支持政党なしが一割以下で、ほとんどの人が支持政党を答え、しかもそれが実際の選挙での各党得票率とあまり違わないという状況が、現在までつづいている。

比例代表制という選挙制度がイタリアではじめて採用されたのは一九一九年であった。その年の一一月の総選挙では、すでに一九一二年に男子普通選挙制が導入されていたこともあって、社会党と人民党（カトリック政党）が第一党と第二党になった。

ファシズム支配を経た第二次大戦後も、その伝統を引き継いで、キリスト教民主党、共産党、社会党が有力政党としての地位を保持しつづけた。その三党をはじめとして、戦後の比例代表制時代の総選挙における各政党の得票率は表1のとおりである。

戦後イタリアの政治制度の骨格は、一九四八年一月一日に施行されたイタリア共和国憲法、とくにその第二部「共和国の組織」に規定されている。一九二二年から二〇年以上つづいたファシズム体制の崩壊直後に、反ファシズム諸政党の主導によって制定された憲法であるため、そこで規定されている政治制度の第一の特徴は、「ファシズムの復活を阻止する」ための歯止め（権力分散の仕組み）を多様に備えていることである。

第二の特徴は、すでに東西冷戦対立が厳しくなりつつあった時期に制定されたことを反映して、キ

表1　イタリアの憲法制定議会選挙（1946）および下院選挙（1948―1992）における各党の相対得票率（%）

	1946	1948	1953	1958	1963	1968	1972	1976	1979	1983	1987	1992
キリスト教民主党	35.2	48.4	40.1	42.3	38.3	39.1	38.8	38.7	38.3	32.9	34.3	29.7
イタリア共産党	18.9	31.0	22.6	22.7	25.3	26.9	27.2	34.4	30.4	29.9	26.6	16.1*
イタリア社会党	20.7		12.7	14.2	13.8	14.5	9.6	9.6	9.8	11.4	14.3	13.6
イタリア社会運動（ネオ・ファシズム政党）	–	2.0	5.8	4.7	5.1	4.5	8.7	6.1	5.3	6.8	5.9	5.4
イタリア社会民主党	–	7.0	4.5	4.6	6.1		5.1	3.4	3.8	4.1	3.0	2.7
イタリア共和党	4.4	2.5	1.5	1.4	1.4	2.0	2.9	3.1	3.0	5.1	3.7	4.4
イタリア自由党	6.8	3.8	3.0	3.5	7.0	5.8	3.9	1.3	1.9	2.9	2.1	2.8
共産主義再建党	–	–	–	–	–	–	–	–	–	–	–	5.6*
地域同盟（北部同盟）	–	–	–	–	–	–	–	–	–	0.5	0.5	8.7
プロレタリア民主主義	–	–	–	–	–	–	–	1.5	1.4	1.5	1.7	–
急進党	–	–	–	–	–	–	–	–	–	–	2.5	2.5
南チロル人民党	–	0.5	0.5	0.5	0.5	0.5	0.5	0.5	0.6	0.5	0.5	0.5
サルデーニア行動党	0.3	–	–	–	–	–	–	–	0.2	0.2	0.4	0.2
国民民主党	2.8	2.7	6.9	4.8	1.7	1.3	–	–	–	–	–	–

＊ 1991年2月に左翼民主党と改名。反対派は共産主義再建党を結成。

リスト教民主党を中心とするカトリック保守勢力と社会党・共産党を中心とする社会主義的左翼勢力との妥協の産物であると同時に、両者の平和的共存の枠組みを用意するものでもあったということである。足切りもない完全比例代表制という選挙制度は、当初は憲法草案に書き込まれていたといわれるように、憲法事項ではないものの、そうした憲法の性格を体現するものであった。

その後の戦後政治の展開を振り返ってみると、右に数%のネオ・ファシズム政党（イタリア社会運動）、左に二〇数%の共産党を抱えながらも、イタリアはともかくも自由民主主義体制を定着させることに成功してきたわけであり、憲法の規定する政治制度はその当初の目標を達成したといってよいだろう。その間、五〇年代後半から六〇年代前半の「イタリア経済の奇跡」と呼ばれる高度成長も実現して、イタリアは最先進工業国としてG7の一員ともなった。

しかし、他方では、一九七〇年代以降に顕在化してきた新しい諸課題の解決という点からみると、諸政党の間の現状維持的協調体制があまりに強固になってしまったがゆえに根本的改革を実行することが事実上不可能になっているという問題点もまた次第に痛感されるようになってきた。七〇年代から統治能力の危機が叫ばれ、八〇年代からは「制度改革」が政治的争点として浮上しはじめる。そして、一九八九年東欧市民革命と冷戦終結を経て、九三年八月の選挙制度改革を突破口として政治制度改革は本格的な実現の段階に入るわけである。

このように、戦後の一時期において大きな機能をはたしてきた政治制度が、七〇年代以降の歴史的ともいうべき社会的、国際的環境の激変のなかで、運用上の改革にとどまらず制度そのものの根本的転換に直面したわけである。

そのもっとも代表的なものは、完全比例代表制で選出される上院と下院である。ある程度の実質的権限をもつ大統領が存在するとはいえ、イタリアの政治制度の基本はイギリスや日本などと同様の議院内閣制である。したがって、国会の多数派や、それを基礎とする総理大臣や内閣の権限は法制上はきわめて強力である。ところが、国会議員を選出する選挙制度が、足切りもまったくない完全比例代表制であったために、イタリアの議院内閣制は諸政党の共存にはきわめて適しているが、政治的決定力、指導力、実行力などにおいてきわめて弱体なものとなってしまった。それは次のような事情による。

「政党支配体制」の爛熟

戦後イタリア政治では、カトリックを基盤とするＤＣが一貫して与党の基軸の位置を占めつづけててきたが、比例代表制のため、議席の過半数を単独で確保することはできず、常に連立政権を形成してきた。四八年の戦後第一回総選挙の四八・五％を最高記録としてその後傾向的に得票率を減らしてきたＤＣは、過半数に不足する議席数を埋めるだけの連立相手を適宜調達しながら政権（首相）を握りつづけてきた。それが可能になったのは、反ファシズムの歴史的経験と冷戦対立という国際環境のゆえに、右のネオ・ファシズム政党（イタリア社会運動）と左の共産党を政権に加えることは事実上不可能であったために、その両者の合計三割から四割の議席を除いた中で過半数を形成するためには相対第一党のＤＣが不可欠な存在となり、それゆえに政権の基軸という位置を保証されていたという事情による。

こうして、万年与党を約束されたＤＣは、各分野の行政だけでなく、西側最大といわれる国有企業群や無数の公社・公団などを支配下におき、企業や各種団体、さらにはマフィアまでも巻き込んだ利益誘導政治の体系を形成し、自らの支持基盤としていった。しかも、そうした利権の談合山分け体制は、ＤＣの各派閥だけでなく、連立相手の他の諸政党へも次第に拡大していった。九二年春以降の大規模な汚職摘発で明らかになったところによると、社会党、社会民主党、自由党などをふくめた政党間でリベートや不正献金の配分比率が決められるまでになっていたのであった。

これを市民の側からみると、通常の行政サービスや手続きのためにすら与党政治家とのコネが必要となるという、いわば「法治国家以前」の状況となる。しかも、何度投票しようとも、ほかに政権の選択肢が存在しないなかでは、諸政党の得票率を多少変動させる程度のことしかできず、結局は選挙後の政党間の談合によって従来どおりの政権がつくられることになってしまう。このような有権者のコントロールを排除した諸政党による国家の私物化をイタリアでは「政党支配体制」（パルティトクラツィア）と呼ぶようになった[3]。

こうした体制は政治不信を深刻化させながらも延命しつづけてきたが、さすがに八〇年代になると、急展開しはじめたヨーロッパ統合に乗り遅れないためにも、膨大な財政赤字の解決、行政の合理化・効率化、南部を中心に公権力へも深く浸透しているマフィアへの対策をはじめとする諸改革が避けられない課題となり、それを実行できるような政治システムの確立が強く求められるようになってきた。

その突破口として、八〇年代にまず語られたのは、大統領制の強化によって強力な政治指導力を確立するという構想であった。イタリアの大統領は、国会議員と各州代表の合同会議によって七年の任期で選出され、議会解散権、首相任命権、軍隊指揮権などをもち、国家元首と規定されている。しかし、統治機構の基本は議院内閣制であるので、従来は「国の統一を代表」する以外に実質的な政治的役割は大きくなかった。そこで、フランス型ないしアメリカ型の直接選挙の強力な大統領制を導入することによって改革を断行しようという提案が出たのであるが、ファシズムを経験したイタリアでは人民投票型独裁への警戒心が強いために多数の支持が集まらなかった。

それに代わって突破口を切り拓いたのは、選挙制度を小選挙区制に変えることによって多党制を二大勢力化して強力政権を可能にすると同時に、有権者に直接的政権選択権を保障するという議院内閣制を基礎とした政治改革構想であった[4]。

（2）選挙制度改革実現までの経過

日本において小沢一郎を中心とする保守勢力内の改革派が小選挙区制の導入を主導したのと対照的に、イタリアの政治改革においてはむしろ左翼や中道の改革派が主導した。イタリアでも八九年東欧市民革命以降、いわば改革派と守旧派という構図での対抗関係が展開しはじめるが、イタリアの改革派はイタリア共産党（九一年二月からは左翼民主党）とDC内カトリック改革派（セーニ議員のグループ）を中心として構成されていた。たしかに、豊かな北部を拠点にした地域主義政党である北部同盟は、北部共和国の独立などの過激なスローガンによってDCを軸とした既存体制に対する抗議の声を結集しつつあったが、「政権交代のある民主主義」という新しい政治システムの明確な構想を示しえていたのは、選挙制度改革を当面の中心目標とする改革派勢力だけであった。

イタリアにおける「脱冷戦」過程、すなわち政権交代メカニズムの創出のための政治制度改革とそうした新しい政治システムを担い得る政治勢力の形成を促進した主要な要因としては、ほぼ時期を追う形で次のようなものが挙げられる。

イタリア共産党の左翼民主党への「転換」

冷戦終結に対してイタリアにおいてもっとも早く反応したのは、すでにベルリンの壁崩壊の三日後の八九年一一月一二日の時点で、もはや「共産党」ではない政権を獲得しうる新しい左翼政党の創設という衝撃的な提案を打ち出したイタリア共産党であった。その後、二度の臨時党大会を経て、九一年二月には新しい勢力も合流して左翼民主党が創立された（その際、一部の反対派は分裂して、一二月に新左翼勢力などとともに共産主義再建党を設立した）。

これによって、西側最大の共産党の政権獲得を阻止するというDC中軸体制の最大の正当化理由は根拠を失った。逆にいえば、イタリア共産党の「転換」は、民主主義ゲームへの参加という点でも、党内民主主義という点でも、それほどに鮮明で説得力のあるものだったということである。象徴的な例としては、抵抗政党としての生き残りのためにはもっとも望ましい比例代表制の選挙制度を小選挙区制主体のものへと改革するという提案を率先して推進したこと、二度の臨時党大会では三つの大会議案が提出され、大会代議員や次期各級指導部はそれぞれの議案の得票率に応じて比例代表制で選出されたこと、などがあげられる(5)。

選挙制度改革のレファレンダム運動

イタリアの戦後政治においては、一見、多党分立による政権の不安定が特徴であったようにみえるが、実はそれ以上に、DCが四割台から三割台へと徐々に得票率を減らしながらも一貫して政権の中枢を占めつづけてきた連続性こそがより基本的な特徴であった。そのために、膨大な国家持株会社や公社、公団などを通じる合法、非合法の利益政治網が形成され、DCはそれを自らの基盤（金と票）とすると同時に、他の連立諸党へと分け前を配分することによって政権を維持しつづけることができたのであった。

そうしたことが可能になったのは、国際的な冷戦構造の制約のもとで、共産党とネオ・ファシズム政党を政権から排除せざるをえなかったので、DCを抜きにした多数派形成は数の上でも不可能であったためであるが、それに加えて、終戦直後は対立する諸勢力の共存を保障することによって不安定な民主主義を定着させる役割をはたした比例代表制がそのような万年与党体制の「維持装置」となっていたという事情も無視できない。

というのは、比例代表制のもとで有権者は多数の政党のなかから支持政党を選ぶことによって議会の構成に民意を「鏡のように」反映させることができる反面、議院内閣制において決定的に重要な議会内多数派＝政権の構成についてはまったく発言力がなく、各党の書記長、幹事長の交渉（ないし談合）に委ねざるをえない。そのため、ＤＣの得票率が下がっても、結局は次々に小政党をポストや利権を餌にして引っ張り込むことによってＤＣ主導政権は存続してしまう。七〇年代のベルリンゲール書記長時代に統治政党としての認知を相当程度獲得した共産党が結局は政権交代を実現しえなかった一因は、共産党自身が固執してきた比例代表制の選挙制度にもあったのである。

こうした反省に立って、八八年からのオッケット書記長時代の共産党は、政権交代メカニズムの創出のために、有権者に実効的な政権選択権を与えるような多数決的な選挙制度の導入を主張するようになる。そして、汚職にまみれた万年与党体制の変化を望む市民派諸勢力やＤＣなど与党内部の改革派諸勢力（セーニ議員グループなど）と合流して、九〇年はじめから、国民投票を通じて上院、下院、地方自治体の選挙制度を変える運動が開始された（まずは規定の五〇万人以上の署名集め）。憲法裁判所の審査をパスしてようやく九三年四月におこなわれた国民投票では、ＤＣや社会党など与党勢力が守旧派として反対したにもかかわらず、八二・七％の賛成で選挙制度改革が支持される結果となった。こうした世論に押されるようにして、国民投票直前の三月には国会で地方自治体の選挙制度が多数決制の方向（相対第一党に六割の議席を与える）へ改正され、国民投票後の八月には、上下両院の選挙制度改正法案が国会で可決された。

イタリアの政治改革においてこの国民投票は、日本における九三年八月の細川非自民「政治改革政権」の成立に匹敵する位置を占めるといってよいであろう。これによって、与党を中心とする守旧派に対する改革派の優位は決定的となり、それを推進した左翼民主党の支持率もそれまでの横ばいから明確な上昇に転じていく。

「クリーンハンド」作戦による汚職の徹底摘発

以上のような動向によって徐々に追い詰められながらも、九二年四月の総選挙においては、ＤＣは下院で二九・七％にまで得票を減らしたものの与党全体でギリギリ過半数の議席を確保して従来の与党体制を守ることに成功した。ところが、まさにその総選挙直後から本格化した「クリーンハンド」作戦と呼ばれる検察による構造汚職の連鎖的摘発が与党勢力に致命的打撃をあたえることになる。イタリアにおいては、検察は司法官高等評議会の指揮下にあって政府から独立しているという制度的条件も有利に働いたと思われるが、それまでは政治家からの影響で抑えられたケースもあったといわれるので、九二年総選挙で明確に表現された政府・与党に対する批判的な世論の高まりが検察の活躍をうながした決定的要因だったと考えられる。

これによって、ほとんど公然と語られながら野放しとなっていた構造的汚職が中央、地方において連鎖的に摘発されていった。政治家、大企業幹部、公務員などから膨大な逮捕者がでた。九三年末の時点で、九四五人の国会議員の内の二五一人（首相経験者四人）を含む一四五六人が告発されていた。

これにより、ＣＡＦと総称されて八〇年代のイタリア政治を牛耳ってきたクラクシ社会党書記長、アンドレオッティ元首相（ＤＣ）、フォルラーニＤＣ幹事長がそろって失脚したのを代表に、与党の主要な政治家はほとんど再起不能の状態となってしまった。ＤＣや社会党は指導部を刷新したり党名を変更したりして生き残りを策するが、もはや手遅れで、ＤＣは支持率を二〇％前後まで低落させ、社会党にいたっては五％以下にまで急落してしまう。

なお、このようにして保守派の政治指導者全体がほとんど壊滅的といえるほどの打撃をこうむったことが、のちにベルルスコーニというまったくの政治の素人が保守勢力の救世主として登場しえた（するしかなかった）前提となる。

北部同盟の台頭

与党諸政党が急速に支持を失っていくなかで、左翼民主党を中心とする左翼諸政党やセーニ議員らの中道改革派を結集した民主主義同盟などが支持率を上昇させていったが、むしろそれを圧倒するような劇的な伸びをみせたのが北部同盟であった。[6]

その前身であるロンバルディア同盟は一九八三年に結成され、八七年総選挙は〇・七％、八九年欧州議会選挙は一・八％であったが、九〇年五月の地方選挙ではロンバルディア州で一九％にまで躍進し、社会党や共産党の票だけではなく、北部を拠点の一つとしていたＤＣの票をも大きく吸収することに成功する。その後九一年一月に、他の地域同盟と共に北部同盟を結成し、九二年総選挙では一気に八・七％を獲得して全国レベルでの第四党に躍りでた（ミラノでは一八・一％で第一党）。左翼民主党が共産党時代にミラノなどで汚職に部分的に関与していたことが明らかになったこともあって、北部での抗議票は圧倒的に北部同盟に集中することになったのである。北部同盟は汚職の根源ともなっている中央集権的国家を北部、中部、南部からなる連邦制国家に組み替えることを主張する形で、非能率で腐敗した中央政府と与党諸政党への国民的な不信と抗議にもっともストレートな表現を提供して支持を急伸させていった。

その後、北部同盟の伸びは、九三年六月の地方選挙で頂点に達し、北部では二六の自治体のうち一六で首長を獲得した。とくにミラノの決選投票で左翼統一候補を破って単独で市長を獲得したことが注目された。九三年八月の世論調査では、全国支持率一八％で左翼民主党に迫る第二党となっていた。

このような急伸が、小選挙区制導入による民主主義体制の内在的改革に議会の多数派をともかくも賛成させる強力な外圧として作用したことは明らかである。

（3）新しい選挙制度の特徴

九三年八月に成立した新しい選挙法の基本的内容は、下院（六三〇議席）、上院（三一五議席）ともに、議席の七五％を小選挙区制で選び、残り二五％をブロック制の比例代表制で選ぶという、小選挙区制優位の混合型である。また、比例代表制部分の配分において、小選挙区で当選者を出した名簿の票数から当選者の票を差し引く「控除」制度という、日本で民間政治臨調が「連用制」として提案したものとほぼ同様の制度が導入された。(7)

多少具体的にみると、下院選挙（二票制）では、有権者は二枚の投票用紙でそれぞれ小選挙区（全国で四七五区）の候補者と、比例区（二六区）の名簿に投票する（なお、小選挙区の各候補者はどの名簿と結合しているかを表明しなければならない）。比例代表制部分の議席（一五五）の配分においては、全国集計で四％以上得票した名簿しか配分の対象にならないという「阻止条項」が導入された。また、比例区の配分にあたっては、各党の名簿の比例区での得票から、各党の小選挙区での当選者の「当選必要票数」（つまり次点候補の得票数プラス一）を差し引いた票数をもとにするという「控除」制度が用いられている。議席が欠員となったときは、小選挙区の議席であれば補欠選挙をおこない、比例区の議席であれば名簿の順位にしたがって繰り上げ当選とする。

上院選挙（一票制）では、有権者は一枚の投票用紙で小選挙区（全国で二三二区）の候補者に投票する。その票は、その候補者名と並んで記されている政党への比例区（二〇の州の区画と同一）での投票としてもみなされる。比例代表制部分の議席（八三）の配分においては、上院の場合は阻止条項はない。また、上院でも、「控除」制度が導入されたが、下院とはやや異なり、各党の名簿の得票数から各党の小選挙区での当選者の得票数をそのまま差し引いた票数をもとに比例配分する。議席が欠員となった場合の処理は下院と同様である。

ここで注意を要するのは、上院の選挙制度は下院のものと骨格は同じだがかなりの違いもあるということである(8)。

まず、下院の比例区議席が全国集計で配分されるのに対し、上院は比例区定数が少ないうえに州単位で配分されるため、阻止条項の不在にもかかわらず少数政党の議席獲得がかなり困難だという点がある。

次に、上院は一票制であり、しかも比例区の名簿は存在しないので、比例区の議席配分の対象となるのは、その比例区（州）の小選挙区からの候補者たちだけになるということである。つまり、比例区での当選者は、同じ政党からの小選挙区立候補者の落選者のうち、「個人得票係数」（＝小選挙区での得票数÷その小選挙区の有効投票総数×一〇〇）の多い順に決まるのである。

また、上院の小選挙区候補者は投票用紙に一つの政党のシンボルしか掲げることができないが、下院の小選挙区候補者は最大五つの政党（名簿）のシンボルを掲げることができる。これは、比例区では各党が独自の名簿を提出しながら、小選挙区では統一候補の擁立や選挙協力をおこなうことを可能にするものである（複数の名簿と連結していた候補が小選挙区で当選した場合は、「控除」は、各名簿が当該小選挙区で獲得した比例票に比例しておこなわれる）。

なお、上院では各候補者は一つの小選挙区のみで立候補することができるのに対し、下院では、一つの小選挙区と最大三比例代表区から重複立候補することが認められている（両院にまたがった重複立候補はできない）。

全体として、日本の衆議院における並立制では四〇％（その後、三七・五％）が比例代表制で選ばれるのと比較すると、イタリアの二五％は少ないが、控除制度のために比例区で議席を獲得するのがほとんど第二党以下となるので、実質的にはかなり近い選挙制度といえる。

要するに、九三、四年に導入された両国の新しい選挙制度では共に小選挙区制の要素が優越しており、そのことが従来の比例代表制（中選挙区制）のもとでの政党制や選挙の在り方に再編成（特に二大勢力化）を迫る強い「制度的刺激」をもたらすものであった。

とはいえ、実は、その後の実際の選挙においては、その「刺激」を政党の側がどのように受け止めたかについて、イタリアと日本とで顕著な違いがみられる。ひとことで言って、日本では政党（そしてマスコミも有権者も）が中選挙区制時代の常識からなかなか脱却できないままであったのに対し、イタリアの政党は、小選挙区での議席を獲得するために、むしろやり過ぎとも思えるほどに政党間の連携に踏み出していった。そのようなイタリアの政党の大胆な適応の姿は、惰性に流れがちな日本の政党にとっては格好の刺激となると思われる。

2　ベルルスコーニ旋風とテレビ選挙――一九九四年総選挙

（1）小選挙区制選挙に向けた連合形成

左翼連合

旧共産党が左翼民主党への転換をはたしながら、九二年総選挙では一六・一％にまで落ち込んでいたこともあって、ほとんど壊滅状態になっていた五党連合に代わる政権勢力がなかなか形成されない状況がつづいたが、九三年四月の国民投票を成功させた左翼や中道改革派はそれを契機にしてようやく支持率を上昇させはじめる（表2）。そして、ついに九三年六月の地方選挙では画期的な勝利を収める。三月の時点で、地方自治体の選挙制度も多数決型（相対第一位の名簿に議席の六割ないし三分の二が保障され、その名簿の第一位が首長になる）に改正されていたので、これは小選挙区制選挙の

表2　政党支持率の推移（1987 ― 93 年）（%）

	1987 年 6 月総選挙 （下院）	1992 年 4 月総選挙 （下院）	1992 年 12 月中旬 世論調査(1)	1993 年 2 月中旬 世論調査(2)	1993 年 3 月中旬 世論調査(3)	1993 年 4 月中旬 世論調査(4)
キリスト教民主党	34.3	29.7	24	24	22.0	18.2
左翼民主党	旧共産党	16.1	16	15	16.2	20.0
共産主義再建党	26.6	5.6	6	6	5.2	5.3
社会党	14.3	13.6	9	8	4.3	5.1
北部同盟	0.5	8.7	14	14	15.5	15.5
イタリア社会運動	5.9	5.4	7	8	7.2	5.5
共和党	3.7	4.4	3	3	2.2	4.3
自由党	2.1	2.8	3	3	2.9	2.2
社会民主党	2.9	2.7	3	2	1.7	1.4
急進党	2.6	1.2	1	2	8.0	5.4
レーテ	–	1.9	4	5	5.2	5.4
緑の党	2.5	2.8	3	3	4.1	5.5
その他	4.6	5.1	7	7	5.5	8.2

出所：（1）CIRM 社調査、ウニタ紙 1992 年 12 月 17 日付、（2）CIRM 社調査、エスプレッソ誌 1993 年 2 月 28 日号、（3）SWG 社調査、ウニタ紙 1993 年 3 月 24 日付、（4）DIRECTA 社調査、ウニタ紙 1993 年 4 月 14 日付。

表3　1994 年1月から3月までの政党支持率の変化（%）

		1 月 10 日	1 月 21 日	1 月 23 日	2 月 4 日	2 月 11 日	2 月 17 日	2 月 24 日	3 月 3 日	3 月 10 日	総選挙*
右翼連合	国民同盟 （イタリア社会運動）	10	10	10	10	10	10	10	10	10	13.5
	北部同盟	16	13	12	11	10	10	9.5	8	7	8.4
	フォルツァ・イタリア	6	11	13	19	24	25	25.5	27	26	21.0
	その他（中道）	2	4	5	5	4	3	3	3	3	–
中道	人民党 イタリアのための協定	23	22	23	20	17	16	15	15	16	11.1 6.4
左翼連合	左翼民主党	23	22	20	20	19	19	20.5	21	20	20.4
	レーテと緑の党	6	5	5	4	5	4	5	4	5	4.6
	民主主義同盟など	5	5	5	5	5	5	4	4	5	3.4
	共産主義再建党	6	7	6	5	5	5	4.5	5	5	6.0
その他		3	1	1	1	1	3	3	3	3	7.0
計		100	100	100	100	100	100	100	100	100	100

出所：エスプレッソ誌 1994 年 2 月 18 日号、2 月 25 日号、3 月 11 日号；レプブリカ紙 1994 年 3 月 11 日

＊ 1994 年 3 月 27 日、28 日投票の総選挙における下院比例代表部分の得票率。

前哨戦での勝利という意味をもつ。

左翼民主党と民主主義同盟の統一リストは、北部では依然として北部同盟に遅れをとって二六自治体のうち八で勝利するにとどまったが、拠点の中部で二七自治体のうち二〇で勝利したほか、DCの牙城であった南部・島部でも四五自治体のうち三一で勝利するという注目すべき成功を収めた。

その後の世論調査では左翼民主党は二〇％前後で第一党の地位を占めつづける。そして、さらに九三年一一月、一二月の地方選挙では、左翼連合は、北部同盟との決選投票となったジェノヴァとヴェネツィアで勝利したほか、急速に伸びはじめていたネオ・ファシズム政党のイタリア社会運動を核とする国民同盟との決選投票となったローマやナポリでも勝利し、予想される小選挙区制での総選挙での左翼連合の勝利の展望を大きく切り拓いたのである。

九四年二月一日には、三月の総選挙に向けて、左翼民主党、共産主義再建党、緑の党、社会党、社会主義再生、レーテ、民主主義同盟（セーニ議員グループは抜けて中道に移っていた）、キリスト教社会派の八党派によって進歩派連合（プログレッシスティ）が正式に結成され、すべての小選挙区で統一候補を擁立する体制が確立された。その核となる左翼民主党は九四年一月一〇日の世論調査では二三％の支持率を記録し、左翼連合全体では四〇％の支持率を示していた（表3）。また、経済界の動向を反映する『イル・ソーレ・ヴェンティクワトロ・オーレ』紙による各党の政策への評価では、左翼民主党が最高点をあたえられるなど、統治能力についても不安はなかったといえる。しかし、後知恵になるが、「刷新的性格」の項目の評点においてフォルツァ・イタリアや北部同盟が八点であるのに対して六点と目立って低くなっているように、「新しさ」の印象に欠ける点が弱点となっていたといえよう。また、共産党の「転換」を完成させ、左翼連合をここまでまとめ上げる中心となってきた左翼民主党書記長オッケットも、有権者向けの首相候補としては新鮮さの不足は否定し難かった。そのこともあって、左翼連合としての統一首相候補を公式に決定するにいたらないまま投票を迎えたことも、ベルルスコーニという強力な首相候補を擁する右翼連合に対する敗因の一つとなったと思われる。

右翼連合の救世主ベルルスコーニの登場

ともあれ、少なくとも序盤戦においては上述のように左翼連合が約四〇％で圧倒的に優位に立っていたのに対し、中道勢力は人民党とセーニ議員らの「イタリアのための協定」を合わせても二二〜三％でとても勝ち目はなかった。他方、右翼勢力は、北部同盟と国民同盟は政策的にきわめて異質なため連携は困難で、しかも、それぞれが、拠点とする北部と南部において、地方選挙での決選投票で左翼連合に敗北したばかりであった。要するに、左翼連合の勝利はほぼ確実という情勢であった。

ここに、左翼政権阻止を叫んで保守勢力にとって救世主のように登場したのが、フィニンヴェストという大企業集団のオーナー経営者であり、主要民間テレビ局三つ、全国新聞、出版社、広告代理店などを傘下において「メディアの帝王」とも呼ばれるシルヴィオ・ベルルスコーニであり、彼が一月二六日のテレビ演説によって正式に設立を発表した新党「フォルツァ・イタリア」（がんばれイタリア）であった。

これ以後、傘下のテレビ局をフルに使った異常ともいえるテレビ選挙によってフォルツァは一時は二七％にまで支持率を伸ばし、本番の総選挙でも二一％で第一党となって右翼連合の勝利の立役者となったのであった。表3に示されているように、二月二五日から公式の選挙運動期間がはじまるのにともなってテレビ利用が制限されたため、その影響がもっとも強く残っていた三月はじめ以降は支持率が明確に下降していくが、そのことは逆にそれまでのテレビ宣伝の影響力を証明するものといえる。

そのほか、フォルツァの選挙運動においては、アメリカ大統領選挙をモデルにした選挙運動の専門家チームの編成、徹底した世論調査の繰り返しとそれにもとづく選挙戦術、傘下のサッカーチームACミランの人気の利用、傘下企業の組織や従業員の動員など従来なかった諸特徴がみられた。

総選挙全体におけるフォルツァの役割を端的に要約すれば、北部では北部同盟と「自由の極」連合を組み、中部と南部では国民同盟と「善政の極」連合を組むことによって、北部と南部でそれぞれ左翼連合の優位を逆転することを可能にし、さらにはそうしたブリッジ共闘の体制によって政策的にかなり異質な右翼連合全体を多数派へとまとめあげたということであった。他方、その勝利は、所得税を一律三三％に引き下げ、企業負担を軽減することによって一〇〇万人分の雇用を創出するというきわめて単純化された新自由主義的政策を武器に、青年層を中心にして「新しさ」をアピールして支持を集めることに成功したことによるものでもあった[9]。

（2） 一九九四総選挙の結果とベルルスコーニ政権の誕生

こうして小選挙区制導入後はじめての総選挙は、劇的な政界再編を経て、左翼連合、中道連合、右翼連合の三勢力によって戦われ、右翼連合の逆転勝利におわった（表4、5）。そして、右翼連合内

表4　1994年3月総選挙におけるイタリア上院党派別新議席（定数315）

<table>
<tr><th colspan="2">党派</th><th>新議席</th><th>前回議席（92年）</th></tr>
<tr><td rowspan="4">右翼連合
(154)</td><td>北部同盟</td><td>58</td><td>25</td></tr>
<tr><td>国民同盟</td><td>43</td><td>16*</td></tr>
<tr><td>フォルツァ・イタリア</td><td>41</td><td>–</td></tr>
<tr><td>キリスト教民主センター</td><td>12</td><td rowspan="3">107
(旧キリスト教民主党)</td></tr>
<tr><td rowspan="2">中道
(31)</td><td>人民党</td><td>27</td></tr>
<tr><td>イタリアのための協定</td><td>4</td></tr>
<tr><td rowspan="7">左翼連合
(122)</td><td>左翼民主党</td><td>66</td><td>64</td></tr>
<tr><td>共産主義再建党</td><td>19</td><td>20</td></tr>
<tr><td>民主同盟</td><td>7</td><td>–</td></tr>
<tr><td>社会党</td><td>12</td><td>49</td></tr>
<tr><td>緑の党</td><td>7</td><td>4</td></tr>
<tr><td>レーテ</td><td>6</td><td>3</td></tr>
<tr><td>キリスト教社会運動</td><td>5</td><td>–</td></tr>
<tr><td></td><td>その他</td><td>8</td><td>37</td></tr>
</table>

＊国民同盟の92年選挙での獲得議席数はイタリア社会運動のもの。
出所：読売新聞1994年4月3日付。

表5　1994年3月総選挙におけるイタリア下院党派別新議席（定数630）

<table>
<tr><th colspan="2">党派</th><th>比例配分得票率</th><th>新議席</th><th>前回議席（92年）</th></tr>
<tr><td rowspan="5">右翼連合
(360)</td><td>北部同盟</td><td>8.4</td><td>118</td><td>55</td></tr>
<tr><td>国民同盟</td><td>13.5</td><td>105</td><td>34*</td></tr>
<tr><td>フォルツァ・イタリア</td><td>21.0</td><td>101</td><td>–</td></tr>
<tr><td>中道連合</td><td>–</td><td>4</td><td>17**</td></tr>
<tr><td>キリスト教民主センター</td><td>–</td><td>32</td><td rowspan="3">206
(旧キリスト教民主党)</td></tr>
<tr><td rowspan="2">中道
(46)</td><td>人民党</td><td>11.1</td><td>33</td></tr>
<tr><td>イタリアのための協定</td><td>4.6</td><td>13</td></tr>
<tr><td rowspan="7">左翼連合
(213)</td><td>左翼民主党</td><td>20.4</td><td>115</td><td>107</td></tr>
<tr><td>共産主義再建党</td><td>6.0</td><td>40</td><td>35</td></tr>
<tr><td>民主同盟</td><td>1.2</td><td>17</td><td>–</td></tr>
<tr><td>社会党</td><td>2.2</td><td>15</td><td>92</td></tr>
<tr><td>緑の党</td><td>2.7</td><td>11</td><td>16</td></tr>
<tr><td>レーテ</td><td>1.9</td><td>9</td><td>12</td></tr>
<tr><td>キリスト教社会運動</td><td>–</td><td>6</td><td>–</td></tr>
<tr><td></td><td>その他</td><td>7.0</td><td>11</td><td>73</td></tr>
<tr><td>計</td><td></td><td>100.0</td><td>630</td><td>630</td></tr>
</table>

＊国民同盟の92年選挙での獲得議席数はイタリア社会運動のもの。
＊＊中道連合の92年選挙での獲得議席数は自由党のもの。
出所：読売新聞1994年4月3日付。

部での軋轢はあったものの、五月二〇日にはベルルスコーニ内閣が議会での信任をえて正式に発足した。

この総選挙結果に関して、まず第一に重視すべきことは、これが万年与党であった中道勢力を最終的には一五・七%にまで壊滅的かつ不可逆的に敗北させ、DC中軸の協調体制の再現を不可能にしたということである。中道を一月の段階からさらに数%落ち込ませたのは、なんといってもフォルツァのインパクトであった。右翼の勝利は実は中道の敗北によるものであり、左翼の敗因はその中道票を吸収しえなかったことにあった。

いずれにしても、こうして、政権交代の機能しない閉塞した民主主義として特徴づけられるイタリアの戦後体制である「第一共和制」は決定的に終焉し、それに代わってはじまった第二の戦後（冷戦後）体制ともいえる「第二共和制」は、政権交代のある民主主義となる可能性がきわめて大きくなった。とくに、敗北したとはいえ、左翼連合が全体として三四・四%（これは奇しくも、イタリア共産党が七六年総選挙で記録した最高得票率と同じである）を獲得して再建への土台を築いたことは無視できない。政権交代のある民主主義のための選挙制度改革を主導することを通じて民主主義ゲームの参加者としての立場を疑問の余地のないものとし、統治能力、政策能力においても高い評価を受けている民主主義的左翼の明確な存在は、政権交代のある民主主義の実現のための最大の保証だからである。

九四年総選挙における右翼連合の勝利というのは、こうした文脈でみれば、けっしてイタリアの「右傾化」ではなく、基本的には政権交代のある民主主義の第一回戦における右翼の勝利として理解すべきものである。当時、わが国でも、ベルルスコーニ内閣への国民同盟からの入閣に対してフランス、

図１　イタリアの政界再編成

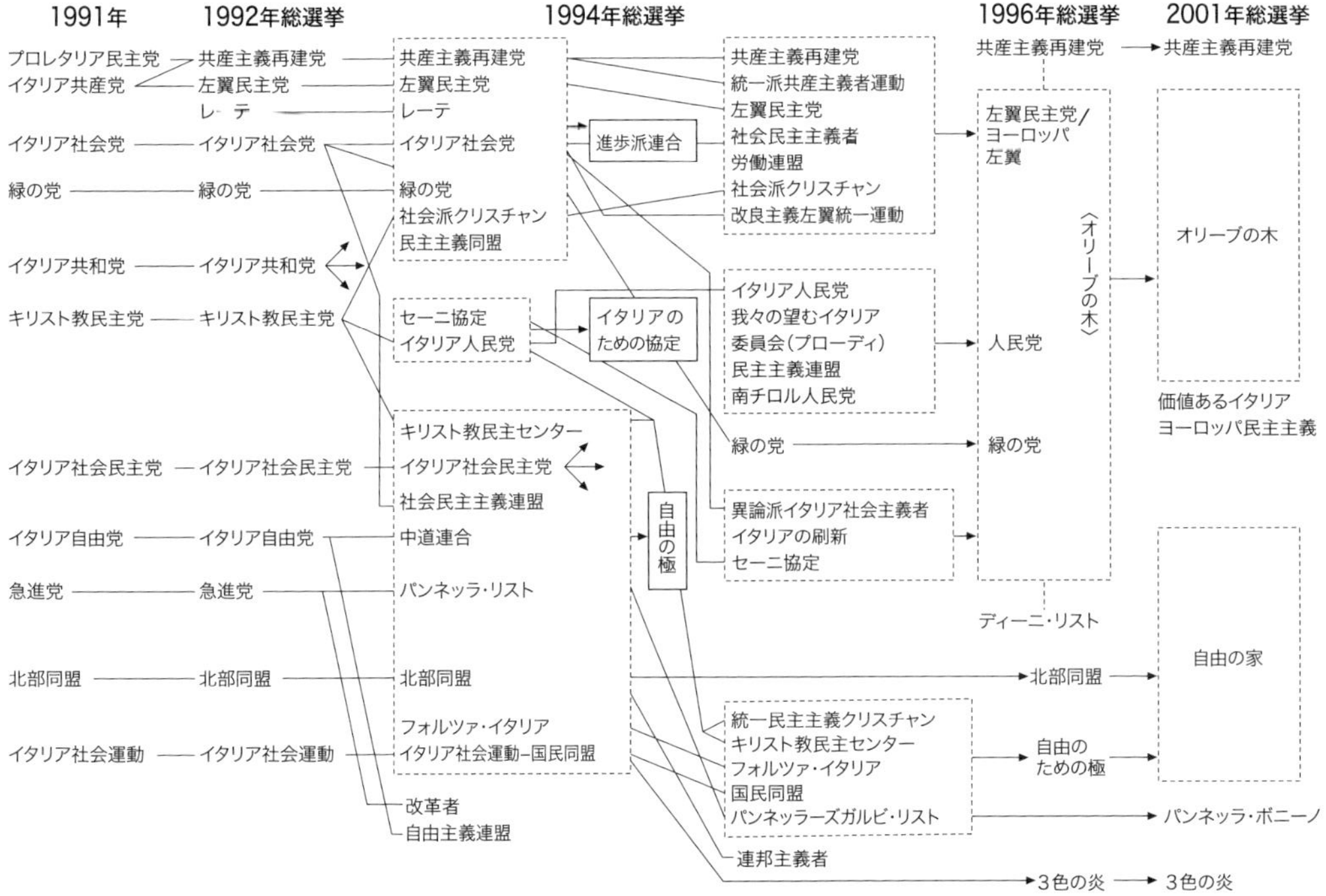

出所：James L. Newell(ed.), *The Italian General Election of 2001. Berlnscoin's Victory,* Manchester University Press, 2002. p. 110に多少手を加えた。

ノルウェー、ドイツなどヨーロッパ諸国の政治家が強い懸念を表明したことを理由に、イタリアにファシズム化の危険が存在すると考える向きもあった。しかし、ヨーロッパ諸国の政治家たちが、過去のファシズムへの肯定的評価を撤回しない国民同盟の入閣に抗議する必要を感じたこと、またそれをヨーロッパ諸国での極右勢力の台頭に警告を発する機会として用いたことと、イタリアに実際にファシズム化の危険が存在するかどうかとはまったく別の問題である。

イタリア社会運動（国民同盟）も事実上、民主主義を受け入れるにいたっていたことを考えると、当時のイタリアにおいて政治的民主主義を脅かすような力をもつ勢力が存在したとは思われない。

私自身は、当時、イタリアは第二共和制に「右足」から入ったという評価をおこなったが、それは右翼連合の勝利の危険性を過大評価せず、万年与党勢力であったカトリック中道勢力が不可逆的な敗北を喫し、二大勢力化への傾向が明確に示されたことの意義にこそ注目すべきだという趣旨であった。その評価はその後の展開からみて妥当であったと考えている（図1を参照）。

3　「オリーブの木」の勝利――一九九六年総選挙

（1）三極から二極へ

九四年三月総選挙後の政治動向としては、六月一二日の欧州議会選挙（比例代表制）が注目される。その結果は、右翼が五一・八％、中道が一四・七％、左翼が三一・三％と誕生直後の右翼政権への御祝儀ともいえるものであったが、同時に、中道がさらに陥没して左右への分岐が進行していく傾向の強まりも感じられた。注目された国民同盟は総選挙時よりも一％減らし、すでに総選挙においてフォルツァに大幅に票を奪われていた北部同盟もさらに一・八％減らして六・六％にまで落ち込んだ。他方でフォルツァは一人勝ちで九・六％伸ばして三〇・六％を獲得し、右翼連合内での主導権を固めた。

しかし、政権の強引な政策遂行（とくに福祉支出の削減）への批判の高まり、経営者時代のベルルスコーニの贈賄疑惑の発覚に加えて、巨大な企業集団のオーナー経営者としての立場と首相ないし与党党首としての公的立場との「利益相反」問題の解決を迫る声が高まるなかで、フォルツァの党勢も後退局面に入っていく。そして、ベルルスコーニ政権自体も、九四年一二月に北部同盟の与党離脱によって総辞職に追い込まれる。

その後、九五年一月に発足した、イタリア銀行副総裁、国庫相などの経歴のあるディーニを首相とした超党派専門家内閣（中道左派勢力と北部同盟が事実上の与党）のもとで、右翼勢力は、ベルルスコーニと国民同盟のフィーニとの主導権争いをはらみつつも、カトリック中道勢力の取り込みをふくむ勢力再編成をすすめ、繰り上げ総選挙を要求していくことになる。

なお、右翼勢力内部の動向としては、九四年一月に国民同盟という選挙連合を形成して三月の総選挙ではとくに南部の保守、中道票を吸収して一三・六％にまで伸びたイタリア社会運動が、穏健保守化をさらに徹底すべく、九五年一月の大会で正式に国民同盟へと発展的解消を遂げたことが注目される（一部の原理派は分裂して、「三色の炎」を結成した）。その後、国民同盟は、従来からの全国的組織網をも活かして、フォルツァと中道右派連合の主導権を争うまでになっていく。とくに穏健化を主導する若い書記長フィーニの人気は急速に高まっていった。

他方、敗北した左翼連合のほうは、その当選議員の大部分で統一会派を結成して、議席数伯仲の上院などを舞台に、中道とも連携しながら次回には政権を狙う反対派としての活動を展開していった。欧州議会選挙での敗北（一・三％減）をうけてオッケット書記長が辞任した左翼民主党は、七月一日の全国評議会で下院議員団長の四五歳のマッシモ・ダレーマを新書記長に選出し（オッケットは三九歳のウニタ紙編集長ヴェルトローニを推したが、二四九対一七三でダレーマが選出された）、「転換」を推進してきた四〇代前半世代を中心にした新しい指導体制に移行した。そして左翼連合としての敗北を経た新たな戦略として、中道勢力へと大きく連携を広げる中道左派連合の形成を模索しはじめることになる(10)。

とくに、書記長選挙には敗れたものの若くしてナンバーツーの地位を確立したヴェルトローニが、その中道左派路線の推進者となっていく(11)。

彼は書記長選挙直後の論文において、「新たな中道左派」構想を提唱した。そこでヴェルトローニは、「ベルルスコーニはポピュリズムと企業家精神の混合物をつくり上げ、古いものを安心させながら自らを新しいと思わせるうえできわめて有能であった」と選挙での敵手の勝因を分析している。そして、政権獲得後は、「右派も統治することのほうが宣伝することよりも難しいということを学びつつある」と皮肉りつつも、決定的に重要なのは、自分たち反対派が政権を批判するだけではなく統治のオルタナティヴを準備することができるかどうかだと主張している。彼の判断では、左右という厳格な二極的構図ではベルルスコーニへのオルタナティヴが不可能だということは先の総選挙で証明されたという。それゆえ、オルタナティヴは、「左翼連合のような統治志向的な穏健な左翼と、本当に刷新されたカトリックないし非宗教的な中道との合流」によってのみ可能である。それは、「民主主義者の連合」、あるいは「新たな中道左派」と呼ぶことができるだろう。そのために、学校、社会的連帯、家族、情報、労働、対外政策などをめぐって共同の討論、突きあわせ、探求を真剣に展開していくことが必要である。これがヴェルトローニの構想であった。[12]

このような左右両勢力の連携拡大の動きが強まるなかで、九五年三月にイタリア人民党として生き残っていたカトリック中道勢力がついに左右に分裂したことによって、「カトリックの政治的統一」という縛りが最終的に消滅し、二大勢力化はほぼ分水嶺を越えるにいたった。

これ以降は、中道左派連合と中道右派連合という二大勢力が自らの勢力編成を整えつつ二回目の小選挙区制選挙をめざすことになる。

(2)「オリーブの木」の誕生と成長

結果的には九六年四月におこなわれることになった二回目の小選挙区制選挙に向けて、依然として健在で中道右派連合を率いるベルルスコーニにいかに対抗するかということで、左翼や中道勢力による必死の模索がおこなわれ、そのなかから中道左派連合「オリーブの木」というユニークな勢力が誕生することになる。[13]

「樫の木」と「オリーブの木」

経済学者であったロマーノ・プローディが正式に中道左派連合の首相候補として出馬表明をしたのは、九五年二月二日だが、すでにそれ以前に、いろいろと重要な布石が打たれてきていた。

中道左派連合とプローディ首相候補の誕生にいたる重要な節目はいくつかあるが、まず指摘すべきなのは、九四年三月選挙では左翼連合で戦って敗北した左翼民主党のなかで、七月の書記長選挙などをめぐって路線論争が展開され、結局秋の時点までに、やや左派的とみられていた新書記長ダレーマもふくめて、共産主義再建党とはやや距離をおきつつ中道勢力との連携を広げるという新戦略が選択されるにいたったということである。

とくに、ダレーマと書記長を争ってわずかの差で敗れたヴェルトローニがその中道左派戦略の中心的推進者となり、法王との会見などもふくめてカトリック中道勢力との連携を探っていった。

もう一つの節目をあげるとすれば、ほかならぬプローディが、九三年五月成立のチャンピ超党派内閣のもとで就任したイタリア最大の公企業グループ産業復興公社総裁の職を九四年七月二一日付けで辞職したのを契機として、八月一〇日にある友人に対して、「状況をみると、政治に取り組むことは義務になっている」と決意を打ち明けた時点である。

彼自身、実は、九三年四月に、大統領から首相の指名をうける寸前までいった経験もあり、政権を担当する意欲は以前からかなりもっていたと思われる。彼には人民党党首などの誘いもあったようだが、党派的な活動には気が向かず、むしろ政権を担当することには強い意欲をもっているというタイプだったといえよう。

そして、自らベルルスコーニ政権には強い批判をもちながら、しかも左翼連合ではその再現を阻止できそうにないという状況を前にして、唯一の可能性として浮上しつつある左翼民主党とカトリックを中心とする中道勢力の連合を実現させるうえでカトリック進歩派としての自らの位置が絶好のものであることを認識したことが、プローディのこの決断につながったと思われる。

つぎに、中道左派連合の「オリーブの木」という名前の由来に触れておこう。その発案者は、プローディの友人で密接な協力者となる政治学者のパリージといわれる。九五年の二月末に、日刊紙『レプッブリカ』に中道左派勢力の内部構成が不均衡なことが問題だと指摘する論文が載ったが、そこでは、そのイメージがわかりやすく次のように描かれていた。つまり、巨大な「樫の木」（左翼民主党のシンボル）の陰に小さな「茂み」（小政党）がたくさん散らばっているようなものだというのである。面白い比喩なので、「茂み」という言葉はこれ以後、はやり言葉になっていくのだが、それはともかく、パリージは、「樫の木」とバランスをとるためには茂みではだめで、もう一本の木がなければならない、それを「オリーブの木」にしたらどうかと提案したのである。

つまり、最初の段階では、「オリーブの木」は、「樫の木」と並んで中道左派連合を支えるもう一つの柱というイメージで構想されたわけである。左翼色が強すぎて中道票に拒否されることにならないように、しっかりした中道グループを形成することによってバランスを是正しようというわけである。プローディもそのアイデアにすぐに賛成した。彼は当時、雑誌などで、次のように述べている。「これまでは木は樫の木一本しかなかったが、多様性、つまり両立可能な差異が豊かさであることを証明するために、強くてしっかりしたもう一本の木が必要です。そのためにオリーブの木を植えたのです」(14)。

このようにして、汚職の連鎖的摘発と小選挙区制による二極化の圧力のもとで四分五裂の状態にあったカトリック勢力、社会党、共和党などの残存勢力、新しく形成された市民派勢力などを一つのまとまった勢力に組織化しようとしたわけである。

左翼民主党のダレーマ書記長のほうも、中道左派勢力全体の強化のために望ましいとして、「二本の木」構想にただちに賛成を表明した。

なお、「オリーブの木」というシンボルの含意については、プローディ自身はこういう説明をしている。「それはイタリアの北端から南端までみられ、何百年もの人間労働の成果である。その木がくねっているのは弱いからではなく、もっとも厳しい気候にも耐える力をもっているからだ(15)」。

九五年地方選挙での勝利

とりあえずはこういう形で中道左派連合の結集のイメージが描かれ、九五年三月一〇日には、プローディはその正式の首相候補に決定されることになる。それを支持する勢力は一二を数えた。左翼民主党、イタリア人民党、セーニ・グループ、民主主義連盟、社会党、共和党、レーテ、緑の党、自由党、労働連盟、社会民主党、社会派クリスチャン。これらのほとんどは、壊滅した旧与党内部の改革派グループが形成した新党である。

注目されるのは、これらの政党とは別に、プローディがあえて政界にでる決断をしたことを支援すべく、各地に「プローディを首相にするための委員会」が結成されていったことである。その後、それは、「我々の望むイタリア委員会」と名づけられ、ボローニャのプローディのスタッフが調整役を担う全国的ネットワークに育っていく。それぞれの委員会は対等で、それぞれが独自に資金を調達し、会員数も三〇人までとされていた。こうした委員会が四月には二〇〇〇を超え、その後四五〇〇にまで増加していった。また、参加者の六割以上は、これまで政党に所属したことがない人だったという。これは明らかに、九四年選挙でベルルスコーニが自らの会社組織と資金を総動員して組織化していったフォルツァ・イタリア・クラブに対抗する異なったネットワークのイメージを打ちだそうとするものだった。

さらにプローディは、徹底したテレビ選挙を展開したベルルスコーニとの対照をさらに際立たせるかのように、「生身の人間との交流」を目的にした観光バスによる全国ツアーを開始する。三月一三日から六月三日まで、集会、交流会、視察などをおこないながら全国をめぐったわけである。プローディの協力者でもあったマスコミ研究者のグランディは、これらは、ベルルスコーニのバーチャルに対してノンバーチャルを、抽象的個人に対して「身体的、社会的な特徴をもった個人」を対置しようとするものだったと述べている。つまり、二つの人生哲学、二つの政治構想の対抗だったというのである。[16]

さて、このような中道左派連合の形成途上において最初の重要な試練となったのは、九五年四月の一斉地方選挙であった。先にも触れたが、イタリアは、コムーネ（市町村）、県、州のレベルでも、相対第一党が過半数の議席をえて政権を担当するという多数決型（政権選択型）の選挙制度を導入していたので、九四年の三大勢力に代わる二大勢力の対決が、そこではじめて試みられることになったわけである。

右派連合のほうは、北部同盟が抜けたために、ほぼ全国にわたってフォルツァ・イタリアと国民同盟が統一候補を立て、それに対して中道左派連合も統一候補を立てるというのが基本的構図となった。とはいえ、この段階では、選挙がおこなわれた一五の州のうち八州では中道左派連合は共産主義再建党とは連携せず、七州では連携するという違いがみられた。そして、四月二三日の州選挙では、右派優勢の予想を覆して、一五州のうち九州で中道左派が勝利し、衝撃をあたえることになる。左派にとっては、九三年秋の地方選挙以来の久々の勝利となった。ちなみに、政党レベルでは、左翼民主党が二四・六％を獲得し、フォルツァの二一・三％を抜いて選挙でははじめて第一党に躍りでた。

この結果から、「バラバラでは負けるが、連合は勝利する」という結論を引きだしたプローディは、「オリーブの木」を中道左派連合全体のシンボルとすることを提案することになる。あわせて、左翼民主党のナンバーツーであり機関紙『ウニタ』編集長であるヴェルトローニを副首相候補に指名した。

この提案に左翼民主党や人民党はただちに賛成したものの、自らの独自性が失われることを心配する小政党の異論もあり、一時は混乱状態になったりもするが、六月八日から開かれるようになったオリーブの一二の枝、すなわち一二党派が対等に戦略、戦術を議論する定期的な代表者会議などを通じて調整がおこなわれていく。

その後もいろいろ紆余曲折はあったが、左翼民主党が八月に共産主義再建党を連合に加えることを断念し、かなり忍耐強く小政党にもはたらきかけたことなどもあって、一二月にはプローディの名前で「オリーブの木」としての選挙政策案を発表し、プローディとヴェルトローニが「オリーブの木」の正式シンボルと、「オリーブの木はわが国の目覚めを助けるために成長している」というスローガンを発表するところまで到達する。

プローディの政策的リーダーシップ

ここまでの過程においては、「我々が望むイタリア委員会」に加えてオリーブの木運動の地方サークルなどもどんどん形成されていることや、七人の専門家による政策チームの作業を背景にして、プローディ自身があくまでも政策を基礎にしたリーダーシップを貫いたことも大きな役割をはたした。

彼の政策の骨格は、すでに九四年一二月に雑誌『ミクロメーガ』に発表された「イタリアを統治する」に示されていたが、それを豊富化した九五年一二月の選挙政策案（八八テーゼ）のポイントは次のようなものであった。

・イタリアのヨーロッパ連合参加を保障するための真剣な努力。
・現代経済の核心としての市場経済。
・「あらゆる富の土台」としての学校。
・新しい国家（首相中心の政府、上院の州代表議会への改組、下院だけの一院制議会、フランス型の完全小選挙区二回投票制）。
・「筋肉ではなく脳でできた軽い国家、ルール型の国家」。

とくに、経済発展のためにも人材養成と社会連帯が重要だという主張が彼の立場を象徴しているといってよい。彼はある演説で次のように述べている。

「絶えず効率性をあげていくためには、経済システムは不平等の増大という代価を払わなければならないという誤った神話が、イタリアやヨーロッパを徘徊している。しかし、その反対こそが真実だと私は力を込めていいたい。民主主義社会では、公正は経済的効率のための条件でもある。不平等は成長にとって有害だ[17]」。

（3）一九九六年総選挙とその結果

九六年四月の二回目の小選挙区制総選挙の直前の情勢は次のようなものであった。選挙規則のため投票日前に公表される最後のものになる三月二六〜二八日の世論調査では、「オリーブの木」と共産主義再建党の合計四六・〇％、「自由のための極」四六・三％、北部同盟四・三％という数字が出ていた（レプッブリカ紙一九九六年三月三一日）。支持率では両者が拮抗しているが、小選挙区の獲得議席では中道右派のほうが多いと予想されていた。いずれにしろ、左右両派は毎週のように抜きつ抜かれつで、情勢はまったく混沌としかいえない状況であった（表6）。

両派の支持基盤の特徴は次のようであった。中道左派が優勢なのは、男性、三五〜四四歳の年齢層、学歴では小学校卒と大学卒、地域的には中部と北東部である。中道右派が優勢なのは、女性、一八〜三四歳、四四歳以上の年齢層、学歴では中卒と高卒、地域的には南部・島部である（北西部では両派互角）。

政策的争点としては、一二％という失業率と国内総生産の一二〇％にのぼる国債残高にどのような対策を打つのかという経済財政政策（とくに国債への課税を廃止するかどうか）と、さらなる制度改革の方向（大統領の権限強化や直接選挙、フランス型小選挙区二回投票制の導入、連邦制や分権化など）が中心であった。これらもふくめて、ヨーロッパ連合（九八年はじめに通貨統合参加国を確定す

表6　96年総選挙前の政党支持率の変化（%）

選挙に挑む勢力構成	政党名	1995年 10月27,28日	1995年 11月26,27日	1995年 12月27日	1996年 1月22日	1996年 2月24,25日	1996年 3月12日	1996年 3月26～28日
中道左派連合［オリーブの木］	左翼民主党	25.7	23.0	23.6	25.4	25.3	25.3	25.8
	イタリア人民党	4.5	4.3	5.2	5.8	5.1	5.3	6.5
	緑の党	2.3	2.5	2.8	2.7	2.6	2.4	2.3
選挙協力	民主連盟ほか	4.3	4.7	4.1	4.0	4.1	－	－
	ディーニ新党	－	－	－	－	－	4.3	2.8
	共産主義再建党	9.1	9.3	8.6	8.6	8.8	8.4	8.6
独自リスト	北部同盟	6.5	5.9	6.1	5.4	5.4	5.4	4.3
中道右派連合［自由のための極］	フォルツァ・イタリア	17.7	17.6	17.5	16.5	18.0	17.7	19.1
	国民同盟	21.4	21.9	21.4	22.8	22.0	22.6	21.7
	キリスト教民主センター・キリスト教民主同盟	4.6	5.9	5.0	3.7	2.7	2.9	3.1
	パンネッラ	1.3	2.5	3.1	2.4	3.4	2.2	2.4
	その他	2.6	2.5	2.6	2.7	2.6	3.5	3.4

る予定）に参加するための経済財政政策、インフラストラクチャーの整備・近代化、さらにはそれを実行するための強力な政府と効率的で近代的な行政の実現をどの勢力に託すかということが問われていたわけである。

　とはいえ、中道右派と中道左派の政策的相違があまり鮮明でないという指摘もあった。また、中道右派の方は現状維持的利益に応えた相互に矛盾する公約をだして、整合性に問題はあるが民衆の利害関心に強く訴えるのに対し、中道左派の方は実行可能な改革案を提起してはいるものの世論に与えるインパクトに欠けるという対照も指摘されていた。たとえば、中道左派のリーダーたちは、右派は北部の商店主や職人たちには国債への課税廃止や減税を公約し、南部では社会的支出の拡大を公約するというように、財政的整合性を無視してすべての個別利害に訴えかけているが、自分たちは国債への課税を廃止するという無責任なことではなく、脱税対策や税制の簡素化、税負担の公正化、行政の効率化、近代化をおこないつつ、南部の生産基盤の整備や教育などに投資するという整合的政策を掲げていると主張する。

このような政策的整合性と大衆受けとの間のディレンマは民主主義を通じた改革に原理的にともなわざるをえない困難だといえよう。イタリアの中道左派がそれを突破する糸口をつかむことができるかどうかも九六年総選挙の注目点の一つであった。

同時に、中道左派が勝利できるかどうかは、前回総選挙後の右翼につづいて、左翼民主党を中心とする左翼勢力もまた統治勢力として認知されることによって「政権交代のある民主主義」への最後の関門がクリアされるかどうかという意味でも重要な意味をもっていた。

さて、このような意味で注目された九六年四月の総選挙では、九四年三月総選挙での右翼連合の勝利から一転して、中道左派連合がきわどいながらも明確な勝利を獲得し、イタリアにおける「政権交代のある民主主義」への移行が分水嶺を超えたことを示す結果となった（表7）。

左翼民主党を主軸とする中道左派連合「オリーブの木」と共産主義再建党との選挙連合は、下院六三〇議席の内三一九議席、上院三一五議席の内一六七議席を獲得した。再建党は、プローディ中道左派政権の成立に協力したうえで、政策毎に立場を考えると表明した。政党間の競争でも、左翼民主党は元首相で中道右派連合の首相候補ベルルスコーニの率いるフォルツァ・イタリアを〇・五％というきわどい差ながら抑えて、旧共産党時代をふくめて史上はじめて国政選挙で第一党となった。

しかも、翌日の株式市場やリラ相場は急騰し、ドイツ社民党やフランス社会党だけでなくドイツのキリスト教民主同盟からも好意的なコメントが聞かれるなど、経済界や西欧諸国が中道左派のほうを統治能力という点で評価していることが示された。選挙運動期間中にイタリアを訪問したクリントン大統領のスポークスマンが、「どちらの政権ができようともそれはイタリア民主主義の表現であり、われわれは歓迎する」と述べたこととあわせて、冷戦構造は完全に過去のものとなったといえよう。

中道左派の勝利について、もっとも注目すべき点は、それがきわめて戦略的な勝利であったということである。そのことは、九四年選挙と今回とで各政党の得票率にはそれほど大きな変化がないにもかかわらず、右翼連合の圧勝から中道左派の勝利へと結果が一変した理由を考えてみれば明らかである。それは、相手陣営を解体し、自陣営を拡大する左翼民主党の連合形成上の戦略的成功によるものであった。国民同盟―フォルツァ・イタリア―北部同盟という異質なもののブリッジ共闘による右翼連合政権から、連邦制の導入問題などをテコにして北部同盟を引きはがしたこと、カトリックを基盤とする中道勢力に左右の選択を迫ってカトリック中道左派部分との連合を成立させたこと、超党派専

表7　選挙結果1996年
4月21日選挙

a　上院315議席

中道左派	169
共産主義再建党	10
SVP	2
オリーブの木	157
その他	1
北部同盟	27
中道右派	117
自由のための極	116
パンネッラ派	1
三色の炎	1

出所：レプッブリカ紙1996年4月23日付。

b　下院630議席

中道左派	324
共産主義再建党	35
SVP	5
オリーブの木	284
北部同盟	59
中道右派	247
自由のための極	246
その他	1

出所：レプッブリカ紙1996年4月23日付。

c　下院比例得票率（%）

左翼民主党	21.1
人民党・プローディ連合	6.8
ディーニ派・イタリアの刷新	4.3
緑の党	2.5
共産主義再建党	8.6
北部同盟	10.1
フォルツァ・イタリア	20.6
国民同盟	15.7
キリスト教民主センター	5.8
パンネッラ党	1.9
三色の炎	0.9
その他	1.7

出所：ウニタ紙1996年4月23日付。

門家内閣の首相ディーニを支えることを通じて中道勢力との連携をさらに拡大したこと、などがとくに重要であった。

すでに紹介してきたとおり、イタリア共産党は、あえて小選挙区制導入の先頭に立って有権者に直接の政権選択権をあたえるというゲームのルールの変更をおこなうことと並行して、政権をめざす左翼勢力の再編成のために「自らを供する」覚悟で左翼民主党への転換を成し遂げた。その左翼民主党の今回の勝利は、前回の苦い敗北の教訓を十二分に消化して、新しいゲームのルールを見事に使い切るだけの戦略的能力を身につけたことを意味する。

左翼民主党の書記長マッシモ・ダレーマは、投票日翌日の記者会見において、近いうちに党大会を開いて左翼民主党のシンボルから鎌とハンマーの旧共産党のシンボルをはずすことを明言すると同時に、「イタリア左翼のさまざまな潮流を集めるヨーロッパ的左翼の大勢力」をめざして新たな歩みを開始すると宣言した（その後、九七年四月の党大会を経て、九八年二月一二日から一四日までフィレンツェで他の左翼諸潮流の代表と合同の左翼代表者会議を開いて、連合体組織「左翼民主主義者」〔Democtatici di sinistra〕を結成し、樫の木の下に旧共産党のシンボルに代えて赤いバラを置いた新しいシンボルを採用した）。

他方、中道右派の主軸の一つ国民同盟のフィーニは、「オリーブの木は勝利した。統治する権利と義務がある。われわれは過激主義に陥らない、しかし厳しい野党となる」と表明した。

二〇時間の長い沈黙を守ったベルルスコーニもまた、「自由の番人」として、「注意深く建設的な野党」のリーダーとして活動することを表明した。

4　小選挙区制型の選挙運動

これまで九四年選挙から九六年選挙までのイタリア政治の概略をだどってきたが、ここであらためて、小選挙区制の導入がイタリア政治に与えたインパクトについて、少し突っ込んで検討しておくことにしたい。私としては、初期二回の小選挙区制選挙に共通して、二つの特徴が顕著であったと考えている。

一つは、小選挙区の一議席を獲得するために、イタリアの政党が驚くほど大胆な政党連合の形成に踏み切り、そのなかで首相候補と政権政策について事前に合意を形成し、すべての小選挙区において統一候補を立てるという「政権をめざす政党連合」という新しい形態を編み出していったことである。

もう一つは、そのことによって小選挙区制選挙が政権選択選挙になり、さらには首相選択選挙の性格をも強めたことと関連して、テレビ選挙、特に首相候補同士のテレビでの直接討論が選挙結果を大きく左右するようになっていったことである。

本節ではこの二点について検討するが、その前に、小選挙区制選挙が政権選択選挙という性格をもつことについて多少の補足説明をしておきたい。

(1)　選挙制度と民意の諸類型

日本においては、従来、一九五〇年代に憲法改正の手段として導入が試みられたことの後遺症もあって、小選挙区制は民意を歪めるので非民主主義的な制度だというような評価が圧倒的に多かった。しかし、そうした俗説に対しては、憲法学者の高橋和之によって次のような説得的な批判が出されている。(18)

「国政に民意を反映させるという場合、国民の中に存在するさまざまな意見をできるかぎり忠実に議会に反映させ、その後に具体的にいかなる内閣（実行に移されるべきプログラムと担当者）を構成するかは、代表者（議員）の話し合い、政党間の交渉に委ねるという方法もあれば、国民が選挙を通じていかなるプログラムと担当者を欲するかを明確に表明し、それに基づいて政治が行なわれることを要求するという方法もある。」

「たしかに、比例代表制は民意の微妙なニュアンスの違いまで表現することを可能にしうる制度ではある。したがって、そのようなレベルの民意の表明が求められる場合にはきわめて適切な制度と言えるが、もし国政選挙において国民に求めるものが、世界観的・哲学的な好みの表明ではなく、現実的な政策体系（政治のプログラム）の選択であるならば、比例代表制はそのようなレベルの民意を正確に反映しないということも起こりうるのである。（中略）少なくとも、比例代表制に対する過剰な期待は避けるべきであろう。」

すなわち、「民意」にはさまざまなレベルのものがあり、そのうちのどれが表明されるかは用いられる制度によって左右されるということである（アンケート結果がアンケートの設問によって大きく左右されることを考えれば自明のことである）。逆にいえば、ある時期のある国の政治において、どのような選挙制度を採用すべきかは、どのような民意を重視するかという判断にかかっているわけである。

私としては、とりあえずここで、民意の三つのレベルないし形態を区別しておきたい。第一は、住民投票や国民投票を通じて表明される民意で、原子力発電所の建設などのような特定の重要問題についての賛否という形態をとる。

第二は、比例代表制の選挙を通じて表明される民意で、どの政党を支持するか、どの政党の掲げる政治理念を支持するかという形態をとる。そして、それぞれの政党の得票率に比例して議席が配分されることによって、議会勢力比は政党得票率を「鏡のように反映」する（なお、中選挙区制は、人物的要素が強いという特徴があるものの、政党の得票率と獲得議席率がかなり対応するという点で比例代表制に準ずる性格をもつ）。

第三は、小選挙区制の選挙を通じて表明される民意で、どの政党（ないし政党連合）に議会の多数派すなわち政権を与えるかの直接の選択という形態をとる（大統領選挙や地方自治体の首長選挙の場合もこれに準ずる）。この場合の選挙は、一人の勝者つまり政権担当者を決めることが目的である以上、五一％対四九％で勝負がついたとしても第二党の四九％の票が「死票」だというのは的外れの表現でしかない。いかに差がきわどくても、いやむしろ差がきわどいからこそ一人の勝者を決めることが政権選択のためには必要であり、それこそがこの制度の目的だからである。このことは、野球やサッカーのゲームにおいて、一点差の接戦のゲームほど面白かったと評価されることはあっても、一点差で負けた側の点数が「死点」となるので問題だという批判をする者がいないということを考えれば理解しやすいかもしれない。

民意をもっともよく反映するのは比例代表制だと主張されることが多いが、第一の意味での特定の争点に関する民意は第二の比例代表制的民意においては副次的にしか表現されず、その意味で「歪む」ということになる。また、第三の意味での政権選択の民意もまた、第二の民意においては十分表現されない。つまり、比例代表制の選挙では単独で五〇%を越える得票率をあげて単独で過半数の議席を獲得する政党は例外的にしか出ないので、議会多数派の形成は政党連合によるしかない。しかし、どの政党とどの政党が連合を組むかは選挙後に政党の裁量で決定されるので、有権者は多数派選択＝政権選択という議院内閣制におけるもっとも重要な点についての直接的発言権を行使できないのである。

このように考えれば、有権者の政権選択権が有名無実となり、政権交代メカニズムが構造的に機能不全になっていた点が民主主義の最大の問題であったイタリアと日本において、「政権交代のある民主主義」へのバージョン・アップを実現するために小選挙区制を選択したのは適切な選択であったといえる。とはいえ、それが期待される成果を生むかどうかは、制度を使うアクターの側の行動にもかかっている。その点では、依然として中選挙区制時代の常識から脱却しないままである日本の政党（およびマスコミや有権者）にとって、イタリアの政党が過剰なまでに小選挙区制に適応している姿は、絶好の刺激剤になると思われる。

（2）政党連合による二大勢力化

粉末化と二大勢力化

九三年に小選挙区制が導入されて以降のイタリア政治においては、一見奇妙な事態が起こっている。

小選挙区制の論理は政党の数を減少させるものだと思われるのに、数え方にもよるが、九四年選挙には二〇の政党、政治集団が参加し、九六年総選挙には二九の政党、政治集団が参加したということである。これは、従来の与党であった諸政党が九二年以降の汚職の摘発のなかで崩壊状態になったあと、その再生をめざして多くの小政党が形成されたという要因と、小選挙区制の論理が各政党に三極ないし二極の陣営選択を迫ったために、分裂への強い圧力が働いたという要因が複合したことによる。

しかし、注目すべきなのは、このようなほとんど粉末化ともいうべき多党化状況のなかで、小選挙区制の論理を受け止めるべく、イタリアの政党が「政権をめざす政党連合」という興味深い勢力編成の方式を編み出したことである。二度の選挙を経ただけで、イタリア政治においては政党連合による二大勢力の構図が定着したが、それはイギリスのような二大政党制の伝統がない国における小選挙区制への独自の適応形態といえる。それはまた、日本において、新進党やいわゆる「民友連」新党（新民主党）にみられるように、条件も成熟しない状況で政党という看板だけを安易に掲げようとする傾向がみられたこととも対照的である。おそらく、比例代表制のもとで培われてきたイタリアの各政党、各政治潮流のアイデンティティ保持の強い志向性と、小選挙区制のもとで生き残り、さらには政権に挑戦しようとする強烈な権力意欲が複合した産物とみるべきであろう。

その離合集散をすべて追跡する余裕はないが、ここでは、九四年選挙に向けた三極化の動きと、九六年選挙に向けた二極化の動きの基本線をたどっておこう。

三極から二極へ

イタリアで政界再編が本格化するのは九二年総選挙以後であるが、それから九六年選挙までの再編の全体像を描いたのが先に掲げた図1である。ここには、一方で九二年の一二党から九四年の二一党へ、さらに九六年の二五党へと分裂しながら、同時に他方では、小選挙区選挙を戦うために、九四年には左翼連合「進歩派」、中道連合「イタリアのための協定」、右翼連合「自由の極」の三大勢力に結集し、九六年には中道左派連合「オリーブの木」と中道右派連合「自由のための極」の二大勢力に結集していった大筋が示されている。

特に注目されるのは、カトリックを基盤にして万年与党の座を維持してきたキリスト教民主党が、まずは社会派クリスチャン（左派）、人民党とセーニ協定（中道）、民主キリスト教センター（右派）へと分裂し、次に残っていた中道勢力がさらに左右に分裂することによって完全な二極化を遂げたことである。

また、八〇年代以降与党のなかで発言力を強めていた社会党が、クラクシ書記長をはじめとしてほとんどの指導者が汚職で摘発されたこともあって、急速に勢力を失いながら四分五裂したこと、しかも、そのかなりの部分が右派勢力へと合流したことも注目される現象である。

ここで、これらの勢力の下院選挙での小選挙区と比例区における戦い方を具体的に紹介しておこう。

まず、九四年選挙では、左翼連合は八党で小選挙区に統一候補を立て、比例区には六つの名簿を提出した。中道連合は、二党で小選挙区に統一候補を立て、比例区には二つの名簿を提出した。右翼連合は、南部・中部では「善政の極」として北部同盟を除く五党で小選挙区に統一候補を立て、北部では「自由の極」として国民同盟を除く五党で小選挙区に統一候補を立てた。比例区には四つの名簿を提出した。

九六年選挙では、中道左派連合「オリーブの木」は加盟一四党および連携相手の五党で小選挙区に統一候補を立て、比例区には三つの名簿を提出した。なお、その連携相手である共産主義再建党と、四党で形成するディーニ・リスト「イタリアの刷新」はそれぞれ独自に比例名簿を提出した。中道右派連合「自由のための極」は、八党で小選挙区に統一候補を立て、比例区には四つの名簿を提出した。

比例区についていえば、下院の四％の阻止条項をクリアするためにある程度の結集が行われている同時に、それぞれの勢力が複数の名簿を提出しており、連合に加わった各政党がアイデンティティを保持しようとしていることもうかがわれる。

小選挙区についていえば、どの勢力とも、これだけ多くの政党の間で候補者統一の調整を行ったわけで、その調整の苦労は想像に難くない。当然、当選の可能性の高い選挙区の配分の割り当てをめぐって、各党の利害が対立したであろう。

その調整にあたっては、各勢力ともに、調整の権限を中央に集中するとか、選挙区の割り当てだけを決めて具体的な候補者については各党に任せるとかの工夫をしたといわれるが、特に重要と思われるのは、それぞれの政党連合のなかの有力政党が自党の利害を犠牲にしても連合全体の勝利を優先させるという姿勢を示したということである(19)。

九四年選挙では、右翼連合においては、フォルツァ・イタリアが、北部では北部同盟に譲り、南部では国民同盟に譲る形で調整を成功させた。そのために、比例の得票率二一％のフォルツァの獲得議席が一〇一なのに対し一三・五％の国民同盟が一〇五議席、八・四％の北部同盟が一一八議席という結果となった。

九六年選挙での中道右派連合においては、フォルツァも国民同盟も譲らなかったといわれる。そのなかで、特に、国民同盟が北部への本格的進出にも成功したことが注目される。

九四年選挙での左翼連合は、一定数の安全選挙区を中央に留保して全国的候補者を「落下傘降下」させるという工夫もしたが、調整のテーブルを州ごとに設けたために、かなり紛糾したといわれる。それに対して、九六年選挙での中道左派連合についていえば、調整の権限を中央のテーブルに集中したほか、左翼民主党が「連合形成者」として調整の要の役割を果たし、選挙運動も連合全体の勝利を優先させる形で展開したことが勝利の重要な要因となった。

たとえば、「オリーブの木」には加わらず「休戦協定」という名の選挙協力関係を結んだほかならぬ共産主義再建党に対して、その二七人の候補者のうち二三人を安全選挙区（その多くは左翼の拠点である中部）に割り当てていることが注意を引く。プローディの説明によれば、まさに左翼の拠点の中部においてなら、共産主義再建党の候補者でも勝てるので、中道左派連合全体としての勝利にとってはその方がよいという判断であったという[20]。

（3）選挙運動――テレビ選挙の全面化

選挙運動の規則

選挙運動についての具体的な規則は、一九九三年一二月一〇日の法律第五一五号で規定されている[21]。

まず、スケジュールは次のようになっている。投票日の四四日前から四二日前が、政党ないし政党連合の標識（あるいはシンボル）と代表者の届け出期間。三五日前から三四日前が、候補者の届け出期間。三〇日前から、公式の選挙運動が開始され、認められた形態以外の選挙宣伝が禁止される（認められるのは、選挙集会、候補者や政策のプレゼンテーション、候補者同士の討論会など）。一五日前から、選挙に関する世論調査の公表が禁止される。二日前の夜一二時であらゆる選挙宣伝が禁止される。

また、この法律では、さまざまな情報手段へのアクセスの対等化が規定されている。しかし、それは公式の選挙運動期間の三〇日間だけを対象としたもので、事実上かなり以前から選挙運動が展開されている実態からして、きわめて不十分だという問題点が指摘されている。また、そもそもマスコミが諸政党、諸勢力を対等に扱うということが具体的にはどのようなことを意味するのかが確定しがたいという問題もある。

テレビ選挙の効果

九四年総選挙では、まさにそのような危惧が現実のものとなった。イタリアにおいてはちょうど民間テレビ局が国営テレビ局に対抗して急速に成長しつつある時期にあたっていたことと、ほかならぬその民間テレビ局の主要三局を右翼連合の首相候補であるベルルスコーニが傘下においていたという特殊事情が、そうした事態を加速することとなった。

表8、表9に示されているように、九四年選挙では、ベルルスコーニ傘下のテレビ局を中心にして、

表８　国営テレビおよびフィニンヴェスト系テレビ局において各党に割り当てられた時間数の比較

	1994年総選挙		1996年総選挙		変化
	分	割合	分	割合	
〈国営テレビ局〉					
フォルツァ・イタリア	224	1.00	537	1.00	—
左翼民主党	297	1.32	315	0.85	－0.74
北部同盟	231	1.09	380	0.70	－0.33
国民同盟	251	1.12	268	0.50	－0.62
〈フィニンヴェスト系テレビ局〉					
フォルツァ・イタリア	396	1.00	581	1	—
左翼民主党	203	0.51	203	0.35	－0.16
北部同盟	164	0.41	243	0.47	＋0.33
国民同盟	168	0.39	164	0.28	－0.11

出典：Giacomo Sani e Paolo Segatti, “Programmi, media e opinione pubbulica” in *Rivista Italiana di scienza politica,* a.XXXVI, n3, dicembre 1996

表９　テレビ放送全体において、各政治家に割り当てられた時間数の比較

	1994年総選挙			1996年総選挙	
	分	割合		分	割合
ベルルスコーニ（フォルツァ）	1,286	1.00	ベルルスコーニ（フォルツァ）	1.995	1.00
オッケット（左翼民主党）	366	0.31	ブローディ（オリーブの木	652	0.48
ボッシ（北部同盟）	319	0.25	ダレーマ（左翼民主党）	522	0.37
セーニ（中道）	317	0.25	ディーニ（中道新党）	510	0.36
フィーニ（国民同盟）	314	0.24	フィーニ（国民同盟）	469	0.29
マルティナッツォーリー（人民党）	235	0.19	ボッシ（北部同盟）	408	0.29
ベルティノッティ（共産主義再建党）	228	0.19	パンネッラ（急進党）	256	0.00

出所：Sani & Segatti, *op.cit.*.

フォルツァ・イタリアとベルルスコーニがテレビの利用において圧倒的に有利な立場にあったことは明らかである。しかも、それは、九六年選挙においてもほとんど対等化の方向では改善されていない。むしろ、ベルルスコーニが政権を獲得した直後に国営テレビ局の幹部を組入れ替えた際に危惧されたことが現実となって、九四年選挙では各党をほぼ対等に扱っていた国営テレビまでも、九六年選挙ではフォルツァ・イタリアを顕著に優遇するようになった。

リコルフィの推計によれば、九四年選挙において、フィニンヴェスト系のテレビ局の影響は、左翼民主党、中道勢力、および北部同盟・国民同盟などへの票を減らし、フォルツァ・イタリアなどの票を増やす方向で作用し、国営テレビ局の影響は、フォルツァなどの票を減らして北部同盟や国民同盟の票を増やす方向で作用したという。

また、ロドリゲスの分析によれば、その作用は、特に政治の「人格化」という形をとった。その人格化とは、個々の小選挙区における候補者の人格が重要だったというのではまったくなく、テレビを通じて、ベルルスコーニとオッケットという全国レベルの中心的指導者が右翼連合と左翼連合という二大勢力を集約的に代表する存在として機能したということである。そのため、選挙戦や論戦は強度に人格化された形での全国的、一般的争点によって支配されることとなった。有権者は、陣営選択に基づいて小選挙区の候補者を選んだのであって、陣営とは独立して候補者を選ぶという傾向はほとんどなかった。それは、二票制の下院で、比例区での陣営への投票と小選挙区候補者への投票とのズレがきわめて少なかったことによっても確認できる[22]。

実際、九四年のベルルスコーニの勝利は、こうした人格化された選挙キャンペーンの巧みさによってかなり説明できると思われる（特にオッケットとの直接対決の機会を利用して）。つまり、ベルルスコーニは、人格化された選挙宣伝によって、政策的に異質な北部同盟と国民同盟にまたがる強引なブリッジ連合の矛盾を右翼連合全体を代表する自らのイメージによって解消することに成功した。それに対して、オッケットの場合には、あえて公式の統一首相候補とはならなかったこともあって、その人格的イメージ（新しさには欠けるが信頼性や実行力がある）の強調が左翼連合の幅の広さのイメージを損なってしまった。それは、左翼民主党は善戦したが左翼連合は敗北するという結果につながった。

ロドリゲスはまた、左翼連合の側には「知らせること」は正しく、道徳的にも適切で、本来の政治にふさわしいが、「感情」はそうではないという思い込みが強かったことが、政治の象徴的次元に正面から取り組み、情報テクノロジーを使いこなすうえでの障害となっていたという興味深い指摘をしている。右翼連合より具体的で突っ込んだ政策をもっていたにもかかわらず、「積極的な未来」を求める有権者の要求に対してまったく鈍感だったというのである。

他方、ベルルスコーニの方は、「新しさ」のイメージで圧倒していただけでなく、有権者に信頼感を与えるうえでの政策の「象徴的価値」を当初は過小評価していたことに素早く気づいて、ただちにそれを補う対応を行った。彼は、政治的マーケティングを駆使したと同時に、それに「耳を傾ける」能力も有していたのである。

ロドリゲスは、こうした分析を踏まえて、九四年選挙は、政治活動へのマーケティング的アプローチは今後も不可避的に発展するということを確証したと結論している。(23)

「オリーブの木」の選挙キャンペーン

九四年選挙での敗北を経験した左翼連合は、その後、中道左派連合へと戦略を転換して雪辱を期すことになるが、同時に、ベルルスコーニによるテレビなどのメディア独占の制限や、選挙における競争条件の対等化などの制度的措置をも要求していった。しかし、ベルルスコーニのテレビ独占を許容する九〇年の放送システム法（マンミ法）を修正しようとする九五年六月の国民投票に敗北するなど、明確な改革が実現しないまま九六年選挙を迎えることになる。とはいえ、今度は、中道左派の側にもそれなりにテレビ選挙を考慮した選挙戦術の工夫が見られた。それを具体的に追ってみよう。

九六年総選挙においては、九六年の年明けから事実上の選挙キャンペーンが展開されはじめ、三月二二日から四月一九日までの公式の選挙運動期間を経て、四月二一日に投票が行われた。

すでにみたように、「オリーブの木」は一四の政党、政治グループによって構成されることになり、中道のディーニ新党との連携、共産主義再建党との「休戦協定」を含めて、上院二三二、下院四七五のすべての小選挙区で統一候補を立てる態勢が作られた。

とはいっても、事前の調整によって政党間の配分を決め、統一候補を決めるのは気の遠くなるような困難な作業であったことは容易に想像できる。厳密ではないにしても、九五年の州選挙の得票率が配分の目安になったといわれる。また、九四年選挙では州ごとに行われた調整を、今度は中央に集中して行ったとか、調整を単純化するために、小選挙区の割り当てだけを決めて具体的な候補者名は各党に委ねたとか、再建党を含めた左翼が六割、緑の党を含めた中道が四割という大枠をまず決めたとかの工夫もいろいろあったようである。しかし、そのなかでも、左翼民主党が連合全体の勝利を最優先し、リスクやコストを率先して引き受ける姿勢を貫いたことが決定的に重要だったと評価されている。

ちなみに、左翼民主党は選挙運動においても、自党のイメージをあえて抑え、連合中心の運動を展開したといえる。私が直接に見た運動最終日のローマでの打ち上げ集会でも、左翼民主党の活動家たちの多くが樫の木でなく「オリーブの木」の旗を振っていたことが印象的であった。

表10　イタリアにおける左右両派の総選挙（下院）得票数

		比例区	小選挙区
94年	右翼連合	16,789,132	➡ 18,191,017
	左翼連合	13,244,674	➡ 12,026,660
96年	中道右派連合	16.481.785	➡ 15,028,986
	中道左派連合	16,232,961	➡ 16,729,360

先に触れたが、九六年の選挙でもテレビの影響はやはり非常に大きかったようである。それだけに、中道左派の方も、前回の教訓を学んで、リーダーたちにはスタイリストやアドバイザーをつけてテレビでの印象を改善すべく涙ぐましい努力をした。その結果、左翼民主党のダレーマなどはイメージがかなり改善されたとニュースキャスターからも評価された[24]。プローディについても、何回かのテレビでの直接討論において、絶対の自信をもっていたベルルスコーニをやりこめる場面もあったりして、地味ではあるが信頼できるリーダーとしてのイメージを打ち出すことに成功した。おそらく、マスコミの専門家のグランディが付きっきりで与えた的確なアドバイスも貢献したと思われる。

最後に、そのグランディが自ら関わった選挙戦を振り返って述べていることを紹介しておきたい[25]。

彼によれば、九五年二月からの長い事実上の選挙キャンペーンから直前のテレビ対決までを通して、その底流に、プローディとベルルスコーニという、それぞれの連合の政策とともにその実現可能性の保証である二人のリーダーの絶えざる対決が展開していた。そして、そこで争われていたのは、統一的な政治主体としての連合の信頼性、政策の信頼性、その実現可能性の信頼性、連合のリーダー、首相候補としての信頼性を有権者に感じさせることができるかどうかということであったというのである。

表10が見事に示しているように、実際に、まさにその信頼性が勝敗を決する要因となった。つまり、九四年選挙では、比例区で右翼連合が左翼連合を上回っていただけでなく、小選挙区では右翼連合が票を増やし左翼連合が票を減らすことによって、その差が三〇〇万から六〇〇万に拡大して右翼連合の圧勝となった。それに対し、九六年選挙では、実は比例区では中道左派が中道右派に約二五万負けていたにもかかわらず、小選挙区では中道左派が票を増やし中道右派が票を減らすことによって逆転して一七〇万の差がつき、中道左派の辛勝となった。

このように、比例区での各党の得票合計よりも多い票を小選挙区の統一候補に集める力こそが「連合の力」、つまり首相候補や政権政策に代表される政党連合の政権選択肢としての魅力や信頼性である。九四年の右翼連合の勝利、九六年の中道左派連合の勝利は、まさにその「連合の力」によるものだったのである。

5　脱冷戦を完成させる憲法改正作業

イタリアと日本の「普通の国」論

これまでもイタリア政治と日本政治の共通性に触れてきたが、ここで、さらにもうひとつ、かなり興味を引くと思われる共通点を紹介してみたい。それは、両国の「改革」の旗手ともいうべき有力政治指導者がそろって「普通の国」という目標を掲げたということである。いうまでもなく、日本では、政治改革を主導した小沢一郎がその改革構想を全面的に提示した著書『日本改造計画』（一九九三年五月）において、「普通の国になれ」と主張した。そのポイントは、「国際社会において当然とされていることを、当然のこととして自らの責任で行うこと」であり、特に安全保障の面での軍事的国際貢献が重視されていた。その態勢を整えることによって、日本は国内の経済的発展と財の配分しか考えてこなかった「片肺国家」から、国際社会で通用する一人前の「普通の国」に脱皮すべきだというのが小沢の主張であった。

他方、イタリアにおいては、旧イタリア共産党が根本的転換によって創立した左翼民主党の二人目（九四年七月から）の書記長マッシモ・ダレーマが、九四年総選挙の敗北の総括と今後の戦略を提示する著書を『普通の国』と題して出版した（九五年八月）。そこで、イタリアの特殊性として指摘されているのは、何よりもまず、指導階級を変更することができない閉塞した政治システムであった。それゆえ、それを「政権交代のある民主主義」へと改革することがイタリアを「普通の国」にするための最優先課題となる。これは、イタリアのヨーロッパ化とも表現されている[26]。

もちろん、ダレーマの「普通の国」構想は、こうした統治システムの改革にとどまるものではなく、より広く国家、市場、市民社会それぞれの改革とそれらの相互関係の改革をも含むものである。その目標は次のように表現されている。本当の競争に開かれており、ルールの欠如や政治との結託によって変質させられていない市場。牛乳から鉄鋼まで何でも生産しようとする国家ではなく、市民に優しい効率的な国家。学校、科学研究、基本的サービスをヨーロッパ的水準で機能させるような国家。貴重な資源を無数の利益誘導によって浪費するのではなく、本当の弱者に援助、希望、機会を提供するような福祉システム。

ダレーマは、九五年七月の左翼民主党の政策大会において、これらをイタリアの「自由主義革命」というスーガンに要約している。

とはいえ、そのような一連の根本的改革のためには、何よりもまず「改革者の改革」、つまり改革のテコとなる政治・行政システムの改革こそが当面の最優先課題だというのがダレーマの主張である。すでに第2章で触れたように、左翼民主党は旧共産党時代の八八年頃にすでに、このような政治構想に基づいて小選挙区制の導入を軸にした政治改革の推進派へと転換し、九三年八月の上下両院の選挙制度改革（議席の七五%が小選挙区制、二五%が比例代表制の連用制）の実現に大きな役割を果たした。

そして、九六年四月総選挙において中道左派連合「オリーブの木」を形成して勝利してからは、憲法第二部（統治システムの部分）の全面改正の作業の先頭に立った。九七年二月には、各党の議席数に比例した委員構成による両院憲法改正委員会が設置され、改正案の作成が開始されたが、各党とも党首を送り込んだその委員会の委員長を務めたのは、第一党の左翼民主党書記長ダレーマにほかならない。

このようなダレーマの「普通の国」論をみたうえであらためて小沢の『日本改造計画』にもどるならば、そこでもまた、地方自治体や企業や個人の自己決定や自己責任を強める方向での自由主義的改革や、「政権交代のある民主主義」の実現が中心的内容となっていることが確認できる。

その民主主義改革論についてみれば、政権交代と地方分権によって、時間的、空間的に権力を限定する一方で、必要な権力を民主主義的に集中し、その権力をめぐっての競争を活性化するというのが小沢のイメージである。

このような両者の「普通の国」論を比較するならば、イタリアと日本という国の違いや、左翼と保守という政治的立場の違いにもかかわらず、驚くほどに共通点が多いという感想をもたざるをえない。ダレーマが特に西欧諸国、あるいはヨーロッパ連合との関係を意識しており、小沢が特にアメリカとの関係を意識しているという違いはあれ、両者が期せずして「普通の国」という同じ言葉を用いてめざす国家像を表現したことは単なる偶然ではない。その根底には、冷戦対立が国内政治をも強く規定したことによって「特殊な国」とならざるをえなかった両国の過去の共通性が存在する。

そのうえで、やはり、ダレーマの構想においては民主主義改革論が核心であり、小沢の構想においては国際貢献論が核心であることは否定しがたい。その理由も、両者の政治的立場を考えれば理解しやすいものである。憲法九条と自衛隊に関する整合的な国民的合意が達成されないまま冷戦後の国際状況に直面している日本の特殊性もあって、保守の小沢としては「国際国家」としての新しい国家像を打ち出すことを中心的課題とせざるをえなかった。それに対し、強大な勢力を誇りながら一度も政権勢力とはなりえなかったイタリア共産党の伝統を引き継ぐダレーマとしては、「政権交代のある民主主義」を実現して、政権を担える左翼政党を生み出すことを中心課題とせざるをえなかったということであろう。

憲法改正作業の手順

イタリアにおける憲法改正の作業は、「憲法改正のための議会委員会の設立」のための憲法的法律(一九九七年一月二四日、第一号)が成立したことによって公式に開始された。それに基づき、二月四日には両院議長によって会派の議席数に比例して七〇人の議員が委員に任命され、二月五日には第一回委員会において左翼民主党書記長のマッシモ・ダレーマが委員長に選出されることによって、委員会の審議が始まった。

その憲法的法律では、憲法改正委員会の任務は次のように規定されている。

「委員会は、憲法第二部の改正案、とりわけ国家形態、政府形態、二院制、保障システムに関する改正案を作成する。」(第一条第一項)

ここで注目されるのは、一方で、今回の憲法改正作業が、「基本原理」や「第一部　市民の権利および義務」の部分には手を付けず、「第二部　共和国の組織」、すなわち統治機構の部分だけを対象にしているという点である。しかし、他方で、そのことは同時に、統治機構全体についての抜本的な改革の必要性が、ほとんどの政党によって合意されるに至っているということでもある。

戦後イタリアにおいては、最高時で三四・四％におよぶ得票率を誇った西側最大の共産党と、数％の得票率を維持し続けたネオ・ファシズム政党（イタリア社会運動）の存在のために、政治的民主主義と市場経済という基本的前提そのものが共有物となりきらず、政治的対立が共産主義かファシズムかというイデオロギー的対立の性格を帯びざるをえない状況が続いた。すなわち、左翼の側からは保守はファシズムを再現させようとするものと見え、保守の側からは左翼は共産主義体制（ソ連型社会主義）をめざすものと見えたために、政治的対抗は究極的には相互に相手の絶滅を目標とするものとならざるをえず、一定のルールを共有したゲームとしての民主主義政治が機能しえなかったのであった。

こうした文脈を前提にしていえば、ほとんど超党派でこのような抜本的な憲法改正作業に着手するに至ったことは、脱冷戦の共同事業として注目に値する。基本原理と権利義務には手を付けないという限定を明示することによって、諸政党による共同作業として憲法改正を行うことを容易にするという工夫と併せて、日本政治にも示唆するところが多いと思われる。

その後の委員会審議は、①国家形態（連邦制問題など）、②政府形態（大統領制など）、③議会制度（選挙制度を含む）、④保障システム（司法）をそれぞれ担当する四つの小委員会を設置したうえで、全体会と小委員会を並行させる形で進められた。

そして、六月三〇日の全体会において、憲法改正案の原案が決定されるところまで到達した。その原案はいったん両院に提出され、三〇日以内という期限内で個別的修正案の提出がなされた。

そのうえで九月一六日から再開された委員会審議においては、原案に関して提出された膨大な個別的修正案についての検討作業が行われ、一一月四日の全体会においてようやく委員会案が確定した。そして、九八年一月二六日に、ダレーマ委員長と四人の小委員長から委員会案についての報告演説が行われたのを皮切りに、下院本会議での審議が開始された。

先の憲法的法律によれば、憲法改正が完了するまでのその後の手続きとしては、まず、両院それぞれによって、三ヵ月以上の間隔を置いて二度可決されることが必要である。また、二度目の可決には、各院の議員の絶対多数が要求される。

さらに、その改正案は、公示されて三ヵ月以内に一括して国民投票に付される。そして、有権者の過半数の投票で国民投票が成立し、その有効投票の過半数が賛成した場合に憲法改正案は最終的に成立することになる。しかし、実際には、最大野党フォルツァ・イタリアの支持撤回により、九八年五月で国会審議は中断され、そのままこの憲法改正の試みは挫折してしまった。

しかし、その後、二〇〇一年成立のベルルスコーニ内閣のもとでも、この憲法改正とかなり共通点の多い憲法改正が試みられたことに示されるように、憲法改正の骨格については、主要政党間の合意がかなりの程度成立しつつあると思われる。なお、ベルルスコーニ政権の憲法改正の試みもまた、野党との事前協議なしに改正案を国会に提出した強引さもあって、〇五年一一月に国会で可決されたものの、〇六年六月の国民投票で否決されたために挫折した[27]。

統治システム改革の基本的方向

九八年の憲法改正案のポイントを委員会案に基づいて簡単に紹介しておこう。(28)

改正案の主な内容は、あえて絞れば次の二つになると思われる。

一つは、有権者の政治参加の拡大、特に二大勢力型の選挙を通じた有権者の政権選択権の実質化である。もう一つは、連邦制の導入を含む徹底した分権化である。

まず、第一点にかかわるものとして、これまで議会による間接選挙であった大統領選挙について、有権者による直接選挙が導入された(六四条)。また、大統領の権限としては、これまでの首相および大臣の任命権、議会解散権、軍隊の指揮権などに加えて、「対外政策」の統轄が規定された(「対外政策および防衛最高会議」の主宰、六六条)。フランス型の半大統領制の採用といってよい。

さらに、これまでにもあった法律の一部または全部の廃止を決定する国民投票に加えて、法律制定の国民投票も導入された(八〇万人以上の有権者の要求で。九七条)。

九三年前後の一連の選挙制度改革(上院下院についての小選挙区制導入、コムーネ、県、州においての多数決型選挙制度の導入)によって、政権選択選挙が定着しつつあることと併せて、「政党間の談合による画策の余地をなくし、有権者の政権選択権を実質化する」というイタリアの政治改革のモチーフをさらに徹底するものといえ、同時に、選ばれた政権多数派の(任期中における)統治権力の強化をも目的とするものであるが、今回の憲法改正では、その方向での他の改革も導入されている。

それは、憲法事項や条約などの重要事項以外の通常の立法に関しては、上院の権限を縮小し、内閣の信任、不信任、通常の立法についての権限を下院に集中することによって、従来のほぼ対等な二院制から一院制の方へ接近したことである。具体的には、法律案は、まず下院で可決されてから上院に送付されるが、上院は「送付から一〇日以内に議員の三分の一の要求があった場合にそれを審議する」と規定されている（九三条）。

また、上院はコムーネ、県、州にかかわる法案を審議する場合は、それらの議員の代表を加えた特別会を招集することとされている（八九条）。

次に、第二の特徴である分権化については、「公的諸機能は、補完性と区別の原則に基づいて、コムーネ、県、州、および国に割り当てられる」（五六条）という規定が注目される。つまり、公的機能はなるべく住民に近いレベルの政府に優先的に配分される補完性の原則が採用されたのである。

さらに、コムーネ、県、州は「収入と支出に関する財政的自律性」を保障され、また、法律で規定された一定の留保分を除いた歳入額の半分以上を自由に使用できるとされた。

なかでも、実質的な連邦制といってよいほどに、州の権限が強化されている。

州は、その組織や運営の基本原則を規定する「憲章」（六〇条）をもつとされたほか、「明示的に国の立法権に属させられていないあらゆる事項に関する立法権は州に属する」（五八条）と規定されている。

なお、立法権が国に属する事項は次のように列挙されている。

①外交政策および国際関係、②市民権、移民、および外国人の法的地位、③ヨーロッパ議会の選挙、④国防および軍隊、⑤競争の規律、⑥通貨、貯蓄保護および金融市場、⑦国の憲法的機関、公的機関およびそれらに関する選挙法、⑧国民投票、⑨予算、税制および会計制度、⑩国の行政活動の諸原則、⑪時間の測定、決定、⑫国、州、地方自治体の行政データの情報および統計の調整、⑬公共の秩序と

安全、⑭民法、刑法、司法制度および管轄権、⑮選挙法、政府機関、コムーネと県の基本的機能、⑯全国において保障されるべき社会的権利に関わる提供水準の決定、⑰大規模な交通網、⑱郵便および電気通信、⑲エネルギーの全国的な生産、移動、配分、⑳文化財および環境の保全（五八条）。

その他、国は次の事項に関する一般的規律を行う立法権をもつとされている。教育、大学および専門的職業、科学研究およびテクノロジー、衛生状態、健康保護および食料の検査、労働の保護と安全、環境とエコシステムの保全、市民的保護、スポーツ、およびその他不可欠な国民的利益の保全（五八条）。

最後に、憲法改正案の本会議審議の開始を前にして、委員会案の取りまとめの中心になった左翼民主党書記長のダレーマが述べた言葉を紹介しておきたい。

イタリアの政党が脱冷戦の課題、戦後民主主義のバージョンアップの課題にいかに自覚的に取り組んでいたかがあらためて確認できるだろう。

自分たちが右派勢力との対話を最優先しながら憲法改正に取り組んでいるのは、対立勢力が一定のルールと価値を共有する「ヨーロッパ型の強固な民主主義」の構築という課題がイタリアでは未解決のままだからである。つまり、すべての勢力が統治する正統性を認知されており、政治システムが抜き難い偏見によって引き裂かれておらず、厳しい政治的対立も、相互の絶滅を目指すものでなく、理念や政策をめぐる正当な対立として展開されるような民主主義を実現することが課題なのである。(29)

6　ベルルスコーニの復活――二〇〇一年総選挙

(1)「予告された勝利」

きわどいが明確な勝敗

新しい選挙制度での三回目となる二〇〇一年五月総選挙は、中道左派政権がともかくも五年の任期を全うしたのをうけておこなわれた。しかしながら、ベルルスコーニの「予告された勝利[30]」、「予想された政権交代[31]」と評されたように、そして実際、表11にも示されているとおり、ほぼ一年前からの政党支持率調査において、一貫して中道右派連合の優勢は明らかであった。

選挙結果については、二つの特徴を確認する必要がある(表12の1、表12の2を参照)。一つは、中道右派連合「自由の家」が、上院の議席の五五・九%、下院の議席の五八・四%を確保して、明確な多数派となったことである。北部同盟が下院の比例区において(足切りの四%を下回る)三・九%にとどまって議席を獲得できなかったため、九四年のような北部同盟の離脱による政権崩壊の危険もなくなった。

しかし、他方で、二大勢力の間の得票率には大差はなく、ほとんど僅差といえる状況だったことも見落とされてはならない。とくに、中道左派連合に加わらなかった共産主義再建党があえて独自候補を立てなかった下院の小選挙区においては、中道左派連合「オリーブの木」は四三・八%の得票で、中道右派連合の四五・五％に対して一・七％差にまで追い上げた（獲得議席は二八二対一八九の九三議席の差となった）。

下院の比例区においては、中道右派四九・六％に対して中道左派三五・〇％、上院においては四二・六％対三九・二％とかなりの差がついたが、それぞれにおいて独自の名簿を出した共産主義再建党が五・〇％の得票であったことを考えると、上院（下院と違って一八歳から二四歳の若い層の有権者がいない）では逆転の可能性すらあったことがわかる。

ここからいえることは、下院議席三六八対二四七（過半数は三一六）、上院議席一七六対一二八（過半数は一五八）という明確な議席差にもかかわらず、中道左派が勝利した九六年総選挙と比べて、有権者の支持の顕著な変動があったわけではないということである。勝敗の決定的な要因は、今回もまた連合形成の成否にあったことが明らかである。つまり、中道左派連合が共産主義再建党やディピエトロ元検事の「価値あるイタリア」（下院小選挙区で四・〇％）との連合を形成することに失敗し、中道右派連合が前回独自名簿をだした北部同盟（前回の下院小選挙区で一〇・八％）を再び連合に入れることに成功したことである。

ここには、少しの得票率の差を大きな議席差に拡大して勝敗を明確にする点、そしてそれを前提に二大勢力に対して最大限の連合形成を迫る点で、小選挙区制の制度効果が顕著に働いている。

政治家ベルルスコーニの勝利

メディアの帝王ベルルスコーニの政界デビューが話題をさらった九四年総選挙が空前のテレビ選挙

表11　2001年総選挙までの政党支持率の変化（ABACUSの調査）

	96年4月総選挙	2000年								2001年	
		5月	6月	7月	8月	9月	10月	11月	12月	1月	2月
左翼民主党	21.1	20.0	20.0	20.5	20.7	20.7	20.4	20.0	20.0	19.8	19.0
フォルツァ・イタリア	20.6	26.2	26.2	28.8	29.0	29.5	29.9	29.6	29.6	29.4	29.7
国民同盟	15.7	13.8	13.8	14.8	15.0	14.7	14.0	14.6	14.6	14.4	13.7
北部同盟	10.1	3.8	3.8	5.0	4.4	4.1	3.8	4.4	4.4	4.3	4.0
共産主義再建党	8.6	6.0	6.0	5.0	6.2	6.0	5.9	5.5	5.5	5.8	6.8
イタリア人民党	6.8*	3.9	3.9	3.4	3.8	4.7	4.0	3.9	3.9	3.8	–
キリスト教民主センター・キリスト教民主同盟	5.8										
キリスト教民主センター		4.0	4.0	3.6	3.6	3.6	3.7	3.4	3.4	3.2	2.6
キリスト教民主同盟		3.1	3.1	2.2	2.0	1.9	2.0	1.8	1.8	1.5	1.5
イタリアの刷新（ディーニ）	4.3	0.5	0.5	0.3	0.6	0.5	0.5	0.5	0.5	0.4	–
緑の党	2.5	1.3	1.3	1.0	1.5	1.6	1.7	2.3	2.3	2.5	3.0
パンネッラ - ボニーノ（急進党）	1.9**	2.0	2.0	1.5	1.7	1.6	2.0	2.3	2.3	2.0	2.0
三色の炎	0.9	0.8	0.8	0.6	0.7	0.5	0.5	0.4	0.4	0.7	0.7
民主主義者		4.0	4.0	3.8	3.3	3.2	4.0	4.2	4.2	4.0	–
ヨーロッパ民主同盟		1.0	1.0	0.8	1.2	1.2	1.3	0.9	0.9	1.2	–
マルゲリータ ***		–	–	–	–	–	–	–	–	–	8.1
イタリア共産主義者党		2.2	2.2	1.2	1.5	1.4	1.6	1.2	1.2	1.3	1.5
イタリア民主社会党		1.6	1.6	2.0	1.5	1.8	1.4	2.1	2.1	2.0	1.9
「価値あるイタリア」（ディピエトロ）		1.8	1.8	2.0	2.3	1.8	1.6	0.7	0.7	1.5	3.0
ヨーロッパ民主主義		–	–	–	–	–	–	–	–	0.8	1.2
イタリア社会党		–	–	–	–	–	–	–	–	–	–
その他		4.0	4.0	3.5	1.0	1.2	1.7	2.2	2.2	1.4	1.3

＊プローディを含む　＊＊ズガルビを含む　＊＊＊民主主義、ディーニ、イタリア人民党、ヨーロッパ民主同盟をふくむ。

出所：Bruno Vespa, *Scontro finale,* Mondadori, 2001, p.403.

表12の1　2001年総選挙における各党と各連合の得票と議席（下院）

	小選挙区の得票数	得票率（%）	比例区の得票数	得票率（%）	小選挙区の議席数	比例区の議席数	総議席数
フォルツァ・イタリア			10,923,146	29.4		62	
国民同盟			4,459,397	12.0		24	
白い花（ccd-cdu）			1,193,643	3.2		–	
北部同盟			1,461,854	3,9		–	
新社会党			352,853	1.0		–	
「控除をやめよう」*			26,951	0.1		–	
中道右派合計	16,948,194	45.5	18,417,844	49.6	262	86	368
左翼民主党			6,147,624	16.6		31	
マルゲリータ			5,386,950	14.5		27	
ひまわり			804,488	2.2		–	
イタリア共産主義者党			619,912	1.7		–	
「新しい国」*			33,313	0.1		–	
中道左派合計	16,335,807	43.8	12,992,287	35.0	189	58	247
共産主義再建党	–	–	1,868,113	5.0	0	11	11
ヨーロッパ民主主義	1,313,542	3.5	887,037	2.4	0	0	0
ディピエトロ・リスト	1,496,110	4.0	1,443,271	3.9	0	0	0
パンネッラ-ボニーノ	462,863	1.2	831,199	2.2	0	0	0
三色の炎	122,248	0.3	142,894	0.4	0	0	0
その他	605,326	1.6	518,179	1.4	4	0	4

＊比例区の得票から小選挙区の得票が控除されるのを避けるために用いられたいわゆる「おとり名簿」である。

表12の2　2001年総選挙における各党と各連合の得票と議席（上院）

	小選挙区の得票数	得票率（%）	小選挙区の議席数	比例区の議席数	総議席数
中道右派合計	14,399,508	42.6	152	24	176
中道左派合計	13,260,249	39.2	77	51	128
共産主義再建党	1,705,733	5.0	0	4	4
ヨーロッパ民主主義	1,144,200	3.4	0	2	2
ディピエトロ・リスト	1,138,553	3.4	0	1	1
パンネッラ-ボニーノ	676,472	2.0	0	0	0
三色の炎	339.911	1,0	0	0	0
その他	1,154,117	3.4	3	1	4
合計	33,818,743	100.0	232	83	315

出所：Enrico Melchionda, "L'alternanza prevista. La competizione nei college uninominali," in *Rivista italiana di scienza politica,* a. XXXI, n.3, dicembre 2001, pp.404-405

になったことはすでにみたとおりであり、九六年総選挙もまた、プローディとベルルスコーニの首相候補直接討論に代表されるようにテレビの影響はきわめて大きかった。それに比べると、二〇〇一年総選挙においては、国営放送でもベルルスコーニ傘下の民間放送局においても、選挙番組の数は大幅に減少し、視聴率も九六年に比べて大幅に低下していた。

また、ベルルスコーニの選挙戦術としても、今回は、中道左派連合の首相候補ルテッリ・ローマ市長との直接討論を拒否したこともふくめてテレビでの露出に頼る度合いを下げ、巨大ポスターなどの「伝統的」な手段を重視した。これは、テレビの影響力はそれぞれの陣営の支持者を固める効果は強いが、支持未定や無投票の有権者は新聞やテレビの選挙報道をみないので、別の手段が必要だという認識にもとづく意識的選択だったという。

いずれにしても、今回の選挙結果において、中道右派連合は、下院の比例区では四九・六%の票を獲得しながら小選挙区では四五・五%に減らしていることからみて、ベルルスコーニの今回の勝利はテレビを通じての個人的イメージのアピールによるメディアの帝王の勝利というよりも、事前に北部同盟もふくめた最大限の連合を形成することに成功した「政治家ベルルスコーニの勝利」であるという評価は的確だといえよう。[32]

なお、九四年総選挙以来、左右の二大勢力が掲げる選挙政策が、政権の任期中に実現することを有権者に約束するマニフェスト（政権公約）の性格を強めつつあるが、二〇〇一年総選挙では、左右両勢力の長大な政権公約の発表に加えて、投票日の数日前に、ベルルスコーニがテレビカメラの前で「イタリア国民との契約」に署名してみせるというパフォーマンスがあった。それには、次のような五つの公約が掲げられており、そのうちの少なくとも四つを五年間の任期中に実現できなければ政治家を引退すると記されていた（日本の九六年総選挙において新進党小沢党首が掲げた「国民との契約」を髣髴とさせる）。

・所得税の引き下げ、相続税と贈与税の廃止などによる減税。
・交番の設置などの治安対策によって犯罪件数を三〇〇万件減らす。
・年金を平均月額一〇〇万リラ以上に引き上げる。
・一五〇万人以上の新規雇用を創出して失業率を半減させる。
・道路、地下鉄、鉄道などの「公共事業一〇ヵ年計画」の四〇％以上を実施する。

オリーブの木の敗北

今回の選挙結果をもたらしたもう一つの重要な要因は、中道左派連合の側のさまざまな不十分点にあった。その最大のものは、すでに指摘したように、共産主義再建党をふくむ最大限の連合を形成することに失敗したことである。

しかし、さらにその根底には、ベルルスコーニの「予告された勝利」という評価を許すような、敗北をあらかじめ不可避と認めるような中道左派内部の雰囲気があったように思われる。たとえば、プローディ政権の副首相を務めた左翼民主党書記長のヴェルトローニが総選挙と同時におこなわれたローマ市長選挙に立候補したり、中道左派政権のプローディの後継首相を務めた左翼民主党議長のダレーマが自らの選挙区を中心に運動して全国的役割をはたさなかったといわれるなどの結果として、左翼民主党が存在感を弱めて得票率を九二年総選挙の史上最低の一六・一％に近い一六・六％まで落としたことが代表的な例としてあげられる。

こうした事態を招いた大きな理由の一つとして、本来は現に政権を担う与党勢力として有利に選挙戦を展開できる立場にあったはずの中道左派連合が、九六年総選挙の洗礼もうけておらず中道左派政権を担ってもいないローマ市長のルテッリを首相候補として、まるで野党のような戦い方を余儀なくされたことがあげられる。その背景には、九六年総選挙においてプローディを首相候補として戦いながら、九八年一〇月には共産主義再建党の離脱によるプローディ政権の崩壊で首相をダレーマに代え、さらには二〇〇〇年五月には州議会選挙の敗北の責任をとったダレーマに代えて旧社会党幹部のアマートを首相にしたという変遷がある。しかも、二〇〇〇年一〇月には、そのアマートでもなくルテッリを首相候補とすることを決定したのであった[33]。

小選挙区制型の選挙では、前回の総選挙で掲げられたマニフェスト（政権公約）に照らして、与党は成果を誇り、野党は不十分点や失敗を批判するという構図になるはずであるが、ルテッリという首相候補の場合、本人の資質への評価は悪くなかったものの、中道左派政権の成果を誇示する主体となりえなかったのは当然といわなければならない。

なお、中道左派政権の全体としての政策的成果についていえば、政権成立時にはほぼ絶望的とみられていた九九年一月からの欧州通貨統合への第一陣での参加をともかくも達成したことは疑問の余地のない成果ということができる。九九年三月のプローディの欧州委員長就任はそれへのＥＵからの評価の表現ともいえる。

共産主義再建党の離脱の原因ともなる厳しい歳出削減やヨーロッパ税の導入などの増収策を駆使して、イタリアは九六年から九七年にかけて財政赤字のGDP比を六・七％から二・七％へ（基準値三％）、累積債務のGDP比を一二四％から一二一・六％へ（基準値六〇％）、インフレ率を一・八％へ（基準値二・七％）、それぞれ低下させることに成功した。二〇〇〇年には、財政赤字は一・五％へ、累積債務は一〇六％へとさらに低下し、経済成長率は最近三〇年で最高の二・九％を記録した。[34]

それ以外にも、バッサニーニ行政大臣による地方分権改革、行政改革や、ベルリンゲール教育大臣による学校や大学の改革についてはある程度の前進がみられたが、改革が迫られていた福祉や司法についてはほとんど成果はなかったし、すでに紹介したように、ダレーマ政権のもとでかなり進展した憲法改正両院合同委員会の作業も、最終的にベルルスコーニの拒否権によって挫折せざるをえなかった。

歴史家ギンズボーグの総括的評価は以下のようなものである。

「中道左派の改革は、むしろアドホックなものとして、そしてしばしば個々の大臣のイニシアチブの結果としてでてきた。しかもそれらの大臣たちは、政権や連合の内部の他の要素との間で絶えず調停し妥協しなければならなかった。その結果はごたまぜであった。いくつかの分野で、またいくつかの地方で、かなりの前進がみられた。しかし、中道左派は、国民に対して彼らが望んでいることを理解していると確信させたり、自分たちの政策に対する熱狂を呼びおこしたりすることはできなかった。[35]」

中道左派連合の政策的基軸が確立していなかったことは否定しようがないと思われる。そして、二〇〇一年総選挙の敗北後、それこそが中道左派の、そしてその中核をなす左翼民主党の最大の課題となっていく。とりわけ、アメリカ民主党をモデルにする勢力とヨーロッパの社会民主主義政党をモデルとする勢力との力関係が重要となる。

しかし、そのことは、イタリア政治の新しい段階がはじまったことを否定するものではけっしてない。二大勢力の対抗と政権交代の繰り返しのなかでこそ、左右両勢力の政策的基軸が明確化されていくのであって、その逆の順番を想定するのは非現実的である。冷戦時代のイデオロギー対立が希薄化し、新自由主義の影響力が左右を問わず定着するなかで、先進国の諸政党はほとんど共通に政策的アイデンティティの再定義を迫られているのであって、イタリアの政党もまたその共通の課題に直面しているとみるべきである。

(2) 移行期の収束へ

イタリアの代表的な政治学者の一人であるジャンフランコ・パスクイーノは、二〇〇一年五月総選挙について、「イタリア史において分水嶺をなす決定的な選挙」と位置づけている。それは次の三点によるという。①現政府与党とそれにとって代わるために組織された野党という二極間の実際の競争が存在すること、②相互に対抗する二つの連合が形成されたことが政治的空間を縮小し、第三勢力を敗北させたこと、③政権交代の具体的可能性が存在し、それが明確な選挙結果、明確な政治的帰結、そして政権交代として示されたこと。

そして、彼は、イタリアの政治システムにおいて、このような条件が、個別的にであれ結合してであれ、出現したことはかつてないと述べる。イタリア史においては、ほとんどの場合、政権交代は体制の変更に直結していたからである。戦前におけるファシズムの例、戦後におけるイタリア共産党の例が代表的なものである。[36]

すでにみてきたように、九四年総選挙の時点で、二大勢力化の傾向は明確になっていたし、その一方である右派連合が勝利したことで、万年中道政権という戦後政治の伝統との断絶がなされた。そして、九六年総選挙での中道左派連合の勝利は、戦後はじめての左派の統治勢力の成立を示し、国内冷戦の終結（共産党問題の消滅）が最終的に確認された。そして、二〇〇一年総選挙では、九四年には総選挙勝利にもかかわらず約八カ月で総辞職となったベルルスコーニ政権が復活したことで、ネオ・ファシズム政党の後身である国民同盟をもふくむ中道右派の統治勢力としての認知がほぼ完了したといってよい。

以上のように二大勢力化がほぼ不可逆的ともいえる段階にまできたことと、左右双方の勢力がそれぞれ勝利と政権担当を経験したことで、約一〇年におよぶイタリア政治の移行期も、二〇〇一年総選挙をもってほぼ収束したということができる。

もちろん、この時点においても、依然としていくつかの不安定要因は存在していた。巨大な企業集団の所有者が首相であることによる「利益相反」問題がその代表的なものである。これは、主要な民間テレビ局三局に加えて、国営放送局三局に対してもベルルスコーニが与党として影響力を及ぼすことが可能になったということでもあり、二大勢力間の対等な競争条件という点からも重大な問題である。

これに対して、二〇〇二年二月に国営放送の新役員に野党から二名起用したり、利益相反問題に関して政府の活動を監視する機関を設置する法案を提出したりするなどの一定の措置はみられるものの、問題の解決は容易ではない。

また、ベルルスコーニや彼の関係者が関与したとされる贈賄疑惑での裁判も継続中であり、それに関連して、「裁判官の公平性」を理由とした裁判の移送要求を認める法律や、現職の首相、大統領などに関する裁判を凍結する法律を制定するなどの動きもあり、ベルルスコーニが一九八〇年代に当時の社会党クラクシ首相と連携して事業を拡大した時代の負の遺産をどのように処理するかは、場合によっては政権の帰趨にもかかわりかねない重大問題でありつづけている[37]。

しかし、そのような問題を考慮しても、政権交代メカニズムが構造的に機能不全であった戦後イタリア政治が、二大勢力による「政権交代のある民主主義」へと移行したという大きな獲得物はもはや揺るがないと思われる。選挙制度のさらなる改善、連邦制や一院制などを含む憲法改正問題、行政システムの抜本的な改革、二大勢力それぞれの内部の連携や共通政策の形成など、残された問題はたしかに多い。しかし、それらは、分水嶺を超えたイタリア政治の新しい段階において、二大勢力の対抗と協力のなかで解決されていくことになるであろう。

注

（1） *L'Unita*, 26 agosto 1994.

（2） 後房雄「社会運動」、馬場康雄・岡沢憲芙編『イタリアの政治』早稲田大学出版部、一九九九年。

（3）後房雄『政権交代のある民主主義』窓社、一九九四年、北原敦「二重国家の消滅へ？――イタリア政治の戦後と現在」『世界』一九九三年七月号、馬場康雄「イタリア『第一共和制』終焉の意味するもの」『世界』一九九四年七月号、同「日本とイタリア・戦後五〇年の比較」『年報・日本現代史』創刊号一九九五年。

（4）森田秀男『どこへ行く連立政権――イタリア発・政治改革への挑戦』三田出版会一九九三年、高橋利安「イタリアにおける選挙制度改革の現状（一）（二）」『鹿児島経大論集』第三三巻第一号、第四号　一九九三年、工藤裕子「イタリアにおける選挙制度改革の経緯」『選挙時報』第四三巻第八号一九九四年、および本書第2章。

（5）後房雄『大転換――イタリア共産党から左翼民主党へ』窓社、一九九一年。

（6）村上信一郎「もしイタリアが一つの国であることをやめるならば」、西川長夫・宮島喬編『ヨーロッパ統合と文化・民族問題』人文書院、一九九五年、高橋進「イタリア極右の穏健化戦略」、山口定・高橋進編『ヨーロッパ新右翼』朝日新聞社、一九九八年。Ilvo Diamanti, *La lega*, Donzelli, 1993, Stephen Gundle and Simon Parker (ed), *The New Italian Republic*, Routledge, 1996.

（7）工藤裕子「イタリアにおける選挙制度改革の経緯」『選挙時報』第四三巻第八号一九九四年、高橋利安・井口文男「イタリアの新選挙法――解説及び翻訳（一）（二）（三）」『レファレンス』一九九六年八月号、九月号、一〇月号。Carlo Fusaro, *Le regole della transitione*, Mulino, 1995.

（8）Stefano Bartolini and Roberto D'Alimonte, "Plurarity Competition and Party Realignment in Italy: The 1994 Paliamentary Elections," in *Eurpean Journal of Political Reseach*, no.29, January 1996.

（9）村上信一郎「イタリア『第一共和制』の終焉――一九九四年選挙の歴史的な意味」中部大学『国際研究』第一一号、一九九五年、村上信一郎「『制度工学』か『政治文化』か？――一九九四年イタリア総選挙の選挙社会学的分析」中部大学『国際関係学部紀要』第一五号、一九九五年。Richard S. Katz and Piero Ignazi (ed), *Italian Politics. The Year of Tycoon*, Istituto Cattaneo, Westview Press, 1996.

（10）Massimo D'Alema, *Un paese normale. La sinistra e il futuro dell'Italia*, Mondadori, 1995, *Id.*, *La sinistra nell'*

Italia che combia, Feltrinelli, 1995.

(11) Walter Veltroni, *Governare da sinistra,* Baldini & Castlodi, 1997.

(12) *L'Unita,* 11 luglio 1994.

(13) Carlo Valentini e Norberto (a cura di), *Prodi. La mia vita,* Carmenta editore, 1995. Ricardo Franco Levi, *Il professore. Romano Prodi: dall'Iri all'Ulivo. Un progetto per l'Italia,* Mondadori, 1996. Roberto Grandi, *Prodi. Una compagna lunga un anno,* Editori di Comunicazione, 1996.

(14) Franco Levi, *Il professore. Romano Prodi: dall'Iri all'Ulivo. Un progetto per l'Italia,* Mondadori, 1996.

(15) *Ibid.,* Carlo Valentini e Norberto (a cura di), *Prodi. La mia vita,* Carmenta editore, 1995.

(16) Roberto Grandi, *Prodi. Una compagna lunga un anno,* Editori di Comunicazione, 1996.

(17) Franco Levi, *Il professore. Romano Prodi: dall'Iri all'Ulivo. Un progetto per l'Italia,* Mondadori, 1996.

(18) 高橋和之『国民内閣制の理念と運用』有斐閣、一九九四年。

(19) Aldo Di Virgilio, "Dai partiti al poli: La politica dell alleanze," in *Rivista italiana di scienza politica,* a. XXIV, n.3, dicembre 1994. *Id.,* "Le alleanze elettorali, identita partitica e logiche coalizionali," in *Rivista italiana di scienza politica,* a. XXVI, n.3, dicembre 1996.

(20) 後房雄『「オリーブの木」政権戦略』大村書店、一九九八年。

(21) Carlo Fusaro, "Media, sondaggi e spese elettorali: La nuova disciplina," in *Rivista Italiana di scienza politica,* a. XXIV, n.3, dicembre 1994. *Id., Le regole della transitione,* Mullino, 1995.

(22) Ilvo Diamanti e Renato Mannheimer (a cura di), *Milano a Roma. Guida all'Italia elettorale del 1994,* Donzelli, 1994.

(23) *Ibid..*

(24) Roberto Grandi, *Prodi. Una compagna lunga un anno,* Editori di Comunicazione, 1996.

(25) *Ibid.*.

(26) Massimo D'Alema, *Un paese normale. La sinistra e il futuro dell'Italia,* Mondadori, 1995, *Id., La sinistra nell'Italia che combia,* Feltrinelli, 1995.

(27) 高橋利安「憲法体制転換期におけるイタリア憲法の変容」『修道法学』第三〇巻第二号、二〇〇八年二月。

(28) イタリア議会のホームページ掲載資料。

(29) *L'Unita,* 18 gennaio 1998.

(30) Ilvo Diamati e Marc Lazar, "Le elezioni del 13 maggio 2001. Cronaca di una Vittoria annunciate … sin troppo presto," in Paolo Bellucci e Martin Bull, *Politica in Italia. Edizione 2002,* Mulino, 2002.

(31) Enrico Melchionda, "L'alternanza prevista. La competizione nei college uninominali," in *Rivista italiana di scienza politica,* a. XXXI, n.3, dicembre 2001.

(32) Giacome Sami e Guido Legnante, "Quanto ha contato la comunicazione polituca," in *Rivista italiana di scienza politica,* a. XXXI, n. 3, dicembre 2001, Carlo Marletti, "La campagna elettorale: attori politici, media ed elettori," in Paolo Bellucci e Martin Bull, *Politica in Italia. Edizione 2002,* Mulino, 2002.

(33) Gianfranco Pasquino, "Premiership e leadership da D'Alema a Amato e oltre," in Marco Caciagli e Alan Zuckerman, *Politica in Italia. Edizione 2001,* Mulino, 2001, *Id.*, "Un'elezione non come le altre," in *Rivista italiana di scienza politica,* a. XXXI, n.3, dicembre 2002.

(34) 経済企画庁『平成一〇年　年次世界経済報告』一九九八年一一月二〇日。Salvatore Rossi, *La politica economica italiana 1968-1998,* Laterza, 1998, Marco Caciagli e Alan Zuckerman, "Introduzione. L'anno preelettorale," in Marco Caciagli e Alan Zuckerman, *Politica in Italia. Edizione 2001,* Mullino, 2001.

(35) Paul Ginsborg, *Italy and Its Discontents 1980-2001,* Penguin Books, 2003.

(36) Massimo L. Salvadori, *Storia d'Italia e crisi di regime,* Mulino, 1994, Gianfranco Pasquino, "Premiership e

leadership da D'Alema a Amato e oltre," in Marco Caciagli e Alan Zuckerman, *Politica in Italia. Edizione 2001*, Mulino, 2001.

(37) Maurizio Cotta, "Berlusconi alla seconda prova di governo," in Paolo Bellucci e Martin Bull, *Politica in Italia, Edizione 2002*, Mulino, 2002.

第4章　中道左派政権の復活

――イタリア二〇〇六年総選挙

はじめに

二〇〇六年四月九日、一〇日のイタリア総選挙は、それまでの総選挙にも増してスリリングなものであった。後で紹介する新しい選挙制度によって、わずか二万五〇〇〇票弱（下院）の差で中道左派が五年ぶりに政権を奪回する結果となった。しかもこれは、中道左派が一三党、中道右派が一二党によって政党連合を結成し、双方ともいわば総力を挙げて戦った結果であった。

一九九二年総選挙以来、私が現地でイタリア総選挙を観察するのは五度目であったが、今回もまたイタリア政治は、かなりの共通性を基礎にしているだけにいっそう際立つ対照性によって、日本政治を考える大きな刺激を与えてくれた。

ちょうど日本では、その直前の四月七日に民主党が新しい代表に小沢一郎を選出して、偽メール問題で陥ったどん底からの反転攻勢に移ろうとしていただけに、民主党が政権を獲得し、日本にも「政権交代のある民主主義」を実現するために何が必要なのかを改めて考えさせられた。

振り返ってみれば、九四年の小選挙区制導入を実現した政治改革の時代の主役であった小沢が十数年を経て再び、当初の目標であった「政権交代のある民主主義」を目指して舞台の中央に立ったことになる。(1)

本書では、九三年に日本とほぼ同様の形で小選挙区制を導入したイタリアが、九四年、九六年、二〇〇一年、今回の〇六年と総選挙のたびに政権交代を経験し、二大勢力化を基礎にした「政権交代のある民主主義」をほぼ定着させるに至っていることと対比しながら、日本における過去四回の総選挙を検証し、民主党の課題についても考えてみたい。

1　イタリア政治の二大勢力化と脱冷戦

二〇〇六年イタリア総選挙は、選挙運動においても選挙結果においても話題に事欠かなかったが、選挙後にも極めて注目すべき出来事があった。それは、九一年にイタリア共産党が左翼民主党に転換した時に分裂して設立された共産主義再建党の前書記長ベルティノッティが、四月二九日に下院議長に選出され、さらに五月九日には、元共産党最高幹部の一人ナポリターノが共和国大統領に選出されたことである。

〇一年から〇六年までの中道右派ベルルスコーニ政権の下で、ネオファシズム政党の後身である国民同盟の党首フィーニが副首相兼外務大臣を務めたこととセットで、かつては国内冷戦対立構造が日本と並んで最も深刻だったイタリアにおいて、その構造がほぼ完全に、しかも政党や政治家たちの自己改革によって内在的に克服されたことを象徴するものである。左翼民主党と国民同盟はそれぞれ、中道左派連合と中道右派連合の中核的存在となっている[2]。

同様の国内冷戦構造に規定されていた日本政治においては、旧社会党の四分五裂と衰退、共産党の化石化という形で、一応冷戦構造は解消されたものの、戦後革新勢力は新しい二大勢力の形成にほとんど寄与することができず、自民党に対抗するもう一つの政党の構築は、いわばがれきの中から始めざるを得なかった。そして、それが現在の民主党の政党としての基盤の弱さや未成熟として尾を引いていると言わざるを得ない。

以上のように、イタリア共産党を中心とするイタリア左翼と日本の社会党、共産党を中心とする革新勢力は、この一〇年で対照的な運命をたどった（そしてそれが両国の政治の対照的な展開をもたらした）わけだが、それを分けた最大の要因は、前者が政権戦略の一環として自ら小選挙区制導入の先頭に立ったのに対し、後者は小選挙区制の意味を理解し得ず、意図せず小選挙区制型民主主義の機能を阻害する役割を果たし続けていることである。より具体的に検証してみよう。

2　イタリアの新しい選挙制度

イタリアは九三年八月に、従来の完全比例代表制に代えて、議席の七五％を小選挙区制で選び、二五％を比例代表制で選ぶ選挙制度を上下両院に導入した（イタリアでは両院の権限はほとんど同じで、両方とも解散がある）。

ところが、二〇〇五年一一月に、五年の任期満了を目前にして、中道右派政権が新しい選挙制度を導入した。日本では完全比例代表制への復帰というような報道がされたりしたが、確かに形式的には比例代表制を用いてはいるものの、実質はむしろ小選挙区制と同様の多数決制の選挙制度であることに注意する必要がある。

新しい選挙制度の最大の特徴は、相対第一勢力に最低でも議席の約五五％を保証する点である。下院では全国集計での第一勢力に六三〇議席のうちの三四〇議席を与える。上院では、二〇の州ごとの集計で第一勢力に議席の五五％を与える（もちろん、五五％以上の得票を得た勢力には得票に比例した議席が与えられるが、重要なのはそれ以下の得票率でも安定過半数の議席が保証されるということである）。なお､今回は在外イタリア人にも、外国選挙区での被選挙権と選挙権が与えられることになった（下院一二議席、上院六議席）。

こうした議席のプレミアム制度は広範な政党連合を形成させる強い刺激になるが、それに加えて、例えば下院では、①得票率一〇％未満の政党連合は議席を配分されない、②どの政党連合にも加わらない政党は四％を超えないと議席を配分されない、③政党連合に加わった政党は二％を超えると議席配分を受ける、などの政党連合を促進する仕組みが導入されている。

要するに、新しい選挙制度は、有権者の政党選択よりも政権選択を重視した多数決制という点で九三年導入の選挙制度と共通の性格を持つものであって、決して九三年以前の完全比例代表制への回帰を意味するものではない。

実際、二〇〇六年総選挙における各党の戦略、戦術は、それ以前の三回の総選挙において見られた特徴をより徹底するものであって、下院で中道左派が一三党、中道右派が一二党、上院で中道左派が一六党、中道右派が一七党というように、双方とも過去最大の広範な政党連合を形成して競い合った。そして、二大勢力がそれぞれ統一首相候補と統一政権政策を決定したこと、プローディとベルルスコーニという二人の首相候補のテレビ直接討論が二回行われたことなど、二大勢力化と政権選択選挙の実質化という傾向は完全に定着したと言える。

選挙結果においても、下院はわずか二万五〇〇〇票弱の差で勝敗が決まり、上院でも、幾つかの州では際どい票差で勝敗が分かれた。その結果、議席では、下院が三四七対二八三、上院が一五八対一五六で、中道左派がともに過半数を確保して政権交代を実現したのである。

3　連合形成力が決め手

九四年以降の四回の総選挙を振り返ってみると、勝敗を分けた決定的な要因が二大勢力の連合形成力の差であったことが鮮明に浮かび上がる。まさに、これこそが、日本の政党が学ぶべき点と思われるので、少し具体的に紹介してみよう。

九二年からのタンジェントーポリ（汚職列島）と呼ばれる大規模な汚職摘発によってキリスト教民主党や社会党などの旧与党勢力が壊滅的打撃を受けた直後の九四年三月総選挙では、左翼民主党を中心とする進歩派連合が地方選挙で次々と勝利して直前まで勝利確実とみられていた。ところが、「メディアの帝王」とも呼ばれる大企業集団のオーナー経営者であるベルルスコーニが一月に新党フォルツァ・イタリア（がんばれイタリア）を旗揚げし、北部では北部同盟と、南部では国民同盟との政党連合を結成して、七・九％の大差で一気に政権を獲得してしまった。

北部同盟の政権離脱を受けて行われた九六年四月の繰り上げ総選挙では、前回存在した約一六％の中道連合がほぼ均等に左右両勢力に合流したが、中道右派が北部同盟との連合に失敗したのに対し、中道左派は連合に入らなかった共産主義再建党とも「休戦協定」によって小選挙区候補者を統一して戦い、四・六％差（下院小選挙区）で際どく勝利した。

〇一年四月総選挙では、与党の中道左派が共産主義再建党、価値あるイタリアなどの諸政党との連合に失敗したのに対し、政権奪回を狙う中道右派が北部同盟を再び連合に加えることに成功し、一・六％の僅差で勝利した。

このように振り返ると、実は中道左派全体と中道右派全体の潜在的支持率は毎回ほぼ拮抗していたこと、そして、勝敗は、与党が政党連合形成において甘くなる傾向があるのに対し、政権奪回を狙う野党は最大限の政党連合を追求するという違いによって生まれたことが明らかになる。逆に言えば、左右両勢力共にほぼ最大限の連合形成を行った結果、〇・一％以下の極小差で両勢力が拮抗した二〇〇六年のような状況は、実は一〇年以上継続しているわけである。

これは、アメリカやドイツなどでも見られる状況であって、八〇年代の新自由主義全盛期、九〇年代後半からの「第三の道」による中道左派の巻き返しを経て、欧米諸国において共通に、左右両勢力共に一時代を構築し得るほどの優位な政策軸を打ち出し得ていないことの表れということができる。〇一年の小泉純一郎首相の登場によって、ようやく本格的な新自由主義を経験した日本においても、新自由主義を共通の前提にしながら、自民党と民主党が、どのようにして自らの政策的特徴を打ち出すかを競い合う時代に入っている。

自民党は、小泉構造改革路線をさらに推進するのか、それとも小泉改革によって打撃を受けた既得権集団に配慮するより漸進主義的な路線にペースダウンするのかの選択に直面し（これが安倍対福田の後継者争いの背景にもなった）、民主党の方も、自民党以上の改革路線で勝負するのか、地域や所得階層間の格差問題などを取り上げて改革路線の修正で勝負するのかの選択を避けて通れない。当然ながら、こうした政策的選択は、自民党と公明党の連合の今後や、民主党と国民新党、新党日本、社民党、さらには共産党との連合ないし選挙協力の帰趨と密接に連動する。さらに、これらの選択は、相手陣営の路線選択をにらみながら比較優位を目指す極めて微妙なものにならざるを得ない。

4　なぜ野党は連合できないのか

以上のような考察を前提にして、今度は九六年以降の日本における四回の総選挙を振り返ってみよう。実は、ここでも、二大勢力の潜在的得票率がほぼ拮抗する状況が続いていることが確認できる（以下の得票率は小選挙区のもの）。それ故、勝敗を分けているのはここでも連合形成力にほかならない。まず九六年一〇月総選挙では、自民党の支持率は三八・六％だったのに対し、自民党では行政改革はできないと共通に主張していた新進党と旧民主党（両党は公明党を除いて現在の民主党へと合流している）の得票率は合計で同じ三八・六％だった。しかし、都市部では典型的な共倒れを続出させて敗北した。

選挙後も、主に小沢アレルギーによる民主党のちゅうちょのために連携が進まないまま、九七年末の新進党解党を経て新民主党の結成に至る。そして、九八年参議院選挙では、自民党は惨敗して過半数を割り、民主党、公明党、自由党、社民党、そして共産党までが首相指名において第一回投票から一致して民主党代表の菅直人に投票した。

森喜朗首相の支持率が一ケタに落ち込む中で行われた二〇〇〇年六月総選挙では、自民党は公明党との連合によって四一％を確保して勝利したものの、民主党、社民党、自由党、共産党を合計した得票率は実は四六・九％であった。

〇三年一一月総選挙では、ピークを過ぎた小泉自民党が公明党票も含めて四三・八％にとどまったのに対し、民主党は自由党の合流やマニフェストの活用もあって三六・七％にまで迫り、社民党や共産党の票（一一％）を合計すれば十分与党を上回る可能性があった。

小泉マジックともいわれた〇五年九月総選挙では、自民党は四七・八％にまで票を伸ばしたのは確かだが、比例代表での得票は自民党三八・二％対民主党三一％で、やはり野党の連合形成次第で勝敗が変わり得る状況は維持されていた。

以上を通じて、政権維持の執念を持つ自民党がタブー視されていた公明党との連合にまで踏み切ったのに対し、野党が一貫して政党連合に消極的で、ようやく民主党と自由党の合併を実現させただけにとどまっている対照性が鮮明に浮かび上がる。

野党の連合形成力の弱さの原因として、私は、民主党の政権獲得意欲の弱さ（毎回政権獲得が懸かっているはずの小選挙区制選挙においてすら、多少の議席の伸びをもって満足する習性など）と、社民党や共産党の小選挙区制型民主主義への不適応を指摘したい。これらは日本における「政権交代のある民主主義」への最後の関門を突破するための課題でもある。

5　民主党の課題

民主党は二〇〇六年五月二二日に、今後の知事選と政令指定都市の市長選で、与党と同じ候補を推薦・支持することは原則としてしない方針を決めたと報道された。政権獲得を目指す以上当然過ぎる方針であるが、三年前の二〇〇三年統一地方選挙に当たっても同様の方針が打ち出されたにもかかわらず、結局はなし崩しになってしまったという前歴がある。例えば、私の住む愛知県の知事選挙や名古屋市の市長選挙でも、独自候補を擁立する試みはなされたが挫折し、相乗り体制は崩れなかった（その後、ようやく二〇〇七年の愛知県知事選挙、二〇〇九年の名古屋市長選挙において民主党は独自候補の擁立に踏み切った）。

独自の立場や利害を持つ地方議員たちに政権獲得を最優先した中央の方針を徹底させることは、特に寄せ集めの民主党にとって至難の業であろうが、だからこそ、それは中央の指導部の決意が本物であるかどうかの試金石となる。

とはいえ、小沢が代表になったことによって、政権獲得への意欲については疑問がなくなっただけでなく、一致して政権を目指す党内体制も格段に強化されたと思われる。

〇七年の参議院選挙の一人区で勝利して与野党逆転を実現し、解散総選挙に追い込むという政権戦略も明確になった。

残る課題は、政策的基軸をどこに設定するかである。小沢代表になったことで、新自由主義を基調にすることは明確であるので伝統的社会民主主義への傾斜はあり得ないだろうが、格差問題を強調して小泉改革路線の副作用を批判する方針を前面に出している点にかかわって、最終的な選択を新自由主義的改革の推進を徹底する方向にするのか、「第三の道」的要素を加味するのかが重大問題である。当然これは、自民党の後継総裁との対抗や、社民党、共産党などとの連携戦略をも考慮しながらの選択になる。

6 自民を〝助ける〟社共

最後に、社民党や共産党の小選挙区制への不適応に触れておきたい。

要するに、政策的には自民党批判を基調にしながら、小選挙区に当選可能性のほとんどない独自候補者を擁立することによって、それがなければ民主党に投じられたであろう票を囲い込み、結果として自民党候補の当選を助けるという両党の行動様式の問題である。

これは、イタリアの共産主義再建党が、中道左派連合に加わるかどうかの選択の中で、「自分の望むものをすべて得られないのならすべてをぶち壊す」最大限綱領主義という「左翼の古くからの悪習」から脱却して、「自分はより多くを望んでいるが、最終的には現状で得られるもので満足する。自分の目標からすればわずかなものかもしれないが、ゼロよりはましだ」と考える改良主義に転換していった軌跡とまさに対照的である[3]。

共産主義再建党は、二〇〇六年の総選挙に当たっては、統一首相候補の予備選挙に独自候補を立てて参加した上で、決まったプローディ首相候補とその政権公約を全面的に支持して選挙を戦った。そして、選挙後は前書記長ベルティノッティが下院議長に就任し、数人の大臣、副大臣、政務次官を送り込んだ。

自民党と公明党との連合が解消されない限り（特に選挙での敗北の前に起こる可能性はほぼないと考えざるを得ない）、社民党や共産党が共産主義再建党のような行動様式に転換できるかどうかは、依然として日本政治にとって無視し得ない要因である。国内冷戦構造を内在的に克服することができなかったことのツケと言わざるを得ない。今後もまた、問題自体が意味を失うまで時間を浪費せざるを得ないのか。それとも、何らかの自主的努力によって野党連合の形成がもたらされるのか。イタリア政治との比較から浮かび上がる、小さいにもかかわらず重大な課題である。

注

（1） 後房雄『政権交代のある民主主義—イタリア共産党と小沢一郎』窓社、一九九四年。

（2） イタリア二〇〇六年総選挙については、以下のものを参照。Jean-Louis Briquet e Alfio Mastropaolo (a cura di), *Politica in Italia. Edizione 2007*, Mulino, 2007, ITANES, *Dov'è la Vittoria?*, Mulino, 2006, Piero Ignazi, *Partiti politici in Italia*, Mulino, 2008.

（3） 後房雄「共産党は『普通の政党』になれるのか」『週刊金曜日』一九九七年一〇月二四日号。

第Ⅲ部　小選挙区制導入後の日本政治

第5章　与党版「オリーブの木」の勝利――二〇〇〇年総選挙

1　総選挙結果を評価する基準

二〇〇〇年総選挙の結果については、開票翌日の朝刊の一面トップの大見出しが各紙でかなり大きく違ったことが注意を引いた。四八〇議席中二七一議席を確保した自民・公明・保守三党の与党について、敗北、不信任から勝利、信任まで表現は大きく分かれた。また、一二七議席を獲得した野党第一党の民主党についても、躍進から期待外れまでかなりの違いが示された。

ここには、政権与党に対する各紙のスタンスの違いが表れているともいえるが、しかし、これほど大きく分岐した理由は、総選挙結果を評価する各紙の基準自体が異なっていたことにあると考えられる。また、同じ新聞においても複数の基準の混在のために不整合な評価が併存する事例もあった。

与党敗北、民主躍進という評価が出てくるのは、各党の解散時の議席数を基準にするからであろう。解散時の自民党は二七一議席であり、与党三党では三三一議席であったのが、それぞれ二三三、二七一となったのだから、激減ということになる。民主党も、解散時の九五から一二七に躍進したことになる。

しかし私は、こうした評価から出発すると、小選挙区制導入後の政治を見る目が大きく狂ってしまうのではないかと考える。何よりも、二七一という絶対安定多数を越える議席を確保した与党および森首相が継続することが確実であるにもかかわらず敗北と言うのは余りに不自然である。また、これほど与党や森首相への不支持が強かった総選挙で、二四二の小選挙区で独自候補を擁立しながら八〇選挙区でしか勝利できなかった民主党が、政権獲得への展望を切り拓いたというのも違和感が残る。躍進という評価から出発した場合、民主党がその後の参議院選挙や総選挙で勝利するために必要な自己改革や戦略構築に本格的に着手することにつながるだろうか。

私自身は、二〇〇〇年総選挙は、与党三党が終始主張し、一部マスコミも報道の基準としていた「政権選択選挙」であったと考えるので、結果の評価に当たってもどちらの政権選択肢が過半数を獲得したかを最大の基準とすべきだと主張したい。この基準からすれば、与党の勝利、野党第一党民主党の敗北は明らかである(1)。

ありうるもう一つの重要な基準は、小選挙区制を基準にした現行選挙制度が導入されてから最初の総選挙で、やはり政権選択選挙として戦われた一九九六年総選挙との比較だろう。自民党は九六年の二三九議席から二〇〇〇年は二三三議席となったわけだが、比例区定数の二〇削減を考慮すると議席占有率は約二％上がっている。

実は、九六年総選挙を原点として見れば、解散時の与党議席数は選挙結果とは無関係に膨れ上がっていただけである。自民党の議席はいわゆる「一本釣り」によって二三九から二七一にもなったのであり、それに、九六年総選挙では新進党の議席として獲得された公明党議席の四二と保守党議席の一八が加わって三三一議席の巨大与党ができていたのだから、それが二〇〇〇年総選挙で激減しても不思議とはいえない。

また、一九九六年総選挙で政権に挑戦した野党第一党の新進党は九六の小選挙区で勝利し、全体で一五六議席を獲得した。二〇〇〇年の民主党は、それぞれ八〇と一二七で、当時「敗北」とされた新進党の成績を大きく下回ることは明らかである。

なお、九六年総選挙との比較で注目すべき点をもう一つ指摘しておこう。それは、九六年総選挙における自民党の得票率が、比例区三二・七六%、小選挙区三八・六三%だったのに対し、今回は比例区が二八・三一%まで減った一方で、小選挙区が四〇・九七%にまで伸びていることである。もちろん、これは、小選挙区で公明党の票が自民党候補に上積みされたことによると考えられる。実際、公明党の得票率は比例区では一二・九七%であるのに対し、小選挙区では二・〇二%にとどまっている。

ここから、まさに自公連携によって、比例区得票を九六年から四%以上も減らした自民党が小選挙区での獲得議席を一六九から一七七へと逆に増加させることが可能になったことが明瞭に読み取れる。

2 与党版「オリーブの木」の勝利

以上のように、二〇〇〇年総選挙は自公保政権の信任という結果となったが、さらにその前提として、「政権選択選挙」としての性格がかなり強まったという点も見落とすことができない。

小選挙区制が、有権者の直接的な政権選択権の行使を可能にするという長所をもつことについては、私自身や、私も参加している民間政治臨調がすでに繰り返し論じてきているので、ここでは詳論しない[2]。

ここで最小限再確認しておきたいのは、「政党選択」という民意を「鏡のように反映」するという長所をもつ比例代表制が、その反面で、選挙後の政党間の談合によって有権者のコントロールを無視して政権が作られ再編されるという弊害をもたらすことがあるということである。九三年総選挙以降の非自民連立政権から自社さ政権への移行がその典型である（かつての中選挙区制は準比例代表制的な性格をもっていた）。それに対し、小選挙区制は、各党の得票率の差をあえて議席率において大きく拡大する（つまり政党選択という民意を「歪める」）ことによって第一党に議席の過半数を与え、選挙後の政党間の交渉を経ることなく選挙の結果によって直接に政権担当政党（勢力）を決定することをねらいとしている。これを有権者の側から言えば、各小選挙区で二大政党（勢力）のどちらの候補者に投票するかの選択が全国的な政権選択に直結することになる。

もちろん、小選挙区制がこのように機能するためには、いくつかの条件がある。まず第一に、本格的な（つまり勝利の可能性を感じさせるような）政権選択肢が少なくとも二つ存在しなければならない。この場合の政権選択肢は、イギリスのような二大政党が典型的ではあるが、フランスやイタリアのように、複数の政党による政党連合でもよい。しかし、いずれにしても、それぞれが統一首相候補、政権政策を提示し、小選挙区の候補者を統一するとともに、基本的にすべての小選挙区で候補者を擁立することが必要となる。

そのうえで、何よりも有権者が政権選択の意思表示として投票することが必要であり、そのためにはマスコミの選挙報道がそれを促進する形で展開されることが重要である。たとえば、アメリカ大統領選挙などのように、二人の首相候補同士（二〇〇〇年総選挙でいえば森対鳩山）の直接討論がテレビで生中継されることはきわめて有益だと思われる。

このような政権選択選挙という性格がどの程度実現したかという点が、二〇〇〇年総選挙を評価するうえでの重要なポイントだというのが私の主張である。

この点で九六年と二〇〇〇年の総選挙を比較すると、全体としてはかなりの前進が見られた。もっとも注目されるのは、自公保三党が事前に政権の枠組、首相候補、統一政策を提示し、さらにはかなり強引な措置をも断行して小選挙区の候補者を統一したことである。調整の失敗や造反現象は、むしろ中選挙区制時代の習慣を小選挙区制に適合的なものに変えるためにどれほどの努力がなされたかを浮き彫りにしている。

このような候補者統一が、共倒れを防いで与党側が小選挙区の一議席を確保するための戦術として有効に機能したことは選挙結果から明らかだが、同時に、自公保政権を望む有権者に対してどの候補者に投票すればよいかを明確化することによって、政権選択選挙の条件整備に大きく貢献したと思われる。自民党が公明党アレルギーをあえて引き受け、公明党が不人気の森首相を擁護することになるだけに、この決断は困難であったと推測されるが、与党としての過半数議席確保を最優先してマイナス面も承知であえて行ったということだろう。

そのうえで、与党三党は、選挙運動期間中も、この総選挙が政権選択選挙であることを終始一貫して強力に主張し続けた。

たとえば自民党は、解散に当たっての党声明で次のように述べている。

「今回の総選挙は、自公保三党による『日本新生政権』を選ぶか、あるいは、共産主義社会を目指し、党綱領を変えない共産党の強い影響を受ける野党による『数合わせ政権』を選ぶかの体制選択選挙でもあります。」

公明党もまた、「現在の自・公・保三党による保守・中道政権か、それとも民主党中心の野党連合政権かの選択が最大の争点となる」と述べている。

自民党が戦術的に冷戦時代のイデオロギー対立を利用しようとしている点を除いて考えれば、政権選択選挙という与党の基本的立場は明らかである。

以前から私は、イタリアの九六年四月総選挙において勝利した中道左派連合「オリーブの木」のような政党連合戦略が、日本における野党の政権戦略としても有効ではないかと主張してきた。「日本版オリーブの木」が菅直人代表の時代の民主党によって一時提唱されたことがあったが結局は実現しなかったのに対し、二〇〇〇年総選挙では、与党三党の側によって見事に実践され成功を収めるという皮肉な展開となった。もっとも、首相候補と政権政策を統一し、小選挙区で統一候補を立てるという政党連合の方式は、イタリアではすでに九四年総選挙の時から右派連合と左派連合の双方によって採用されているので、自公保が採用したことは当然のことともいえる。

3　民主党の戦略的混迷

それだけに、二〇〇〇年総選挙で民主党が、一応は政権選択選挙を主張しながら、十分な政権選択肢や政権戦略を提示できないままで戦ったことは、民主党の利益にとっても、日本における政権選択選挙の実現という点でも、重大な問題点であったといわざるをえない。野党第一党の戦い方としては、九六年の新進党と比べても後退であった。

とはいえ、自公保の側が政権選択選挙にふさわしい体制を明確に構築したことの反射的効果として、共通に与党を批判する野党すべてがゆるやかにではあれ事実上一つの勢力を形成することになったことは注目すべき事態であった。さらに、民主、自由、社民の三党の間では、小選挙区での候補者調整には手がつかなかったものの、それぞれが候補者を立てていない選挙区で相互に推薦し合うという形での選挙協力は行われた。また、共産党も、不破委員長が、「野党が大同団結すれば政権が交代できる条件が生まれたら、野党連合政権のために積極的に力を出す」と述べ、政策協定を前提に首相指名で鳩山民主党代表に投票する可能性をも示唆した（実は野党側には、小選挙区での候補者調整がないままでは野党がそれぞれで頑張れば頑張るほど共倒れを招いて与党候補が有利になり、結果としては野党政権の大前提としての与党の過半数割れがかえって遠のくという重大な問題点への無理解が存在したが）。

このように、野党四党は、野党連合政権をめざすという点では事実上一致するに至っていた。民主党が共産党との連合を基本的に拒否していたという問題はあったものの、九六年総選挙において、政権に挑戦した野党第一党の新進党に対し、民主党、社民党、共産党などの他の野党はまったく連合する姿勢を示していなかったことを考えると、二〇〇〇年総選挙において与党、野党という形で事実上の二大勢力が形成されたことは、政権選択選挙へむけての一歩前進だったと評価できる。

にもかかわらず、二〇〇〇年総選挙が政権選択選挙としては中途半端なものにとどまらざるをえなかったのは、やはり民主党の責任だったといわざるをえない。

民主党の鳩山代表は、六月一二日の日本記者クラブでの七党党首公開討論において、政権構想について次のように述べた[3]。

「過半数を得て政権を目指すのが目標。最初から数合わせの発想は取らない。政権を取ることが至上命題ではなく、政権をとって何をやるかが大事だ。民主党の公約実現に協力してくれる人が野党でも与党でも一人でも多く参加してくれれば共に政権を樹立したい。そうでなければ民主党単独でも自公保に代わる政権をつくる覚悟だ。」

「国民が我々に『しっかりやれ』と信頼を与えてくれれば、各党に激変が起きる。その結果、考えを共にするところと政権を組んでいきたい。」

基本は民主党単独政権ということのようだが、その実現可能性がほとんどないということは明らかであった。与党の議席数が過半数を割るという可能性はある程度はあったと思われるが、その際には、自由、社民のほかには、共産党ではなく与党の一部との連合を考えるというのが鳩山の構想だった。

鳩山はその後、自民党の加藤紘一への期待を明言し始め、さらに加藤新党への期待を述べ、加藤首班の野党連合政権にすら言及する方向で発言を展開させることになる。これが民主党の政権獲得意欲についての信頼を大きく損なったことは明らかである。実際、それを自覚した民主党自身が、最終盤において、鳩山首相――菅官房長官の鳩菅政権という単独政権構想に辛うじて立ち戻ることで体面を繕った。本来は逆に、単独政権構想から出発して、可能な限り具体的な野党連合政権構想へと展開させていくべきであった。

こうした鳩山の発言の基礎には、政権については選挙後に政党（指導者）の裁量で政党間の交渉で決めるものだという比例代表制型の常識が存在していたと思われる。しかし、それでは、どのような政策合意に基づいてどのような政党が連合政権をつくるかについて、有権者はまったく発言の機会を与えられないことになる。むしろ、それこそが鳩山が批判する「数合わせ」にほかならない。逆に鳩山が「数合わせ」だとする事前の政権枠組の確定こそが、有権者による直接の政権選択を可能にし、有権者の直接の信任を得た政権や首相の誕生を可能にするのである。

もっとも、「今回で政権がとれるとは思っていなかった[4]」というのが鳩山の本音だったようであり、それゆえに政権構想を真剣に考え抜いていなかったというのが実態だったのだろう。

今後の参議院選挙や総選挙に向けて、まずは民主党のなかで政権獲得という目的意識を確立し直し、参議院の一人区や衆議院の小選挙区で与党統一候補に勝てるような野党統一候補を擁立できる野党連合を構築することが、民主党にとってだけでなく、有権者の政権選択権の実質化と「政権交代のある民主主義」の実現にとって不可欠であることを自覚することからしか、民主党の再出発はありえないというのが二〇〇〇年総選挙の教訓であった。

注

（1）二〇〇〇年総選挙に関する私自身のコメントは以下の各紙に掲載された。『朝日新聞』二〇〇〇年六月一五日夕刊、『日本経済新聞』六月一六日、『東京新聞』六月二三日夕刊、『毎日新聞』六月二九日夕刊。

（2）後房雄「小選挙区制型民主主義ゲームは始まるか」『正論』一九九七年九月号、後房雄『「オリーブの木」政権戦略』大村書店、一九九八年、民間政治臨調緊急提言「構造改革を担う新しい政党と政治のあり方」『論争』一九九七年七月号。

（3）二〇〇〇年六月一三日付け各紙。

（4）『読売新聞』二〇〇〇年六月二八日。

第6章　なぜ野党は選挙で政権を取れないのか
――「民主党問題」を考える

1　二度逃した政権獲得のチャンス

鳩山由紀夫、菅直人を二枚看板として旧民主党が創立されたのは一九九六年一〇月総選挙の直前であった。その時点では、自民党、新進党に対する是々非々の第三極を目指すという方針が掲げられていた。しかしその後、野党と与党の間を揺れる「ゆ党」などと皮肉られて党勢が低迷する中で、ようやく九七年夏以降、菅による「日本版オリーブの木」構想の提唱を契機として、野党連合での総選挙勝利による政権獲得という路線が語られるようになっていく。

しかし、新進党の小沢一郎サイドからの働きかけにもかかわらず、民主党の側で新進・民主連合への踏み切りができないでいるうちに、幸か不幸か小沢による九七年末の新進党解党宣言という事態となった。そして、新進党内諸勢力のうち、再び独立した公明党部分を除くほとんどの勢力を吸収する形で新民主党が創立されたのが九八年春のことであった。

その後、菅を先頭に戦った九八年夏の参議院選挙、鳩山を先頭に戦った二〇〇〇年六月の総選挙は、ともに民主党にとって政権獲得の可能性を十分にはらんだ絶好のチャンスだったが、どちらのチャンスも民主党は事実上見逃してしまったというのが私の評価である。そうこうしているうちに、決定的な衰退過程に入ったと見られていた自民党が、小泉純一郎という異色スターの登場によって〇一年七月参議院選挙に圧勝するという誰も予想しなかった展開となって現在に至るわけである。

2　リーダーの自覚がせめてもの救い

創立から四年を目前にした民主党の大会が二〇〇二年一月一九日に開かれたこともあって、その前後に、マスコミでも「民主党問題」がひとしきり論じられた。私自身のコメントも含めてほとんどは民主党にとって芳しい論調ではなかったが、小泉首相に比べての民主党のふがいなさを批判すれば済むというほど問題は簡単ではない。民主党問題は、日本社会において野党が選挙で勝利して政権を獲得することがなぜこれほどまでに難しいのかという根本的な問題を我々に突き付けるからである。

せめてもの救いは、この問題を民主党のリーダーたちも明確に自覚しているということである。鳩山代表は大会挨拶で次のように述べた。

「この四年間を振り返りながら、一体何のために民主党を立ち上げたのか、これまで四年間行動してきたのか、いま一度見詰め直さなければなりません。それは言うまでもなく自民党政権では果たし得ないこの国の再生に向けての力を民主党に結集するために立ち上がったのでございます。その意味では自民党政権を終焉をさせる、その目的で二大政党政治の実現から、政権交代を目指して立ち上がった政党でございます。（中略）このような政党はいまだかつて歴史の中でありません。私たちはその大きな歴史的使命を負うていると自覚をしなければなりません」

また菅幹事長も党務報告で、「まさに野党としてスタートをして、野党第一党になって、そして選挙によって政権交代ができた政党は、戦後の日本の歴史の中でまだ存在いたしておりません」と述べている。

実は、時期を同じくして同じ歴史的課題に挑戦していたイタリアでは、イタリア共産党を根本的な転換を経て引き継いだ左翼民主党が、中道左派連合「オリーブの木」を構築して九六年総選挙に勝利した後、五年間の任期いっぱい政権を維持した（その中で欧州単一通貨への第一陣参加という実績も挙げた）ことによって、この課題を見事に解決し、中道左派連合と中道右派連合が競う「政権交代のある民主主義」への移行を達成している。

こうした事例をも参考にしながら、日本での民主党問題を考えてみたい。

3　政権交代の諸条件は整っている

まず大前提として確認しておきたいことは、日本において政権交代メカニズムがいまだ始動するに至っていないのは事実ではあるが、そのための諸条件はほぼ整ってきているということである。

実際、戦後一貫して政権交代メカニズムを機能不全にしていた障害がほとんど取り除かれてきている。冷戦時代の野党、いわゆる革新勢力は、民主主義と市場経済という西側社会の基本的前提に関して国民の信頼を得られず政権選択肢たり得なかったが、冷戦終結によって、国内冷戦構造も消滅した。今や共産党ですら、安保条約と自衛隊の現状維持を前提とした政権参加の可能性を表明するに至っている。そして何よりも、細川非自民連立政権の経験が、自民党以外の政党でも十分政権が担当できるということを示し、日本の有権者の政権交代への根深い恐れをほぼ消滅させた。さらに、その政権の下で、有権者に直接的な政権選択権を与える小選挙区制の導入が実現された。

その後、小選挙区制を基調とした新しい選挙制度の下で、九六年、二〇〇〇年と二度の総選挙が、少なくとも潜在的には政権選択選挙として行われた。一九五八年の一度を除いて定数の過半数の候補者を立てることすらしなかった旧社会党とは違って、新進党も民主党も、三〇〇小選挙区のうち二百数十に候補者を擁立し、一応は政権を目指す体制で戦った。

結果的には二度とも自民党が政権を維持したことによって、政権交代メカニズムの始動は持ち越されたままである。しかし、そこでの政権交代の欠如が、もはや構造的なものではなく条件依存的なものに変容していることは見落とされてはならない。こうして、問題は、「選挙で勝てる野党」の構築という一点に絞られてきているわけである。

このような日本政治の底流を考えれば、二〇〇二年時点で、熱病のような小泉ブームが多少沈静化してきた中で、再び「民主党問題」が浮上してきたのは当然のことと言えよう。

民主党がその歴史的課題になおも挑戦しようとするなら、明確な政権戦略を確立した上で、その遂行を最優先した党の体制構築と政権政策作りを行うことが不可欠である。しかも、それを依然として衰えを見せない小泉旋風の真っただ中で行うことが求められていた。

4　まずは野党連合構築の努力を

二〇〇一年四月の政権発足以後の数カ月の小泉首相の言動を見てきて、二つのことがはっきりしたと考える。小泉首相は頑として構造改革という基本路線を捨てるつもりはないということと、しかし同時に、抵抗勢力が牛耳る自民党を割って出るつもりはなく、自分の方が自民党自体を変え得ると考えているということである。

当初は私自身も、民主党にとっては、小泉首相の改革路線に徹底して協力することによって自民党分裂、政界再編を狙うという政権戦略には一定の可能性があると考えていたが、その段階は終わったように思う。二〇〇四年参議院選挙勝利から解散・総選挙へという本来の政権戦略に戻るべきだろう。「日本は政権交代でしか変わらない」「自由民主党・小泉政権に対して対峙・対抗し、政権交代を目指していく」という基本方針を打ち出した民主党の決断は妥当だと考える。

ただ、その上で、民主党内でも、民主党単独での総選挙勝利を目指すのか、それとも野党連合を構築し、小選挙区（ないし参院選挙区）での野党候補者を統一して選挙勝利を目指すのかという点で意見が分かれているようである。

私自身はどちらの路線にも一定の可能性はあると考えるが、しかし、最終的に次回国政選挙を前にどちらかを選択するまでの間は、まずは最大限、野党連合の構築のための努力をすべきだと主張したい。二〇〇〇年総選挙において、当時の自民党が、あえて自党の小選挙区現職議員を比例名簿に回してまでも与党三党の候補者の統一を追求したことを思い起こすべきである（私はそれを「与党版オリーブの木」と評した）。民主党よりも支持率が高いにもかかわらずそこまでの手を打ったあの自民党こそが、政権への執念とはどのようなものかを教えてくれている。他方、それに対して劣勢のはずの民主党は、政権獲得を口では言いながら、野党連合構築に真剣な努力をした形跡は全くなかった。結果は、相手があの森首相だったという千載一遇のチャンスをほとんど不戦敗で見送ることになったわけである。

5　二大勢力化こそ歴史的役割

こうした過去を持つ民主党が小泉旋風を相手に単独で総選挙勝利を目指すといっても、それは空文句にしか聞こえない。他の野党にも真剣に連合政権を目指しているのかどうかを疑わせるような点があるのは事実ではあるが、そうした他の野党を変えることも含めて、日本政治の二大勢力化を進めることが民主党に求められている歴史的役割だと受け止めるべきである。自民党批判の有権者の声がばらばらな諸野党へと分散させられて、結果として自民党政権の存続を許すという日本政治の病理を解決することは、自民党に対抗して政権を目指す政党にとって避けて通れない課題のはずである。少なくとも私自身は、その課題への正面からの取り組みがなされるかどうかを民主党の政権への意欲が本物かどうかの判断基準にしている。

より具体的には、民主党は次のような二つの課題に取り組むべきだと考える。一つは、党全体として一つの政権戦略を選択し、それにすべてを賭けて勝負した上で次を考えるという党内体制や戦略中枢を確立するということである。毎回の党代表選挙を、明確な戦略の選択と求心力のある指導者の選出の機会にするべきである。そのためには、実際に存在する意見対立を抑えてうわべの結束を装うよりも、有権者に公開された形で党全体を巻き込んだ路線論争を公然と展開すべきだと考える。その総決算として代表選挙が行われた後は、敗れた勢力も新代表の路線で結束して行動することに双方が合意した上で、ということが条件であるが。

そして政策路線では、明治以来の行政主導の追い付き型近代化体制の限界と先進国共通の「大きな政府」の終焉が重なっている日本では、「自由主義的改革」が当分の間、与野党共通の課題にならざるを得ないが、社会民主主義勢力を含む民主党が自由主義的改革の担い手として小泉首相率いる自民党との競争に勝てるかどうかという問題がある。

確かに、小泉首相が試みている自民党全体の改革勢力への改造も絶望的なほどの難事ではある。そして、一方で、ニュージーランドやオーストラリアのように、保守党ではなく中道左派勢力が自由主義的改革を主導した前例もある。

果たして民主党は、小泉首相の構造改革路線と比べてより信頼性があり、より魅力のあるもう一つの自由主義的改革構想を打ち出し、戦後政治で初めての「選挙で勝てる野党」となることができるのだろうか。それとも、保守党政権が一八年続いた後にようやく出番をつかんだイギリス労働党のような長い雌伏の時期を余儀なくされるのであろうか。仮に後者の展開になったとしても、総選挙のたびに大胆な自己改革と新たな指導者選出によって政権に挑み続けた積み重ねの上にこそブレア新労働党の勝利が可能になったことから民主党が教訓を学ぶことができるならば、日本の有権者も民主党の存在意義を認めるようになるであろう。

第7章　マニフェストと政権選択選挙
――二〇〇三年総選挙とその後

1　総選挙に向けた野党の政権戦略

二〇〇三年半ばの時点で衆議院の任期満了まで約一年となり、いつ解散・総選挙が行われても不思議ではない状況となっている。しかし、他方で、次の総選挙が日本政治の流れの中でどのような意味を持つのかについて、明確な共通認識が形成されていないような印象が強い。

次の総選挙は政治改革による新しい選挙制度での三度目の総選挙になるわけであるが、政治改革が何を目指したのかということ自体が忘れられかけている現状では、政治改革の狙いを結実させる三度目のチャンスだと言っても現実味は乏しくならざるを得ない。

さらに、小泉政権という極めて異例の政権が誕生したことによって、何を問う総選挙なのかが分かりにくくなっている面も大きいと思われる。つまり、小泉構造改革路線をめぐって、自民党内部の推進派と抵抗派の角逐が日常的に演出されている中で、与党連合対野党連合という次期総選挙の構図の意味が極めて分かりにくくなっているのである。

特に「小泉純一郎総裁が率いる自民党」という矛盾した存在について、それを支持するとか支持しないとかいうことの意味がはっきりしないのである。

もちろん、「小泉首相は自民党の枠を壊せないことは既に明らかだ」という野党側の批判も分からないわけではない。しかし、国民の小泉政権支持率が依然として五〇％前後に上っていることが示すように、小泉政権による改革の限界が国民の目に明らかになっているとも言い切れない。

いずれにしても今度の総選挙において問われるべき最大の争点は、二年間の小泉政権をどのように評価するかであることは疑問の余地がないが、それと重ねて、約一〇年前に行われた政治改革（選挙制度改革）の狙いを結実させるかどうかという問題が問われている、というのが私の主張である。

野党の側について言えば、小泉政権の是非について問うだけではなく、小選挙区制導入が目指した「政権交代のある民主主義」への転換の是非をもそれと重ねて争点として打ち出すべきだということになる。与党の側も、そのような転換を受けて立つ用意があるかどうかが問われる。

本節では、政治改革以降の約一〇年間の流れを振り返りながら、次の総選挙の意義を再確認するとともに、そうした意義を実質化するためにも、特に野党連合に求められる課題が大きいことを論じたい。

腐敗防止に加え政治主導が狙い

政治改革ないし選挙制度改革（衆院への小選挙区比例代表並立制の導入）から一〇年を経てかなりの風化が感じられる現在、まず、その本来の狙いを再確認しておく必要があるだろう。もちろん、その狙い自体が政治的対立の焦点になったことは周知の通りなので、私なりの理解においてということにならざるを得ないが。

小選挙区制の導入を目指した側の第一の狙いは、「政権交代のある民主主義」の実現によって、カネの問題を中心とする政治腐敗を防止するということだった。政治改革反対派は、政治倫理法による罰則強化で政治腐敗を防止すべきだと指摘したが、政権交代メカニズムが機能することによる緊張感こそが政治腐敗防止のためにも有効だというのが改革派の主張であった。

なお、小選挙区制の下では政権交代が起こりやすいと主張されたのに、その後政権交代が起こっていないではないかという批判があるが、小選挙区制の下では有権者の相対多数が政権交代を望んだ場合にはそれが実現されやすいというのが正確な理解である。一九九六年、二〇〇〇年の総選挙では自民党の得票率が最も高かったのだから、政権交代が起きなかったのは当然であり、それは有権者の選択にほかならない。

政治改革はリクルート事件、佐川急便事件、建設談合事件などを背景にしていたわけであるから、右のような政治腐敗防止が狙いであったことは当然であるが、実は、より重要な狙いとして、第二に、首相・内閣を中心にした政治主導の確立と強力安定政権の実現があった。

これは、小沢一郎を中心とする自民党内改革派の狙いだったが、彼らの内閣不信任案賛成、離党、新党結成が政治改革を実現させた最大の要因であっただけに、政局的な意味からも重要であった。

小沢たちは、小選挙区制によって、サッチャー政権やレーガン政権のような強力な新保守主義政権を実現することを目指したのである。

実は小選挙区制は、他方で強力な社会民主主義的政権を実現するチャンスをも提供するものであったが、当時の野党にはごく一部を除いてそのような認識はなかった。この点は、私が、イタリアで共産党＝左翼民主党が小選挙区制導入の先頭に立ち、結果としても、九六年総選挙においてついに同国初の中道左派政権を誕生させたことを紹介しながら本書でも指摘してきた点である。

新制度の長所生かされず

私自身もこの第二の狙いを重視するが、ここで補足しておきたいのは、そのような政治主導や強力安定政権が可能になるのは、まさに小選挙区制においては有権者が直接に多数派＝政権を選択することができるからだということである。同時期に行われたイタリアの政治改革（九三年八月可決）においては、小選挙区制導入の狙いとして、まさに有権者に政権選択権を保障するという点が前面に押し出されていた。

イタリアでも、イギリス政治がモデルとされていたが、例えば保守党と労働党がそれぞれの首相候補とマニフェスト（政権公約）を明示し、各小選挙区におけるその代表として公認候補を擁立する態勢が整えられれば、有権者は小選挙区でどちらの候補者に投票するかを通じてどちらの政権を選択するかの直接の意思表示が可能になる。

その結果、全国的に多少とも上回った政党が、得票率の差以上の多数の議席を獲得して、議会の安定多数を背景に強力安定政権を運営しつつマニフェストを次々に実現していくことになる（逆に言えば、任期中に実現できなかった場合の責任もすべて負わざるを得ないということになる）。

日本においては、有権者の直接的政権選択権の保障という小選挙区制の長所がほとんど説明されず、政治家にも有権者にも十分理解されなかったことが、政治改革の過程自体を困難なものにしただけでなく、その後の小選挙区制総選挙のあり方を大きく制約したと言わざるを得ない。

小選挙区制は選挙区が狭く一人を選ぶのだから人柄で選ぶべきだ、などという解説がまかり通っていたことが思い出される。たくさんの人柄の良い議員によって構成される議会ができても、その後どのような法律や予算を可決するのか全く分からず、有権者の白紙委任になってしまうことは明らかであろう。

いずれにしても、政治腐敗の防止を目的にしていたはずの政治改革が選挙制度改革にわい小化されたというたぐいの論評は全くの的外れである。こうした論評は、戦後一貫して自民党単独政権の下で政権交代メカニズムが構造的に機能不全にあった日本において、小選挙区制が有権者の政権選択権を初めて実質的に保障し、「政権交代のある民主主義」を実現する可能性があることを理解しないという致命的問題点を持っていることを確認しておきたい。

指導力発揮のための制度改革

とはいえ、そのような小選挙区制型の民主主義を実現するためには、もちろん、小選挙区制の導入だけでは十分でない。

有権者の政権選択によって、事実上直接に選ばれた首相と明確な政権政策を中心にした議会の安定多数与党が形成されたとしても、その後の政権運営において政権政策を着実に実現していくためには、与党の代表としての首相、閣僚、内閣が行政に対する主導権を持つことが不可欠である。

まさにこの点で、行政主導の強い伝統を持つ日本においては、小選挙区制型民主主義の実現は極めて困難な障害に直面することとならざるを得ない。

しかし、実は、小選挙区制の導入に引き続いて、行政に対する政治主導の実現に役に立つと思われる一連の制度改革が行われてきている。このことは政治主導の条件を整備するものであるだけでなく、政治家、政党の中に小選挙区制型民主主義を実現しようとする志向が依然として生きていることを示すものとしても注目に値する。

そうした制度改革の中でも最も重要なのは、「橋本行革」で実現した内閣機能の強化である。具体的には、内閣総理大臣の内閣の首長たる地位に基づく発議権の明確化、内閣官房副長官、総理大臣補佐官の増員、内閣官房副長官補・内閣広報官・内閣情報官の新設、総理大臣秘書官の定数弾力化など内閣官房の整備充実、多数の政治任用職の新設、民間委員を含む経済財政諮問会議の設置などが挙げられる[1]。

ただし、現実には、森内閣はともかく小泉内閣においてすら、経済財政諮問会議の一〇議員のうち、閣僚が六人で民間議員は四人にとどまり、事務局も九割が各省庁出身者で占められているという状況である。また、政治任用が可能なポストにも多くは官僚が充てられ、五人まで置ける首相補佐官も三人しかいない[2]。

もう一つの注目すべき制度改革は、副大臣・大臣政務官制度の導入である。これは、大臣が副大臣、政務官などを含めた数人の政治家チームを構成して各省庁に対する政治的指導力を発揮できるようにすることを狙いとするものである。

これについても、小泉内閣になってから大臣を毎年のように代える悪習は停止されたものの、大臣に任命権があるはずの副大臣、政務官が大臣の意思とは無関係に決められており、政治家チームとして機能しにくい状況にある。

このほか、国会の国家基本問題委員会における党首討論の導入や官僚の政府委員としての答弁の廃止なども、政治主導を志向するものと言えるだろう。

機能不全に陥った政党

以上のように、小選挙区型制民主主義ないし「政権交代のある民主主義」に向けた制度的条件の整備はかなりの程度進んできているだけに、それが目に見える成果を生み出さない原因は、それを運用すべき立場にある政党、政治家にあると言わざるを得ない。そして、何といっても選挙による政権交代こそが決定的画期であることを考えるならば、中でも民主党を中心とする野党の責任が決定的に重大である。

特に、九四年、九六年、二〇〇一年と三回の総選挙を重ねたイタリアでは、一〇以上ある政党のほぼすべてが左右二大勢力への帰属を決めて二大勢力化が明確になっているのと比較すると、日本の野党が依然として小選挙区にそれぞれ独自候補を立てて共倒れによって与党を利する愚行を繰り返していることは理解し難い。

九六年総選挙において、共に自民党では行政改革はできないという主張を前面に出していた新進党と旧民主党が都市部の小選挙区で候補者を統一していたら、選挙結果は大きく変わったことは明らかである。

また、二〇〇〇年総選挙においては、低支持率の森喜朗首相を擁して戦わざるを得なかった与党が、小選挙区の自民党現職を比例に回してまでも自公保の候補者を統一したのに対して、またしても民主党、自由党、社民党はそれぞれ独自の候補者を立てて千載一遇とも言うべき政権獲得のチャンスを逃してしまった。

政党支持率を見れば、野党連合さえ成立するならば政権交代の可能性は十分ある状況が続いているだけに、首相候補と政権政策を共有する政党連合を形成することのできない野党の政治的無能力が際立つ。

中でも、九六年の新進党が、少なくとも首相候補を明示し、「五つの契約」というマニフェストを意識した政権政策を出して、ともかくも小選挙区制型の戦い方をしたことと比較すると、二〇〇〇年の民主党が首相候補すら明示せず、本音では自党の議席を多少増加させることを目標にして戦ったことの責任は極めて重大であった。

加えて、二〇〇一年春に誕生した小泉政権が、自民党内部での改革派と抵抗勢力という構図を政治の主要問題として演出することに成功し、野党の存在意義を希薄化させたことが事態をさらに深刻化させた。こうして、政治改革の結実にとって残された課題は、機能不全に陥っている政党が再生して本来の役割を果たせるかどうかに集約されていると言ってよい。

有権者の期待を認識すべし

政治改革以後の経過を以上のように理解するならば、実は、事態の打開策ははっきりしている。首相候補と政権政策を統一した民主党、自由党、社民党の政党連合を形成して、小選挙区の候補者をすべて統一することに尽きる。

民主党と自由党との合併協議（〇三年七月二三日の党首会議で最終合意）は紆余曲折をたどったが、本来、政党連合すら形成できない政党同士が唐突に合同することで有権者の信頼が得られるわけがない。四年ごとの政権契約とその達成を積み重ねて初めて、合同の条件も整う可能性がある。政党連合で選挙に臨むべきところで無理な新党結成を繰り返してきたことこそが、かえって有権者の政党への信頼性を損なってきたことを認識すべきである。

選挙戦術として現実的に考えても、民主党、自由党、社民党はそれぞれ独自の比例名簿を提出した方が全体としての得票は増えるだろうし、事前の協議によって小選挙区の統一候補者を配分、調整しておくならば、野党全体としても各党としても獲得できる小選挙区議席は増えるだろう。

そして何よりも、野党のままで自党の議席を一定数確保するなどということはもはやその政党の支持者ですら望んではおらず、政権交代こそが多くの有権者の期待であることを認識し、政権獲得という政党本来の責務を果たすことを最優先すべきである。

また野党連合として、政治改革を結実させるために政権交代が不可欠であることを正面から訴えることは、地方自治体の首長選挙などを通じて政権選択のだいご味を味わいつつある有権者にとっても強い魅力になり得る。

首相候補の直接討論が決定打

報道によれば、二〇〇三年春の統一地方選挙で試みられたローカル・マニフェストの運動を受け、民主党にとどまらず自民党もマニフェストを提示して次の総選挙を戦う方針だとされる。公明党も独自にマニフェストを作成するなどという理解し難い報道もあるが、与党連合と野党連合がそれぞれ統一した首相候補とマニフェストを掲げて小選挙区候補者を統一して戦うという小選挙区制本来の選挙戦が実現する可能性はかなり高くなっていると判断してよいだろう。

最後に提案しておきたいのは、テレビで二人の首相候補同士のマニフェストをめぐる直接討論を放映することが、おそらくは政権選択選挙を実現する決定打となるだろうということである。

2　はじめてのマニフェスト型総選挙

二〇〇三年一一月総選挙のキーワードが、「マニフェスト（政権公約）」であり「政権選択」であったことは周知の通りであるが、それはかなりの程度、21世紀臨調やマスコミがあえて仕掛けた運動という側面があった。それだけに、終わった時点から振り返るに当たっては、政権選択選挙がどの程度実質を持ったものになったのかを改めて確認することが不可欠である。本節では、その問題を中心にして総選挙結果を検討した上で、二〇〇四年夏の参院選をも意識しながら今後の日本政治の見通しや課題を論じることにしたい。

移行は事実上実現

政権選択選挙がどの程度実質化したかという問題は、自民・公明・保守新三党による小泉政権か、民主党を中心にした菅政権かという今回の政権選択に関して検証すべき問題であることは当然であるが、同時に、これまで有権者も政党も政権交代を想定しない総選挙しか経験してこなかった戦後政治がどの程度転換したのか、毎回の総選挙が政権選択選挙の性格を持つようになる「政権交代のある民主主義」への移行がどこまで来たのか、という問題とも不可分である。

今回、政権交代が起きていたならば、同時に「政権交代のある民主主義」への移行についても疑問の余地がなかっただろうが、投票率の伸び悩みもあってそこまではいかなかった。しかし、私自身の評価をあらかじめ示しておくならば、二〇〇三年総選挙は、政権交代こそ起こさなかったものの、「政権交代のある民主主義」への移行は事実上実現し、「一九五五年体制」に代わる新しい政治システムの骨格を浮き上がらせるものになったと考えている。

マニフェスト運動の成功舞台回す

小選挙区制を主体とした現在の衆院選挙制度が導入されたのは一九九四年の細川「非自民」連立政権の下であった。

その際の問題点の一つは、ほぼ同時期に同様の内容の選挙制度改革を行ったイタリアにおいて、小選挙区制導入の中心目的は有権者の政権選択権の保障であるという議論が広く展開されていたのに比較して、日本においては、自民党候補同士の利益誘導合戦になりがちな中選挙区制の弊害を除去して、政策本位、政党本位の政治を実現するなどの目的は掲げられながら、有権者の政権選択権という議論はほとんど見られなかったことである。

そのために、新しい制度での第一回総選挙（九六年）でも、第二回総選挙（二〇〇〇年）でも、直前に21世紀臨調（民間政治臨調）などが、主要政党は事前に政権選択肢（首相候補と政権政策）を示すことによって有権者の政権選択の機会をつくるべきだという提言を繰り返したにもかかわらず、政権選択選挙を実現しようという動きは、政党からも、マスコミからも、有権者からも盛り上がらなかった。

例えば、私自身も関与した二〇〇〇年六月六日の臨調提言「政治家と有権者の共同作業――総選挙を意義あるものにするために」では、「政権選択選挙」と「業績投票」をキーワードとして提起しつつ、「政権をねらう政党（ないし政党連合）は、次の任期中に実現できる政権政策とその最高責任者としての首相候補を明示して選挙に臨み、選挙によって選択された枠組みに従って活動しなければならない」と提言していた[3]。

このような経過があっただけに、今回、小選挙区制が想定するような政権選択選挙を実現しようとする動きがこれほど広範に展開されたこと自体、画期的なことであったと言わなければならない。

こうしたマニフェスト運動において中心的な役割を果たしたのは、二〇〇三年六月一八日に新発足した21世紀臨調の七月七日の提言「政権公約（マニフェスト）に関する緊急提言」を中心とする諸活動であった。新生21世紀臨調の共同代表には、佐々木毅教授、西尾勝教授に加えて、二〇〇二年一〇月に提言「首相のリーダーシップの確立と政策本位の政治の実現を求めて」において「政権政策集（マニフェスト）」の提示を政党に要求していた経済同友会の副代表幹事の茂木友三郎、二〇〇三年一月に統一地方選挙に向けて首長候補にローカル・マニフェスト提示を呼び掛けた前三重県知事の北川正恭が加わっていた。

小泉首相の積極姿勢も奏功

この提言がマスコミ各社によって広範に受け止められて選挙報道の基調になったこととともに、民主党が自由党との合併と合わせてマニフェストをてこに政権への挑戦をアピールする戦略に踏み込んだことや、自民党内の小泉応援団ともいうべき国家戦略本部の議員たちが自民党内でマニフェスト作成に向けて粘り強い活動を展開したことなど、二大政党にまたがった運動が展開されたことが大きかった。

そのおかげで、選挙直前の国会でマニフェストの配布を可能にする公選法改正が通過し、自民党も含めて各党がマニフェストを提示するというところまで到達し得たわけである。

最後に、与党のトップである小泉純一郎首相が、当初は慎重な態度を見せながらも最終的には民主党とともに政権選択選挙の土俵に立つ決断をするという度量を見せたことが決定的だった。無党派層対策という意識や党内抵抗勢力に対する武器になるという読みの故であるとしても、他の自民党首相では困難な決断だったと思われる[4]。

こうした運動成功の背景には、政治改革以後の一〇年の政治的混迷に失望しつつも、数値目標入りで政権政策の内容を明示して選択を実質化するとともに、任期後の達成度の検証も可能にするマニフェストの中に小選挙区制の可能性を察知した有権者の成熟があったと思われる。

さらに言えば、有権者の五割を超える無党派層にとっては、直ちに政党支持の決定を迫るのではなく、まずは総選挙ごとに四年間の政権の選択をしてはどうかというマニフェスト運動の趣旨が受け入れやすかったと考えられる。そうした政権選択の積み重ねの中で、有権者もまた徐々に二大政党化していくというのが、日本における政党政治の再生の現実的なシナリオであろう。

民主進出、都市に加え郡部も

二〇〇三年総選挙の結果については、第一に、小選挙区での得票率において明確な二大政党化が示されたことに注目したい。

九六年は、自民党三八・六％（一六九議席、小選挙区のみ、以下同じ）、新進党二八・〇％（九六議席）、民主党一〇・六％（一七議席）という二・五極構造となり、得票率で自民党と並ぶ新進・民主連合が成立しなかったことが自民党の勝利をもたらした。

二〇〇〇年は、政党連合を組んで候補者調整にまで踏み込んだ自民、公明、保守が合計で四五・〇％（一九一議席）だったのに対し、野党は全く連携できず、民主党二七・六％（八〇議席）、社民党三・八％（四議席）、自由党三・四％（四議席）、共産党一二・一％（議席ゼロ）で惨敗した。野党全体で四六・九％の得票があったにもかかわらず与党連合が勝利したのは、与党の徹底した候補者統一と野党分裂のおかげ以外の何物でもない。

ところが二〇〇三年は、自民、公明、保守新が合計で四六・六％（一八一議席）に対し、自由党と合併した新民主党は三六・七％（一〇五議席）で、ある程度の候補者調整を行った社民党を加えると三九・六％（一〇六議席）であった。

例えば、サッチャー以前の戦後イギリス総選挙を見ると、保守党、労働党の二大政党対決で、勝った方の得票が三八％から四九％程度で、負けた方の得票が三六％から三七％程度なので、今回の総選挙は十分勝負になった上での与党勝利と言ってよい。

また、自民党は比例代表では三五・〇％にとどまり、小選挙区では公明党の比例票一四・八％のほとんどを回してもらって辛うじて勝ったことを考えると、共産党の得票を加えると野党得票合計が四七・七％となって与党合計を上回っていることは注目に値する。比例票で言えば自民党の三五・〇％を超える三七・四％の野党第一党が誕生して野党連合の基軸ができたわけで、残る問題は野党連合の構築に絞られてきたことは明らかである。

これに関連して、共産党が小選挙区での得票を前回の七三五万から今回の四八四万に大幅に減らしていること、朝日新聞の出口調査によれば、小選挙区で民主党に投票する共産党支持層の割合が前回の九％から今回の一七％に増えていることなどを考えると、共産党支持層が共産党に先駆けて政権選択選挙に参加し始めていると言うことができる[5]。

日本と同様の選挙制度を九三年に導入したイタリアの事例では、中道右派は穏健化した旧ネオファシスト政党をも含めた最大限の政党連合を形成し、中道左派も共産党の左翼民主党への転換に反対した共産主義再建党をも含めた最大限の政党連合を形成して戦っているので、九六年総選挙では四二・

三%対四〇・三%で中道左派が勝利し、二〇〇一年総選挙では四五・四%対四三・七%で中道右派が勝利するという際どい勝負が繰り返されている。

日本においても、与党三党と野党三党ないし四党の合計得票率を比べれば、二〇〇〇年は四五・〇%対四六・九%、二〇〇三年は四六・六%対四七・七%で、イタリア並みの政党連合が形成されていればいずれも野党の勝利となっていたことが分かる。

なお、政策的に見れば、公明党が民主党でなく自民党と連合する必然性は乏しいので、公明党の移動によって政権交代が起きる可能性も否定できないが、自民・公明連合の解消はここ数年の連立政権参加の経過からしてかなり難しいと言わざるを得ないだろう。

第二に指摘すべき点は、森喜朗首相の不人気で厳しかった二〇〇〇年に比べて、自民党は都市部に多い無党派層の支持をより集められるはずの小泉・安倍（晋三）コンビで戦ったにもかかわらず、二〇〇一年の参院選で東京、神奈川、愛知、大阪などで得票率を大きく伸ばしたのとは対照的に、二〇〇三年は民主党とほとんど互角の結果となり、二〇〇〇年総選挙よりも悪い結果にとどまったということである。

大都市部の小選挙区での自民党・公明党・保守新党と民主党・自由党との獲得議席数を二〇〇〇年と二〇〇三年について比較すると、東京では二〇〇〇年が九対一三で二〇〇三年が一三対一二、南関東では二〇〇〇年が一八対一三で二〇〇三年が一七対一七、東海では二〇〇〇年が一七対一五で二〇〇三年も一七対一五、近畿では二〇〇〇年が三三対一〇で二〇〇三年は二七対二〇となる。合計すると、二〇〇〇年が七七対五一だったのに対し、二〇〇三年は七四対六四となって、差は大幅に縮まっている。

小泉政権は、もともと、改革路線で都市部の無党派層や一部民主党支持層を引き付けると同時に、抵抗勢力の基盤である地方における伝統的自民党支持層をも維持することで高い支持率を実現していた。

小泉政権は、改革の実行が自民党の地方の支持基盤を解体させるという深刻な矛盾をはらんでいたわけだが、登場直後の二〇〇一年参院選挙では、それが表面化せずに都市でも地方でも票を集めることができたと見るなら、矛盾が表面化することによって二〇〇三年総選挙では都市でも地方でも吸引力が落ちたと見るべきだろう。

自民党が議席数では圧勝した地方農村部でも、いわゆる一区現象だけにとどまらず民主党が自民党候補に肉薄する選挙区が増え、場合によっては逆転するケースさえ出ている。

小泉政権の二年半を経たこうした二〇〇三年総選挙の結果を踏まえて考えれば、マニフェストによる国民との契約の縛りも加わって、小泉首相としては改革路線をさらに推進するしかない一方で、それによって支持基盤を解体される党内抵抗勢力や各種団体からの抵抗は強まらざるを得ないだろう。

小泉内閣が都市部の支持をどの程度拡大し、かつ地方の支持をどの程度維持できるかという綱渡りを余儀なくされることは明らかである。もちろん、その成否は、民主党の側が都市での支持を大幅に拡大しつつ、かつ地方の支持をもさらに拡大するというこれも矛盾をはらんだ戦略をどの程度実行できるか次第でもある。

いずれにしても、参院選において自民党は伝統的に各種団体の支持に頼る程度が高かったことを考えれば、二〇〇四年夏の参院選が小泉政権にとって二〇〇三年総選挙以上の厳しい試練になることは確実である。

新しい政治体制確立への課題

以上で見てきたように、九三年の非自民政権の誕生とその下での小選挙区制の導入によって、自民党と社会党の一カ二分の一政党制とも言われ政権交代が構造的に機能不全であった五五年体制の崩壊が決定的になりながら次の政治体制が見えないという一〇年に及ぶ過渡期が、ようやく収束しつつあることを示したのが二〇〇三年総選挙であった。しかし、二大政党ないし二大政党連合による「政権交代のある民主主義」が決定的に確立するまでには、まだかなりの課題が残されている。そのうちの何点かを指摘して本節の結びとしたい。

小選挙区制型民主主義の理解を

まず、これほどの政権選択選挙を経験したことを生かして、政党や政治家も、マスコミも、有権者も、それぞれ小選挙区制の本来の狙いや、中選挙区制や比例代表制が想定するものとは質的に異なる小選挙区制型民主主義について、より理解を深めることが不可欠である。政権選択の民意を明確にするためにあえて得票差に比べて議席差を拡大するのが小選挙区制の狙いであるにもかかわらず、依然として政党選択の民意にこだわって死票の多さを問題にする議論が残っている。

それに関連して、小選挙区制では小政党やそれを支持する民意が反映されないという議論も再考を要する。イタリアの事例が典型的に示しているように、小選挙区制では小政党の票の行方が二大勢力の獲得議席、つまりは政権の帰趨を大きく左右する重要性を持つが故に、かえって事前の統一マニフェストに独自の政策的主張を反映させる発言力が持てるのである。日本の社民党や共産党にも、非自民政権や「政権交代のある民主主義」の実現という課題さえ共有できるならば、同じような可能性が存在しているのである。

これら以外にも、今回も二人の首相候補同士の直接討論の場を設定できなかったマスコミが、中選挙区制的平等主義（全政党の党首討論へのこだわり）を脱却できるかどうかという問題や、そもそも政権交代を阻止する意図で日本国憲法に導入された二院制の問題点（政権交代の過程で必ず衆参のねじれが起こって政権がまひしかねないこと）を与野党の合意によって処理できるかどうかという問題がある。

これらを解決しつつ「政権交代のある民主主義」を確立するまでの仕上げは、まさに与党、野党、有権者、さらにはマスコミや研究者も含めた国民全体の共同作業とならざるを得ない。二〇〇三年総選挙は、その土台となる貴重な国民的体験であった。

3　マニフェスト選挙をどのように引き継ぐか

マニフェスト選挙後の三つの問題

マニフェスト（政権公約）の登場によって、二〇〇三年一一月総選挙が従来なかったほどに政権選択選挙としての性格を強め、結果として、自民党と民主党による顕著な二大政党化をもたらしたことについては、前節で確認した通りである。

そうした結果の評価についてはその後も依然として意見の対立が存在するが、私自身は一〇年におよぶ政治改革運動の画期的な成果だと考えているので、本節では、そのようなマニフェスト選挙、政権選択選挙の成果をどのように今後に引き継いで、一応の最終目標である「政権交代のある民主主義」の始動へと繋げるかという課題をさらに検討することにしたい。

その際、特に重要だと考えている論点は三つある。一つは、はじめてのマニフェスト選挙によって、総選挙自体が政権選択選挙という性格を強める方向で変化しただけに、当然ながら総選挙後の与党による政権運営もまたマニフェスト型に転換することが必要であるのだが、そのような転換の兆しが表れているのかどうかという問題である。

もう一つは、衆議院の優越を前提に、政権選択選挙としての総選挙から次の総選挙へという四年のサイクルを軸に今後の政治システムを構想することは正当だと考えるが、だとすれば、そこにおいて参議院ないし参議院選挙はどのように位置づけられるべきかという問題である。

三つ目は、二〇〇三年総選挙においてようやく二大政党の一つとしての地位を得た民主党が、「政権を狙う野党」としての体制と戦略を確立できるかどうかという問題である。当然ながら、政権交代の主役は野党第一党以外ではありえないからである。

地方自治体におけるマニフェスト型政権運営

マニフェストは、選挙を政権選択の機会とし、有権者の政権選択権を実質化するための有力な手段であるが、それだけに、選挙後は、マニフェストを軸とした政権運営が行われることが不可欠である。そうでなければ政権選択は選挙の時だけの名目的なものになるし、四年後のマニフェストの検証も意味を失い、有権者の政権選択権は空洞化する。

その意味で、マニフェスト型の政権運営とはどのようなもので、それがマニフェストを掲げて政権を獲得した首相や首長たちによってどの程度実践されているかというのは、きわめて重要な検討課題である(6)。

国政レベルでの状況を論じる前に、二〇〇三年春の統一地方選挙でいち早くマニフェストを掲げて当選した二人の市長(ともに三期目)にインタビューする機会があったので、それを紹介しておきたい。

結論から言えば、もともと政治的リーダーシップが強いタイプの市長だからこそマニフェストの有効性を直感して提唱直後に掲げる決断をしえたのであり、選挙後もそれを使いながらさらなるリーダーシップの強化を進めつつあるというのが二人の市長の共通の特徴であった。特に、従来は財政課が掌握していた予算査定権を徐々に市長の手に奪回しつつあることが印象的であった。

まず、岐阜県多治見市の西寺雅也市長の場合は、二〇〇〇年に策定していた総合計画の骨格に「持続可能な地域づくり」という新たな柱を付け加えたマニフェストを掲げ、当選後は早速それらの実現のための体制を整備している。特に注目されるのは、夏の予算編成時に、市長自ら約九〇人の課長と個別に面談して、マニフェストの項目に照らして来年度の事業案や予算案を検討するという形でリーダーシップを発揮していることである。その際には、課ごとに、総合計画とマニフェストの記述と対応させて来年度事業案、予算案が記入されたシートが用いられていた。

他方、教育改革では全国でも先進的な試みを行っている愛知県犬山市の石田芳弘市長は、それまでの二期の間に、信頼できる部長レベルの幹部を育ててきたことを自負しており、むしろ部長たちにマニフェストを中心とする自らの方針を徹底したうえで枠予算を任せる形でリーダーシップを発揮していた。一期目には、行政組織のなかで下から積み上げられてきた予算案には、市長が動かせる部分がきわめてわずかしかなかったというが、現在では、選挙によって市民から選ばれたことを最大の根拠にして、部長を通じて行政職員に対して強力な指導力を行使している印象を受けた。

ともに一〇万人前後の自治体なので、市長の指導力は相対的に発揮しやすいとはいえるが、それだけに、マニフェスト型の政権運営の原型をわかりやすく示してくれている。これらと比較して、小泉首相の政権運営においてマニフェストは首相・内閣主導を実現する武器としてどの程度活用されているのであろうか。

改革か政権維持か

この点に関しては、二〇〇三年一月二三日の衆議院予算委員会において、小泉首相と菅直人民主党代表との間で興味深いやり取りがされている。菅代表は「官僚主導の予算編成から閣僚主導の予算編成へ」という問題について次のように質問した。

「私も厚生大臣をやったからよく知っています。大体何%引き上げるか引き下げるかしか書いていません、今の説明書には。基本的には、各部局から、各省から上がってきたものを、それを大蔵省、今の財務省の主計が調整して、そして原案をつくって、最後の場面では、お役人に拍手をされて、皆さんも出たことありませんか、復活折衝とかいうものに。私が役所の、税金を一つでもたくさん、むだでもいいから使わせるようにしてみせますといって拍手で送られて復活折衝をやる。お役人の仕立てた猿芝居に乗っているだけじゃないですか。

少なくとも、イギリスの予算の編成は、閣内に予算の小委員会をつくって、閣僚が中心になって、来年度の予算総額をまず決めます。各役所の配分は、まだ最初は決めません。そして、その次に各役所の配分を決め、そして具体的なものにおろしていく、当たり前のことです。」

これに対して小泉首相は次のように答えている。

「イギリスとは違いますが、現在、日本におきましては、経済財政諮問会議というのがありまして、これは小泉内閣になってからできるだけ活用しているようにしておりますが、大枠はやはりこの経済財政諮問会議で決めて、そして、あとは自民党なり与党と相談していく、各役所と相談していくという方法をとっております。

これは、余りやるとまた独断専行と言われますし、党に相談すると丸投げと言われますから、どっちをやっても批判されますけれども、日本は日本的な方法がありますが、いずれにしても、財政状況厳しい中、あれもやってあげます、これをやってあげますという状況ではありませんので、大方針というのはやはり政治の主導で決めて、あと、個別の問題につきましては、いろいろな専門家なり識者なり党なりと相談していく方法がいいのではないかと思っております。」

実際、森首相の時代にはほとんど影響力の見えなかった経済財政諮問会議が、小泉内閣になってから財務省と緊張関係を孕むほどに影響力をもつようになっていることは事実である。そして、いわゆる「骨太の方針」の内容が自民党のマニフェストに盛り込まれ、それが経済財政諮問会議の立場を強化するという相乗効果も一部みられるようである。

しかしながら、小泉首相の政権初期三年間の言動をみての印象は、有権者やマスコミに向けての指導力の演出にはきわめて熱心で有能でもあるが、その指導力は特定の政策自体を実行させるためには行使されないのではないかというものである。

典型的な事例は道路公団改革であるが、外部に向けて改革を主張するのに比して、国土交通省に対して具体的な指示を徹底したようにはとてもみえない。これは田中一昭委員長代理の証言によっても明らかである。

「やはり、最大の責任者は小泉総理である。なにしろ小泉改革というキャッチフレーズがありながら、肝心の改革がまったくの『骨抜き』になるのを、ただ黙って見ていたのだから、その罪は重い。」

「さらに悪いことには、改革のイメージがないままに、道路族・国交省が描いた『偽りの民営化』構想に易々と乗ってしまった。もしかしたら、改革のイメージを持ちながら抵抗派に屈してしまったのかもしれないが、それならなおのこと問題だ。中曽根改革にみるとおり、総理大臣は強力な指揮権が持てる存在なのだから、自分のイメージどおり進めようとしないこと自体が罪なのである。[7]」

私の二〇〇四年時点での率直な評価を述べるなら、小泉首相の中心的な目的は首相の地位をなるべく長く維持しながら自民党内の主導権を掌握することにあり、改革はそれを実現すること自体が目的ではなく、有権者の支持と党内の主導権を維持強化するための手段として位置づけられているというものである。「自民党をぶっ壊す」という当初の発言は、文字通りの意味で受け取るべきではなく、自民党を自らの手に掌握するための武器だったと見るべきなのだろう。自民党を離党して総選挙に訴えるという、ぶっ壊すための最も有力な方法を決して使わないのが小泉首相だということは、何度もあったチャンスを見送ったことですでに明らかだからである。

小泉改革という武器が竹光にすぎないことがだんだんと露呈してくる中で、小泉がいつまで首相の地位を維持して自民党の掌握を強めていくことができるかの見通しは、かなり不透明になってきている。

マニフェスト選挙後の二大政党の対応

そうした小泉首相なりの関心からとはいえ、マニフェストの有用性を認識し、二〇〇四年参議院選挙においても掲げる方針を打ち出したというのは注目すべき動向である。

さらに、運用の実態は不明であるが、二〇〇三年総選挙直後に、政調会長が主宰する重要政策推進委員会が自民党内に設置され、政府との連携を密にしてマニフェストで掲げた重点政策をトップダウンで実行するための組織再編（政調副部会長と政務官の兼務も含む）がなされたことは適切な措置である。(8)

民主党もまた、マニフェストのなかで、幹事長や政調会長の入閣などによって与党と内閣を一元化し、首相官邸に民間人を含む「官邸政策チーム」を形成し、各省大臣のもとにも直属の政策立案チームを置くことで、トップダウンの意思決定を実現する構想を示していた。

選挙後も、「次の内閣」のなかに「マニフェストをフォローアップさせるようなプロジェクトチーム」を設置したり、マニフェストのすべての項目を盛り込んだ民主党予算案を発表して予算審議に望むなどの動きを継続している。

マニフェストを掲げたことで、両党ともに、それを実現するためのマニフェスト型の政権運営システムの必要性を意識せざるをえなくなりつつあることは確認できる。

二院制の原理的問題点

次に、もう一つの論点である二院制ないし参議院の位置づけという問題を取り上げたい。ここには、日本国憲法の改正の必要性にもつながる日本の統治システムの不備があると私は考えている。首班指名、予算などに関する衆議院の優越はあるとはいえ、これほど強力な権限をもつ参議院の存在、さらには解散なしで三年毎の半数改選という選出方式は、端的に言って、政権交代への障害以外の何物でもない。

実際、日本国憲法制定過程で、当初は一院制を考えていたGHQに対して日本側が参議院の設置を要望した背景には、共産主義勢力による政権獲得への恐怖感があったとされる。

その際、日本側で憲法改正問題を担当した松本蒸治国務大臣はホイットニー将軍との非公式会談で次のように述べていた。

「もし一院のみだったら、ある党が多数を得たら一方の極に進み、次いで他の党が多数を得たら逆の極に進むということになる。したがって第二院があれば、政府の政策に安定と継続性とがもたらされる。(9)」

このような体制変革への歯止めは、冷戦時代初期にはそれなりの正当性はあったとしても、一九六〇年代以降は、むしろ自民党単独政権の存続を保証する仕組みとなっていたことは明らかである。幸か不幸か、社会党が事実上、政権獲得を諦めていた（議会定数の半数以上の候補者擁立さえしなかった）ために意識されることはなかったが、九四年の小選挙区制の導入によって「政権交代のある民主主義」への移行が試みられるようになり、さらに冷戦終結を経て、新進党や民主党のように、市場メカニズムと民主主義という自民党と共通の土俵のうえで本格的に政権に挑戦する政党が生まれている現在では、二院制の問題点は避けて通れなくなっている。

簡単なシミュレーションをしてみよう。仮に、二〇〇三年一一月総選挙において民主党が衆議院の過半数を獲得していたとするとその後の展開はどうなっただろうか。

衆議院の優越で首班指名、組閣、予算可決はともかくも可能ではあるが、衆議院の三分の二を持たない以上、法律案はすべて参議院で否決されることもありうる。しかも、参議院での勢力比を変えるチャンスは二〇〇四年七月まで待たざるを得ないし、半数改選なので、二〇〇七年七月まで待たなければならなくなる可能性もある。

こうした事態において、自民党をはじめとする野党は徹底抗戦して政権を追い込む権力を持つわけだが、それをあえて行使しないで是々非々で対応すべきだという提言はありうるが、現実政治のなかでそれがどこまで現実的かは疑わしい。

アメリカのように、政党に党議拘束がないという特殊な条件があるならば、衆議院の多数派が参議院で個別の法案毎に多数派工作をして乗り切れるかもしれない（逆に、衆議院の多数派も切り崩される危険があるので、そもそも議院内閣制が運営不可能になりかねないが）。だからこそ、アメリカでは、たとえばクリントン政権時代のように、大統領が議会で少数派であっても政権運営は可能なのである。

逆にいえば、政党に党議拘束がある普通の国では（そうでなければ有権者は政党、さらには議会多数派＝政権をコントロールできなくなる）、二院制や大統領制は原理的な困難に直面せざるをえないということである。

参議院選挙をどのように位置づけるか

このように考えると、小選挙区制型の民主主義は一院制への制度改革を強く要求するものと言わざるを得ないが、当分前提とせざるをえない現制度のもとでは、参議院ないし参議院選挙をすでに始まっている政権選択選挙のサイクルのなかでどのように位置づけるべきかという難問に、二大政党は共同で取り組まざるを得ない。一つの方向は、衆議院で新たに過半数を得た政党がマニフェストの内容を実現していくことを、少なくとも一定期間は、野党は参議院の過半数を持っていても黙認するという慣行を形成することかもしれない。

逆に、一定期間政権が続いたうえで、参議院選挙において野党が過半数を確保するという事態になった場合には、野党が徹底抗戦をして衆議院の解散に追い込み、そこで勝利することで政権交代を実現するというのもありうる展開である。ただし、その総選挙で与党が巻き返して再度勝利した場合には、野党はもう一度黙認という慣行に従うことを要請されることになる。
とはいえ、ここでいう「一定期間」がどれくらいの期間であるかについては与野党で当然意見が対立するであろうから、二大政党の間でこのような慣行を形成することはとても容易なこととは思われない。しかし、日本の統治システムが前記のような制度的矛盾を抱えている以上、制度改革までの過渡期は、二大政党を中心にすべての政党が何らかの慣行を形成する責務を負っていると言わざるを得ない。

こうした考え方から七月の参議院選挙の戦い方を考えるならば、野党民主党としては、参議院選挙で勝利して過半数を確保した場合には、即時解散総選挙を要求することを明確にしたうえで、新たに練り直したマニフェストを掲げるべきであろう。しかし、その総選挙で敗北した場合には、参議院の過半数を持っていても、与党の政権運営を一定期間黙認することが求められることになる。

自民党もまた、仮に次の参議院選挙で与党として過半数を失ったならば政権運営が不可能になる以上（もはや、野党議員の引き抜きによる多数派工作はルール違反と考えるべきである）、総選挙でのマニフェストを継承したマニフェストを掲げて政権の継続を訴えるべきであろう。そして、参議院で与党ないし自民党として過半数を割った場合（公明党の政権離脱の場合も含む）には、自ら衆議院を解散して新たな政権選択の機会を設定すべきであろう。

日本政治はおそらくは日本国憲法が予想していない未知の領域に入っていると思われるので、きわめて困難な節度が各政党に要求されざるをえないが、逆に言えば、各政党や政治家がそうした困難な問題を共同で解いていく過程に国民の注目を集めることに成功することで、日本政治がさらに一歩成熟する絶好のチャンスともいえるのではないか。

「政権を狙う野党」の条件

第三に、野党第一党の民主党が「政権を狙う野党」としての役割を果たし、実際の政権交代を実現するためには何が課題かという問題を考えたい。

この問題を考えるうえでは、「政権を狙う野党」が戦後の日本政治においては確立したことがないということをあらためて確認しておく必要がある。冷戦時代の野党第一党であった社会党は、衆議院の定数の半数を大きく下回る候補者しか立てずに選挙を戦い、その範囲の議席増を「勝利」と呼ぶなど、事実上政権獲得を諦めてしまっていた。

それに対して、九六年一〇月総選挙において三〇〇小選挙区の八割以上に独自候補を立てた新進党は初めての「政権を狙う野党」としての態勢を示したが、九七年の年末に突如解散によって消滅した。そのことは、結果としては新進党と旧民主党の分裂を解消して九八年春の新民主党の結成をもたらし、二〇〇三年の自由党との合併を経て現在の民主党に繋がっているわけである。

幸いなことに、「政権を狙う野党」という目標が自分たちに課された歴史的使命であることは、民主党のなかでもほぼ共通認識になっていると思われる。たとえば、旧民主党の創立から四年の二〇〇二年一月の民主党大会において、鳩山代表と菅幹事長はそれぞれ次のような発言をしている。

「(民主党は) 二大政党政治の実現から、政権交代を目指して立ち上がった政党でございます。……このような政党はいまだかつて (戦後日本の) 歴史の中でありません。」(鳩山)

「まさに野党としてスタートをして、野党第一党になって、そして選挙によって政権交代ができた政党は、戦後の日本の歴史の中でまだ存在いたしておりません。」(菅)

〇四年五月に新しく就任した岡田克也代表もまた、六月一七日の外国特派員協会での講演で、自らの政治家としての経歴を、「政治改革実現を目指して自民党を離党して以降、現在まで一二年間、一貫して政権交代可能な政党をつくることに力を注いできた」と紹介している。[10]

このような歴史的使命の自覚があったことが、二〇〇三年の総選挙を前にした自由党との合併がスムーズに実現した理由でもあった。そして、その総選挙において、マニフェストを活用して明確な政権選択選挙の構図を実現し、小選挙区での当選者数も自民党の一六八に対して一〇五にまで迫った(比例区の得票率ではわずかに上回った)ことで、「政権を狙う野党」としての民主党の地位はようやく確立したと言ってよいだろう。

「選挙で勝てる野党」という課題

とはいえ、アメリカの民主党にしても、イギリスの労働党にしても、ドイツの社民党にしても、「政権を狙う野党」としての地位が確立していたとしても実際の選挙に勝利して再び政権を獲得するまでには大きな困難があった。一九八〇年代において、それらの政党が選挙での敗北を続けたことは記憶に新しい。

九二年アメリカ大統領選挙におけるクリントン、九七年イギリス総選挙におけるブレア、九八年ドイツ総選挙におけるシュレーダーなどのような勝利しうる指導者の登場はそうした長い雌伏のなかで準備されたのであった。

その意味で、二〇〇四年参議院選挙は岡田新代表が勝利しうる指導者へと脱皮しうるかどうかの絶好の試金石となる。ポストが指導者を大きく成長させる事例は少なくないだけに、岡田にも十分可能性はあると思われる。これまで前面に立ってきた小沢一郎、菅直人、鳩山由紀夫という世代から一〇年前後若い世代の指導者のなかではやはり突出した存在であること、そして岡田よりもさらに十年前後若い世代の指導者たち（前原誠司、野田佳彦、枝野幸男など）の出番までにまだ時間的余裕があることは有利な条件である。

また、右で紹介した外国特派員協会での講演において、自ら、「一度決めたらブレずにやりぬくところから『原理主義者』などと呼ばれていますが、むしろ名誉なことだと思っています」と描写したようなキャラクターも、マスコミ向けのパフォーマンスが鼻に付き始めた小泉首相との対照上、人気を集める潜在的可能性をもっている。その後のインタビューなどで、岡田自ら「愚直」という言葉を繰り返し口にしているのも、そのことを意識しているからであろう。

しかし、以上述べたことは、民主党の課題が代表個人の努力によって解決可能だという意味ではまったくない。

むしろ、民主党という政党が、それぞれの時点で党全体として一つの政権戦略とその先頭に立つ指導者を選択し、それにすべてを賭けて勝負したうえで次の戦略と指導者を選択するという党運営のサイクルを確立することにより、党内に常時、戦略的中枢が存在して機能しているという状況を作り出す必要があるということがポイントである。政権選択選挙の実現が民主党の政治目標であるとすれば、そのためにも、戦略＝指導者選択のサイクルを党内で確立することがその大前提だと考える。

何度かの民主党代表選において、ある程度は指導者選択が行われるようになってきてはいるが、それが同時に戦略選択になっていたかどうかは疑問が残る。戦略の複数の選択肢が明示的に提出されたうえで選択されたというよりは、指導者の選択に重ねられる形で事実上の戦略選択が行われたという程度である。そのために、選ばれた指導者の戦略をめぐってその後も抵抗や牽制が続くこととなり、選ばれた指導者が自らの戦略を体系的に実行したうえでその結果で評価されるというサイクルが機能するまでに至らないままであった。

民主党議員のなかでも、イラク問題、憲法問題などに関して、さらには「大きな政府」の限界露呈と新自由主義の台頭を経たうえでの政府像をどのように構想するかをめぐってかなりの幅の意見の違いがある。それらを統一したり調停したりすることが必要なのではなく、そうした意見分布を前提に、何よりも有権者の支持を広げて選挙で勝利できるような政権戦略案とその基礎となるようなマニフェスト案が複数提出され、そのなかから一つの戦略とマニフェストが選択されることが必要なのである。

その時々の総選挙において、どのような戦略やマニフェストが有効かは試してみなければ分からないわけで、それだけに、特に「政権を狙う野党」にとっては、毎回、意識的に選択した戦略を試みることによって勝利しうる戦略を探り当てる試行錯誤のシステムが不可欠である。不明確な戦略で敗北しても、そこから引き出される教訓も不明確でしかありえないからである。

戦略的意味をもつ共産党問題

最後に、民主党の政権戦略にとって、文字通り戦略的な意味をもちながら党内で正面から検討されたことがないと思われる共産党問題に触れておきたい。

要するに、小選挙区（あるいは参議院選挙における定数一の選挙区）の一議席を自民党が取るか民主党が取るかという構図が鮮明になってきたなかで、民主党が共産党との間で候補者の統一を試みるべきかどうか、という問題である。

冷戦対立構造がすでに終焉している現在では、共産党問題というのはすでに体制選択という意味を失っており、その時々の政権選択選挙に臨む二大勢力の側が、依然として数百万票を集める共産党をどのように位置づけるかという戦略的問題となっている。しかも、二〇〇三年総選挙においてもそうであったが、民主党の得票に共産党の得票を足せば自民党の得票を上回っていた選挙区は相当数に上っている。しかも、共産党の小選挙区獲得議席はゼロであった。

もちろん、これは共産党が他党との連携についてどう考えるかに決定的に依存しているが、少なくとも九八年七月参議院選挙後の特別国会において、首相指名選挙において第一回目から共産党が民主党の菅代表に投票し、同時に、自衛隊と安保条約については現状凍結という条件で非自民政権に加わる用意があるという発言を当時の不破委員長が行ったという事実は存在する。

私自身は、九三年に小選挙区制を導入したイタリアでは、中道右派連合も中道左派連合も、ともに中小政党を最大限に連携相手として獲得することで一議席を争う行動を徹底して取っており、九六年総選挙における中道左派連合「オリーブの木」の勝利も、約八％の共産主義再建党との「休戦協定」（連合には加わらないまま全小選挙区での候補者を統一した）がなければ不可能だったことなどを紹介しつつ、民主党として共産党問題に関して戦略的判断を行うべきだという提案を国政選挙のたびに繰り返してきている。

政治学者の蒲島郁夫も次のように述べている。

「公明党が自民党と永続的に結びつく場合は、民主党が政権をとるために、共産党との選挙協力が唯一の手段である。この状況は、自民党が数的に圧倒的に優位であった五五年体制下では考えれなかった、共産党にとっての可能性を示している。[11]」

もちろん、共産党との連携以外に、公明党を自民党から離反させるとか、両者を上回る得票を実現するとか、ほかの戦略はありうるが、問題は、民主党が冷戦時代の共産党イメージにとらわれたままで、共産党との連携の利害得失の検討、他の戦略との比較などを徹底して行った上での戦略的判断を行っていないということである。

共産党との連携問題はそれ自体重要な問題ではあるが、それ以上に、民主党が政権獲得のための戦略的判断を徹底して行えるかどうかの試金石でもある。結論はどのようであっても、共産党問題を惰性のなかで回避し続けるか、自覚的な戦略的判断のうえで結論を下すかで、民主党自体の戦略的能力の水準が示されることになるだろう。

4　ローカル・マニフェストと自治体改革

「改革の時代」の中間決算

二〇〇四年参議院選挙からしばらく選挙の予定はなく、二〇〇七年になって春には統一地方選挙があり、夏には参議院選挙があり、一〇月には衆議院が任期満了となる。これらの選挙は〇三年の選挙で掲げられた首長のローカル・マニフェストや小泉純一郎首相のマニフェストの決算の場になるわけだが、それを超えて、一九八〇年ころから始まった日本における「改革の時代」の中間決算の場にもなると予想される。

〇七年「中間決算」総選挙の結果がどうなるかは、当然ながら〇一年以来の小泉政権の構造改革の成果がどう評価されるかに左右されると予想されるが、それと同時に、それまでの二、三年の期間に加速すると思われる自治体改革の動向に対して、自民党と民主党のどちらが連携に成功するかがカギになると思われる。

現在でも、かなりの自治体で改革派と呼ばれる知事や市町村長が果敢に自治体改革に取り組んで支持を集めているが、彼らの多くはいわゆる無党派か、共産党以外の相乗り与党に対して主導権を持った事実上の無党派かであって、自民党ないし民主党が単独で改革派首長を生み出すという状況にはない。逆に、改革派首長たちの方が、二大政党のそれぞれの改革への意欲を測っているとさえ言える。

三位一体改革や構造改革特区などをめぐる最近の紆余曲折からも改めて明らかになったように、分権改革、自治体改革のためには中央での一貫した改革派政権の確立が不可欠である以上、改革派首長たちも二大政党の政権をめぐる競争には無関心ではあり得ない。それだけに、自民党と民主党のどちらかが改革派首長たちの期待を集めることができるのか、あるいはどちらも失望を買ってしまうのかが問題となる。そしてその帰趨は、次の総選挙の勝敗を大きく左右する可能性が高い。

また、自治体を舞台に生み出されつつある新しい政治行政システム、自治のシステムが国レベルのシステム改革の内容を先取りしている点も注目される。次の総選挙では、道州制や憲法改正も含めて政治行政システム全体をどのように再設計するかについて二大政党が明確な構想を示すことが必要だと考えるが、その内容は、それまでに蓄積されていくであろう自治体改革のさまざまな実験を踏まえたものになるべきだし、そうならざるを得ないだろう。

このような次の総選挙への大きな潜在的インパクトを念頭に置きながら、自治体改革をめぐる最近の動向に目を向けてみたい

マニフェスト型政権運営へ

周知のように、〇三年一〇月のマニフェスト総選挙を実現する起爆剤となったのは、一月の四日市シンポジウムにおいて北川正恭三重県知事（当時）がローカル・マニフェストを提唱し、その後の首長選挙においてマニフェストを掲げる候補者が続出したことであった。有権者は、首長選挙において、具体的な数値目標で示される政権公約(マニフェスト)に基づいた政権選択選挙を実感したことによって、小選挙区制の導入によって総選挙もまた政権選択選挙になり得る条件ができていたことに気付いたのである。二大政党が首相候補を事前に決め、マニフェストを発表するならば、小選挙区の一議席をどちらに与えるかで政権選択の意思が表明できるようになるからである。

こうした期待が高まる中で、小泉首相も二〇〇三年総選挙でマニフェストを掲げざるを得なくなり、過去二回の小選挙区制での総選挙と比べても二大政党の対決という構図が格段に鮮明になった。結果

は政権交代にまでは至らなかったとはいえ、日本の有権者は戦後初めて、民主党というもう一つの実質的な政権選択肢を持つこととなった。

これを前提に、今後、市町村合併による首長選挙や〇七年春の統一地方選挙などにおいてローカル・マニフェストがさらに普及、定着し、有権者が具体的な政権選択の経験を蓄積していくならば、〇七年総選挙は政権選択選挙の性格をさらに強めることになるだろう。

それだけでなく、マニフェストを掲げた政権選択選挙を経ることによって、政権責任者が有権者への約束を背景にして強力な政治的指導力を行使し、マニフェストの目標を達成することを最優先にして行政組織全体を活動させるというマニフェスト型の政権運営が実現することが期待できる。これは、中央政府の指導の下に動く地方行政機関にすぎなかった従来の自治体が本来の自治体として再生することを意味する。

従来の選挙では、候補者はなるべく公約をあいまいにしたままで当選するのが賢いとされてきたが、それは、結果として当選後の指導力を弱めることとなっていた。有権者の明確な信任も経ていない首長の勝手な思い付きが行政に対する指導力を持つはずもないからである。こうして、首長は行政がおぜん立てした方針に乗るおみこしとなってしまった。

しかし、マニフェストをもって政権に就いた首長の行政への指導力は、有権者の多数の支持という強力な民主主義的根拠によって絶大な重みを持つことになる。そうなれば、有権者としては、マニフェストという契約によって首長を縛り、その首長を通じて行政をコントロールすることが可能になる。

実は、間接民主主義を補完する市民参加も、そのように間接民主主義自体が有効に機能するようになって初めて意味のあるものになる。各種の市民参加のチャンネルを通じて表明される市民の意見は、有権者によって実効的にコントロールされている首長が責任を持って採否を決断すべきものである。そのような軸が通っていないと、少数の市民の意見が首長の気まぐれによって採用されるようなことが起こりかねない。選挙が空洞化している場合には、その責任も問いようがなくなる。

戦略経営の手段としての行政評価

三重県から始まった事務事業評価を代表とする行政評価は、ほぼすべての都道府県、政令市で実施されており、半数以上の市町村に普及しつつある。しかし、施策—基本事業—事務事業というツリーの末端の事務事業について、個別に効果があるかないかを評価できるであろうか。事務事業の評価基準はその上位にある基本事業の目標の実現に貢献しているかどうかであり、基本事業の評価基準はその上位の施策の目標の実現に貢献しているかどうかであるはずである。そしてさらに、施策やその上位の政策の評価基準が必要になるわけだが、実は従来の自治体にはそれが存在せず、せいぜい総花的な政策メニュー一覧のような総合計画があるだけだった。これでは行政評価は空回りするしかない。

しかし、マニフェスト選挙によって政権政策が確定されるならば、その目標の達成に貢献しているかどうかで施策—基本事業—事務事業の有効性がトップダウンで評価されることになる。つまり、首長が自らの掲げたマニフェストの目標を達成するために行政全体を戦略的に経営するに当たって、行政活動の毎年の成果を測定しながら軌道修正していくための不可欠の道具が行政評価なのである。

〇二年から始まっている国の各省庁の政策評価もまた、マニフェストなしに開始され、〇三年総選挙で小泉首相がマニフェストを掲げたにもかかわらず何ら変更されないで実施され続けている。各省庁が勝手に設定した政策目標を基準にして政策評価を毎年きちんと実施したところで、各省庁が国民の選択した目標を最優先して活動するようになるとは考えられない。マニフェスト選挙で政権政策が確定しても、それとは関係なく各省庁の政策評価が淡々と実施されているということほど、有権者の行政へのコントロールが空洞化していることを示すものはないだろう。

国の政権運営をマニフェスト型に転換するためにも、多くの自治体でマニフェスト型の政権運営の経験が蓄積されていくことは大きな意義を持つに違いない。[12]

決定と実施の分離

「国から地方へ」「官から民へ」というのが最近の政治行政システムの改革の基本方向であるが、これらを的確に具体化するためには、政府の機能のうちで、「決定」と「実施」を明確に区別する必要があると私は考える。そうすると、政府にしか担えない機能は「決定」であって、「実施」は民間企業、民間非営利団体（NPO）などに委託可能だということが明らかになる。住民全員を縛る決定は、民主主義的手続きを通じて政府が行うしかないのは当然である。しかし、徴税の基準が決定されれば徴税自体は他の主体に委託可能であるし、ある政策とそのために必要な予算が決定されれば、その実施も他の主体に委託可能である。アメリカでは、数人の議会が政府としての決定機能を担い、実施は他の主体に委託することによって、公務員が一人もいないままで機能している自治体が四千数百存在するという。このように考えれば、「小さな政府」でありながら重要で多様な決定機能を担う政府のイメージを描くことは十分可能である。付言するならば、福祉などで政府が財政責任を負うことと、福祉サービスの供給を直営で行うことも不可分ではない。介護保険にみられるように、費用の大部分を公的資金で賄いながら、介護サービスの供給は多くの企業やNPOに委ねることは十分可能なのである。

埼玉県志木市のように、こうした方針を徹底して、市職員の退職補充を停止することで約六〇〇人の職員数を最終的には五〇人にまで減らし、残りの九割の仕事は行政パートナーとしての市民がつくるNPOに時給七〇〇円で委託するという過激な構想を発表して実施し始めている自治体も出てきた。

要するに、公共サービスの供給の重要な主体として企業やNPOを位置付けるという考え方は日本でももはや実行の段階に入っているのである。自治体の在り方にかかわってここで特に強調しておきたいのは、公共サービスの供給において大きな役割を担う事業型NPOが層として確立するならば、それを基礎にして企画立案や決定へのNPOや市民の参加もさらに実質化するということである。また、このようにして、市民が自らの意思と責任と資源とをもって社会問題に取り組むNPOが叢生することは、小さな「自治の原型」が地域にあふれることを意味する。これは、従来の日本の地方行政組織を「自治体」へと再生させる強力な触媒になるだろう[13]。

市町村合併問題

以上のような議論を前提にすれば、加速しつつある市町村合併についても幾つかのことが指摘できる。

通常は、基礎自治体の規模を拡大し、分権の受け皿としての体制を強化することによって財政的効率性や実施上の効率性を向上させることが市町村合併の狙いとされるのであるが、まず指摘しなければばならないのは、そうした狙いが実現されるためには新しい市町村において首長の強力な指導力とそれに基づく戦略的経営が確立されることが不可欠だということである。財政的特例措置に頼って旧市町村のバランス維持を最優先するようでは危機はより深刻化しかねない。新自治体全体としての政策的優先順位を確立するためには、マニフェスト選挙とそれによる首長の指導力強化が必須である。その上で、行政評価をはじめとした戦略経営の手法（ニュー・パブリック・マネジメント）も不可欠である。

しかし、逆に、マニフェストに基づく強力な指導力を行使する首長が事業の実施を大胆に企業やNPOに委託するという方法を採用するならば、小規模な自治体でも合併せずに存続できる可能性があるかもしれない。あえてそのような選択をした住民は、公共サービスの実施主体としての役割もあえて担うであろう。

なお、合併して大規模になった自治体においても、地方自治法の改正で導入された地域自治区の制度を活用して、大胆な自治体内分権を実施するという選択がある。決定と実施を分離するならば、一万人から二万人の近隣政府に決定権を大胆に移譲し、実施はその決定に従って自治体行政や企業やNPOが担うという形が可能になる。

つまり、決定をなるべく住民に身近な小規模な単位で行うことと、実施を大規模に効率的に行うということの両立は[14]、小規模な自治体のままでも、合併した大規模な自治体でもそれぞれに工夫すれば可能なのである。

政治行政システムの再設計へ

深刻化する財政危機と高まる市民自治の波を背景に、このように地方行政機関から自治体への転換、市民の統治主体意識の成熟が進み始めているわけだが、その中で、戦後直後に慌ただしく設計された中央地方の政治行政システムの不備と社会との乖離が痛感されるようになっている。

衆議院選挙を舞台にした有権者の政権選択に基づく政権交代メカニズムの作動を妨害する存在になってしまっている参議院、改革派首長の主導でさまざまな実験が試みられつつある中で存在意義を問われている地方議会（二元代表制）、委員公選制が廃止されたために有権者からも首長からもコントロールが利きにくくなって教員の同業組合化している教育委員会など、原点に立ち戻って再設計すべきだと思われる制度は少なくない。

実際、すでに構造改革特区の提案として、教育委員会廃止、市町村長廃止（議会への一元化）などが出されている。[15]

〇七年の総選挙においては、それまでにさらに多様に蓄積されているであろう自治体改革の実験を集約し、そのさらなる展開を可能にするような方向での中央地方の政治行政システム全体の再設計をめぐって二大政党がそれぞれの構想を提出して競うことが期待される。そうした文脈で憲法改正も必要になるだろう。

ローカル・マニフェストと自治体改革は、このような政治行政システムの再設計、それによる戦後民主主義のさらなる民主化への最も有力な突破口である。これがどこまでの展開を見せ、二大政党にどのような影響を与えることになるのかが当面の注目点である。

注

（1）西尾勝『行政学〔新版〕』有斐閣、二〇〇一年、第七章。
（2）江田憲司「内閣主導の政治――その実相を追う8」『ガバナンス』二〇〇三年六月号。
（3）21世紀臨調編『政治の構造改革』東信堂、二〇〇二年、一一五ページ。
（4）マニフェスト運動の経過については、金井辰樹『マニフェスト』光文社新書、二〇〇三年、が詳しい。
（5）『朝日新聞』二〇〇三年一一月一一日。
（6）後房雄「マニフェストとNPMの結合――政治家プラス経営者としての首長像」『ガバナンス』二〇〇四年一一月号。
（7）田中一昭『道路公団 偽りの民営化』WAC、二〇〇四年、二四三ページ。
（8）『日本経済新聞』二〇〇三年一一月二一日。
（9）前田英昭『日本国憲法・検証第3巻 国会と政治改革』小学館文庫、二〇〇〇年、三一ページ。
（10）民主党ホームページ。
（11）蒲島郁夫『戦後政治の軌跡』岩波書店、二〇〇四年、三八六ページ。
（12）行政評価や行政経営については、以下のものを参照。後房雄「『経営・自治』へ展開する行政評価(1)―(23)」『ガバナンス』二〇〇五年五月号―二〇〇七年三月号。
（13）公共サービス改革とNPOの役割については、以下のものを参照。後房雄『NPOは公共サービスを担えるか』法律文化社、二〇〇九年。
（14）後房雄編著『地域自治区から近隣政府へ――地域自治区、町内会、NPO』市民フォーラム21・NPOセンター、二〇〇七年。
（15）穂坂邦夫『教育委員会廃止論』弘文堂、二〇〇五年、穂坂邦夫ほか『シティマネジャー制度論――市町村長を廃止する』埼玉新聞社、二〇〇八年。

第8章　自民党の小泉化は何をもたらすか——二〇〇五年総選挙

1　一九八六年総選挙との類似性

二〇〇五年九月一一日総選挙の結果を見て、直感的に私の頭に浮かんだのは一九八六年の中曽根康弘首相（当時）による衆参同日選挙のことであった。自民党が衆議院で三〇〇議席（追加公認も入れて三〇四議席）を獲得して圧勝したことと今回の小泉自民党の圧勝が重なったことはもちろんだが、それ以外にも、考えてみるべき多くの類似性がありそうな直感があった。改めて整理してみると、次のような点が挙げられるように思う。

第一に、現在から振り返ると、八六年総選挙で、「大きな政府」の見直し、新自由主義的改革（第二臨調の行政改革提案）に対して有権者が明確な肯定的評価を下したことを画期として、その後の小泉政権のもとでの構造改革に至る新自由主義的改革の軌道が設定されたことが確認できる。とはいえ、その改革は紆余曲折を極め、英米の改革に比べると極めて不徹底なものにとどまってきたが、〇五年の総選挙での郵政改革（さらには改革全般）への有権者の明確な支持表明を画期に、日本においても本格的な新自由主義的改革の時代が始まる（加速する）可能性が高いと考える。

付言すれば、当時の中曽根首相にも現在の小泉純一郎首相にも、日米同盟や国家意識の強調に代表されるタカ派的な要素が目立ち、野党はそれを批判しようとしたにもかかわらず、むしろ有権者の方は両首相の改革者としての姿勢を評価し、野党は「守旧派」とみなされて大きな打撃を受けた点も共通である。

第二に、自民党が八六年総選挙で予想をはるかに超える支持を集めた理由を分析して、政治学者の佐藤誠三郎などが「柔らかい支持層」が大挙して自民党に投票したことが勝因だったと指摘したことである。佐藤はまた、この「柔らかい支持層」は、決して固定したものではなく、自民党がその期待を裏切れば一気に離れて野党に向かう可能性もあると警告していた。

そして実際、その後、八六年の自民党の「柔らかい支持層」は、実は都市部を中心とした無党派層であることを示す選挙結果が続いてきた。八九年参議院選挙の土井ブーム、マドンナ・ブームによる社会党の大勝、九三年総選挙における改革派（日本新党、さきがけ、新生党）の躍進と非自民政権の誕生、九五年参議院選挙での新進党の躍進、九八年参議院選挙での民主党の躍進と与野党逆転などである。

八六年以後は基本的に非自民勢力に流れてきた無党派層を、二〇〇一年以来の小泉自民党は引き戻すことに成功してきたわけだが、〇五年総選挙では、ひときわ鮮やかにそれに成功して、八六年を超える大勝を実現したわけである。それだけに、今回の都市部での自民党票が「柔らかい支持層」であることは、自民党にとっても民主党にとっても、今後の国政選挙が毎回、大きな潜在的振り幅を持った流動的なものにならざるを得ないことを予想させる。

第三に、八六年総選挙の成果によって、中曽根首相が任期を延長することに成功しただけでなく、後継首相（竹下登）を自らの裁定で指名したことを手始めとして、その後の日本政治において「元老」ともいわれる影響力を行使するようになったことが想起される。小泉首相もまた、〇六年年九月での退任を明言しつつ、後継首相は小泉改革を継承する人物が望ましいという条件を付けて、自民党中興の祖としての地位を確立しそうな状況であることは周知の通りである。

2　政権選択選挙の定着

八六年総選挙との類似性を踏まえた上で、〇五年総選挙固有の特徴や意義に目を移すならば、まず第一に指摘できることは、〇三年のマニフェスト（政権公約）総選挙と今回の総選挙によって、九四年導入の小選挙区制の本来の狙いであった政権選択選挙が完全に定着したということである。

九六年総選挙も二〇〇〇年総選挙も、野党第一党が三〇〇小選挙区のほとんどに候補者を立てていた以上、潜在的には政権選択選挙だったはずだが、有権者の側が、自分たちがついに実質的な政権選択権を手にしているのだという意識を持つには至らなかった。〇三年と〇五年の総選挙では、二大政党化が鮮明になり、双方がマニフェストを掲げたこと、併せて首相候補が事前に明示されたことで、ほぼ政権選択選挙が実現したと言ってよいだろう。

特に〇五年は、政権選択選挙としての性格をより分かりやすくさせるさまざまな動きが見られた。

小泉首相自ら、自民・公明で過半数の議席が獲得できなければ退陣すると明言し、翌日には、岡田克也民主党代表も政権交代が実現できなければ辞任すると明言したこと（この発言で先を越されたことが、今回の総選挙において民主党が全般的に後手後手に回ってしまったことを象徴している）。三〇〇小選挙区での立候補者は、自民党二九〇人、民主党二八九人と、完全に二大政党の対決の構図となったこと。そして特に、自民党が、郵政法案に反対投票した三七人の議員のうち出馬した三三人に対してすべて「刺客」を送り込み、共倒れの危険を承知で小泉自民党という政権選択肢の受け皿を用意することを優先したのは鮮明な印象を与えた。

3　小泉自民党の勝因

それでは、こうした本格的な政権選択選挙で小泉自民党が大勝し得た理由は何であろうか。私が決定的だったと考えるのは、小泉首相が「郵政民営化」問題を単一争点ではなく、構造改革全般に賛成するかどうかのシンボルにまで昇華させることに成功したことである。民主党は、政権選択選挙である以上、郵政問題だけを語るのは矮小化だと批判し、八大政策を掲げ、特に年金や子育て問題の重要性を強調する方針で戦った。しかし、小泉首相は郵政問題だけで体系的なマニフェストを語らないのに対し、民主党の方がより信頼できる体系的なマニフェストを掲げているという構図をアピールすることを狙った民主党戦略は空振りに終わり、むしろ、郵政問題について改革派としての姿勢を打ち出せない民主党政権では改革全般が進まないのではないか、という小泉首相の狙い通りの世論が支配的となったわけである。

これに関して指摘しておきたいことは、民主党は、〇三年総選挙におけるマニフェストの威力にいわば味を占め、体系的なマニフェストを提示すること自体で勝負できるかのように考えた点に敗因があったのではないかということである。

実はこの点は、多くの自治体首長選挙に広がりつつあるローカル・マニフェストを見ていても感じる問題点である。つまり、数値目標、期限、財源を付した形で政権公約を提示することが強調されるあまり、マニフェスト全体の基調や基本的ビジョンが不明確で、さまざまな項目が総花的に列挙されるようなマニフェストが目立つのである。数値目標、期限、財源の明示はいわばあるべきマニフェストの十分条件ではなく必要条件にすぎず、有権者にとって何よりも重要なのは、要するにどれだけ魅力的な政権像が提示されているかである。確かに、選挙後には紙くずになることが明らかな従来型の公約とは違い、数値で約束され、任期後に達成度が検証できるマニフェスト自体の魅力は導入期においては大きかった。しかし、今後は、マニフェスト全体に貫徹する明確な理念やビジョンの争いにならざるを得ないだろう。

これに関しては、英国においてマニフェストの水準を一気に引き上げ、労働党を総選挙四連敗のどん底から再生させたブレア党首が、九七年総選挙において、詳細なマニフェストを提示しつつも、「新生労働党の三大政策を挙げるならば、教育、教育、教育だ」と演説したことを紹介しておきたい。もちろん、教育は単なる一政策ではなく、長期的に衰退してきた英国経済を復活させる切り札、サッチャー政権の下で拡大してきた社会的格差を是正するためのセーフティーネットならぬトランポリンとして位置付けられており、「第三の道」を目指す政権の理念を象徴的に表現するものであった。

こうした政権選択をめぐる対決の構図において、欧米の選挙でもますます強まっており、日本でも今回大きな影響を発揮した要因として、党首＝首相候補の魅力も見落とすことはできない。多くの人の印象は次のようなものだったと言えよう。

「党首のキャラクターの差も歴然だった。小泉首相が『死んでもいい』と退路を断って戦いに臨み、圧倒的な威圧感で反対派や野党、さらには有権者に『イエスかノーか』を迫ったのに対し、『日本を、あきらめない』と、一体何を言いたいのかさっぱり分からないキャッチフレーズの民主党では、最初から勝負にならなかった。党首討論や街頭演説でも余裕ある表情で歯切れの良い話し方をする首相に対し、岡田氏のいかにもまじめそうな表情は理解できるとしても、脂汗を流す余裕のない顔つきは有権者を不安に陥れただけだった。（中略）

党首の魅力という点でも、岡田氏はただ単に人の良さと『愚直さ』だけが取り柄で、人を引き付ける何かが欠けていたのではないか。党首のキャラクターが選挙に重大な影響を与えることが証明された以上、今後はどの党も『魅力的な党首』探しに躍起にならざるを得ないだろう(1)」

もっとも、年金国会のさなかに政治家の年金未納が問題となり、小泉首相が「人生いろいろ」発言でひんしゅくを買った〇四年参議院選挙では、それとの対比で岡田の「愚直」なイメージがむしろ好感を持たれたわけで、党首のイメージ自体も選挙全体の争点の構図と不可分だということは付言しておかなければならない。

4　自民と民主の今後

次に〇五年総選挙のインパクトや今後の展望について考えてみたい。

まず注目したいのは、自民党の小泉化である。首相の身内である森派、盟友の山崎派、小泉チルドレンとも言える無派閥議員（九四人）を合わせて自民党衆議院議員二九六人の過半数を上回り、「抵抗勢力」の牙城だった旧橋本派、旧亀井派が今回の大勝の中でも勢力を減らしたという数の問題を超えて、これだけの大勝利をもたらした小泉首相の党内的影響力は圧倒的なものになるだろう。〇一年の就任時から叫んでいた、改革に抵抗するなら「自民党をぶっ壊す」という言葉は、実は自民党全体を小泉化するというのが真の意味だったということが明らかになったと言えよう。マスコミを通じて伝わるイメージとは違って、小泉は政局や派閥闘争が好きで得意でもあるといわれるが、七〇年代からの田中派対福田派の怨念の対立以来の雪辱を果たしたわけである。

しかし、日本政治にとってより重要なのは、この自民党の小泉化が、同時に新自由主義政党化になるのかどうかである。

旧橋本派（田中派）や旧亀井派が、「大きな政府」を利用した利益誘導に最も強かった勢力であるだけに、その衰退は自民党の新自由主義化を促進する要因であるに違いない。そして、「郵政民営化こそすべての改革の本丸」「郵政民営化なくして小さな政府なし」という主張で政権選択選挙に大勝した以上、経済財政諮問会議の「骨太の方針」で積み上げてきた「小さな政府」の方針は今後ますます各省庁へも浸透していく可能性が高い。中曽根内閣や橋本内閣においても限定的にしか実現しなかった新自由主義的改革が、今度こそ、徹底して推進されるのではないか。小泉首相も自民党の小泉化に成功しただけに、次は改革でいかに歴史に残る実績を上げるかに集中していくと考えられる。

もちろん、これまでの小泉政権の四年間を見ても、各省庁からの抵抗は根強いし、それに対して首相としての指導力が必ずしも十分に行使されているとは言えない。経済財政諮問会議を中心とした内閣主導は確かに強まっているが、財務省をはじめとした各省庁の抵抗も依然として強いことは、例えば、公共サービスの提供主体を官民競争入札で決める「市場化テスト」を導入しようとする内閣府の規制改革・民間開放推進会議に対抗する各省庁からの次のような旧態依然たる主張ないし屁理屈にも示されている。いわく、「公権力の行使は公務員が行う必要がある」「裁量性がある行政権の行使にっいては、公務員が行う必要がある」「憲法上、行政権は内閣に属するため、行政権の行使は公務員が行う必要がある」「裁量性がある行政権の行使については、公務員の裁量に委ねるべきである」「公平性、中立性、継続・安定性、高度な守秘義務等が求められているものについては公務員が行う必要がある」「当該事務・事業を切り出して民間に行わせても、それを行う民間がいない場合がある、または、民間に行わせるよりも官が行った方が効率的な場合もある(2)」。

郵政省が宅配便においてヤマト運輸という一民間企業に完全に立ち遅れ、社会保険庁職員が年金未納の個人情報を大量に閲覧していたなどの事例を見れば、これらの理屈が推進会議側が言うように「民間開放できないという理由にはならない」ことはもはや明らかだろう。しかし、それを各省庁に受け入れさせるためには、首相、内閣、大臣の政治的指導力を強化するシステム構築や、与党・内閣の一元化などのシステム改革も不可欠である。改革への圧倒的な信任を得た小泉内閣が、日本における本格的な新自由主義の時代をもたらすかどうかが今後の最大の注目点だと考える。

そして、民主党もまた、いったん、守旧派や抵抗勢力というイメージを完全に払しょくすることが政権獲得の上で不可欠である以上、一部で主張されているような福祉国家路線に戻るのではなく、新自由主義的改革を完全に消化する以外にない。イギリス労働党など欧州の中道左派が掲げる「第三の道」は、「市場重視の自由主義的改革」に対置される「市民社会重視の自由主義的改革」の主張であって、「小さな政府」という時代の課題を共有した上での対案であることを認識すべきである。

そうした路線に徹してこそ、自民党が、ポスト小泉で新自由主義的改革に挫折した場合にはより徹底した改革政党としての出番が来るであろうし、自民党の下で「市場重視の自由主義改革」が徹底された場合には、近い将来、第三の道の担い手としての出番が来るであろう[3]。

注
（1）加藤清隆「若年無党派層が決定付けた『小泉圧勝』」『世界週報』二〇〇五年一〇月四日号。
（2）規制改革・民間開放推進会議『中間とりまとめ』二〇〇四年八月三日、内閣府ホームページ。
（3）私自身の新自由主義の理解については、以下のものを参照。後房雄『NPOは公共サービスを担えるか』法律文化社、二〇〇九年、第1章、同「福祉国家の再編成と新自由主義―ワークフェアと準市場」、日本行政学会編『変貌する行政（年報行政学44）』ぎょうせい、二〇〇九年。

第9章　大連立問題（〇五年）を通して考える民主党再建

1　民主党再建のための課題

二〇〇五年九月の総選挙以降、世論の政治的関心は小泉首相が〇六年九月までの任期中に「構造改革」をどこまで進めるのかという点と、誰がポスト小泉の自民党総裁＝首相になるのかという点に集中している。民主党も総選挙直後に辞任した岡田代表の後任として前原誠司という若い代表を選出して再建に取り組み始めたが、世論の注目を再び集める手掛かりは得られないままの状態が続いている。

とはいえ、次の国政選挙である二〇〇七年七月参議院選挙までには一年半の期間があり、再建に取り組む時間的余裕は十分ある。問題は、そうした時間的余裕を生かして、民主党が再建に向けての中心的課題に腰を据えて取り組めるかどうかである。その時々に、小泉純一郎首相やポスト小泉の本命である安倍晋三の人気に対抗しようとするのではなく、再建にとって何が中心的課題であるかを見据えて、ある意味では「政党」になり切っていないとも言える民主党を、戦後初めての「政権が取れる野党」へと再生させるための努力に集中することが必要だと考える。

私自身が民主党再建のための中心的課題と考えるのは、自由主義的改革へのスタンスを核心とする政策路線の明確化と、小選挙区制にふさわしい強力なリーダーシップを可能にする党内体制の確立である。実は自民党もまた同様の課題に直面しているわけだが、両方の課題に関して小泉首相の登場によって自民党の方が予想を超える前進を見せ、それが〇五年総選挙での圧勝をもたらした。

しかし、民主党の方も、前原新代表の就任後の動きを見る限り、これらの課題に挑戦しようという姿勢は明確にうかがえる。報道によれば、総選挙の終盤の段階で、前原は、「小泉さんみたいなリーダーが求められているのに、岡田さんは、党が割れても、自分の考えを押し通すだけの覚悟がない」と漏らしていたといわれる[1]。それが代表選挙への出馬につながったのであろう。しかし、相変わらずの分散的な党内状況が続き、前原の挑戦がなかなか成果を生み出せていないのも事実である。本章では、そうした中での民主党再建の課題について私なりに考えてみたい。

2　大連立問題

指摘した二つの中心的課題について論じる前に、現在の民主党や日本政治全体が置かれた状況を象徴的に示していると思われる大連立問題を取り上げておきたい（ここで取り上げる二〇〇五年の大連立問題は、その後の〇七年一一月の福田首相と小沢民主党代表による大連立騒動とは大きく文脈を異にする）。

事実経過を復習すれば、二〇〇五年一二月一六日からの民主党大会を前にした一二月七日、一部報道機関が、九月下旬ごろに小泉首相がある財界人を通じて自民、民主の「大連立」の可能性を民主党の前原代表にひそかに打診していた、と報じた。その人物は、構造改革推進へ向けての強力な体制づくりや将来の憲法改正も視野に入れて、首相が民主党との連立を望んでいることを説明したという。

前原は、政権交代可能な二大政党制の確立が必要との立場から即座に断ったとされるが、一二月九日に武部勤自民党幹事長が「部分的な大連立はあっていい」「前原さんや鳩山由紀夫幹事長とはすぐに一緒にやれる」と発言したり、一二月一六日の民主党大会の日に、小泉首相が「政界は一寸先は闇。私は協力してくれる政党、議員、誰でも歓迎です」と発言するなど、自民党側からの揺さぶりは続いた。もちろん、反発する公明党に配慮して、一二月一七日に山崎拓自民党前副総裁が「公明党と力を合わせて小泉政治を推進してきた。現時点で大政翼賛会を想起させるような大連立をする必要はない」と発言するなどの動きもあったが、全体として、民主党と公明党の両方へ揺さぶりを掛けることによって自民党の立場をさらに優位にしようとすることを狙った駆け引きだったとみるべきだろう。

そうした動きはその後も続き、二〇〇六年一月四日の年頭記者会見でも小泉首相は次のように述べている。

「民主党との関係でありますけれども、私は、政党ですから、意見の違うところもあるし、同じところもあると、それは今、連立を組んでいる自民党と公明党との関係もそうであります。(中略)今までも自民党、公明党の間におきましては、意見の違いも幾つか問題もあったわけでございます。しかし、全体を見て協力関係が大事だということで、ずっと今まで連立関係を組んできたと。国会内においての対応についても、あるいは選挙においても協力し合ってきたんです。この関係は、大事にしていきたいと思います。

その上で、民主党との関係でありますが、これは安全保障の面におきましても、あるいは憲法改正の問題におきましても、改革を促進していこうと、簡素で効率的な政府を目指そうということにおきましても、かなり自民党と似ているところがあります。そういうことから、私は民主党が自民党と協力できる分野はあると思っておりますので、その際には協力していただければありがたいと。政党であれ、議員個人であれ、協力してくれるという勢力があれば、私は喜んでそういう方々と協力していきたいと思っております。」

当然のこととはいえ、民主党内から大連立の呼び掛けに応えるような自殺的な動きは皆無なので、大連立が実現する可能性はないと言ってよいが、〇五年九月総選挙において小泉自民党があれだけの大勝をした後に浮上した大連立問題には日本政治の現状を考えるなかなか有益な手掛かりという側面もある。

3　小選挙区制型民主主義の定着

大連立をめぐる経過から読み取るべき最大のポイントは、日本において、小選挙区制を前提にした二大政党型の政治システムがかなりの程度定着してきたということである。それは何よりも、あれだけの大敗を喫した民主党が、新進党のような解体の道をたどったり、個々の議員を与党に引き抜かれたりすることなく、ともかくも選挙で政権交代を目指す野党として再スタートを切り得たことに示されている。しかもそれは、単に民主党の内的結束力が高まってきたこと（それは依然として不十分と思われる）による以上に、こうした政治システムの下では、そのような無原則な離合集散が構造的に起こりにくくなっているということによる。

まず、与党にとっては、小選挙区制での勝利は過半数を大きく超える議席の獲得を意味するので、野党から無原則に引き抜く必要性がほとんどなく、むしろ大臣ポストの配分などを考えれば消極的にならざるを得ない。しかも、そもそも小選挙区制で正面から戦った野党から議員を引き抜くことは、同じ小選挙区で落選した自党の候補者を見捨てることになるので難しいし、何よりも、自党と対立するマニフェスト（政権公約）を掲げて当選した野党議員を引き抜くことは、有権者との契約という意味を持つマニフェスト選挙の意義を踏みにじることになる。個々の議員にとっても、マニフェスト選挙を通じた有権者との契約を踏みにじることは今や自殺行為に近い。

実は、こうした小選挙区制の規制力はすでに新進党の時代にも働いていたはずであるが、当時は比例代表制部分が四〇％の二〇〇議席（その後一八〇議席に削減）と大きかったことも一因で自民党が第一党になったにもかかわらず過半数の議席を確保できなかったために、引き抜きが横行し、ついには新進党の解党にまで至ってしまった。

なお、それ以外に、選挙制度や選挙時期が異なる参議院が存在し、そこで与党が過半数を確保するために引き抜きや離合集散が必要だったという事情もあったが、現在は、その結果自民党と公明党の連立が実現したために、かえって当面はそうした事情が解消している。しかし、今後も発生する可能性は潜在している。

ともあれ、一九九七年末に新進党が解党したわけだが、その勢力のほとんどが翌年には野党としての民主党と自由党に再結集し、〇三年の総選挙直前に両党が合同して現在の民主党が誕生することになったことは周知の通りである。恐らく、こうした経験自体も、野党議員にとっては、結局は小選挙区制総選挙に勝利するしか与党になる道はないことをかえって再確認する機会となっただろう。

日本政治にとっても、このような小選挙区制型民主主義のルールや習慣が定着しつつあることは極めて望ましいことだと考える。確かに、自民党内の抵抗勢力に比べて小泉構造改革路線に対してはるかに積極的な民主党議員を吸収し、抵抗勢力を排除したり公明党への依存を低めることは、当面の改革の推進には効果があるかもしれないが、小選挙区制型民主主義のルール、とりわけマニフェスト選挙のルールを正面から踏みにじることになるだけでなく、そうした与党勢力の再結集から排除された自民党内抵抗勢力、民主党の旧社会党グループ、社民党、共産党などからなる残された雑多な野党勢力では、本格的な対抗政党の構築が極めて困難な状況になることが予想されるからである。当面の重要課題は小泉構造改革の推進であるとしても、今後の日本にとっては、それに続くさまざまな新しい課題にも大胆に取り組めるような政治システム、すなわち二大政党制の中での政権交代によって鮮明な路線転換を適宜に行えるような政治システムが不可欠なのである。それこそが、九〇年代初めからの政治改革の一貫した目的だったはずである。

さらに付言すれば、そのような雑多な野党勢力からでも対抗政党の構築は不可能ではないとしても、その政策的基調は現在必要とされている自由主義的改革に正面から反対するものとならざるを得ないだろう。私自身は、自由主義的改革自体は現在の与野党ともが共有すべき時代の課題だと考えているので、そのような時代の課題から大きく逸脱した野党には、政権交代を実現する野党にまで成長する可能性がほとんどなくなる恐れがあると言わざるを得ない。

4 自由主義的改革へのスタンス

いずれにしろ、前原民主党は、いわば小選挙区制型民主主義の規制力にも助けられて再建へのスタートを切ることができたわけだが、すでに指摘したように、政策路線と党内体制という二つの中心的課題でどこまで成果を上げられるかがこれ以後の試練となる。

まず、政策路線の選択においては、私自身は、大前提として、自由主義的改革推進の立場を鮮明にすることが不可欠だと考えている。この点では、実は小泉首相が大連立を呼び掛けたこと自体が、民主党のかなりの部分が改革推進の立場に立っていることを証明しているとも言える。

しかし、旧社会党グループを中心に改革路線に消極的な勢力はかなり存在するし、耐震強度偽装問題やライブドア・ショックで、改革路線への批判が息を吹き返す可能性もあるので、民主党の政策路線の基調が自由主義的改革推進で確立するかどうかは予断を許さない。

この課題に関して言及しておきたいのは、サッチャー登場以来一八年間野党のままであったイギリス労働党を勝利に導いたブレアが掲げた「第三の道」路線を民主党も採用すべきだという意見である。それは、ブレアの理論的支柱であった社会学者のギデンスが提唱したものだが、旧来の社会民主主義でも新自由主義でもない第三の道だとされる。

日本でも、ギデンスの著書『第三の道』を翻訳紹介した経済学者の佐和隆光が、自由党と民主党の合併を野合ではなく、「市場主義改革と『第三の道』改革を同時並行的におしすすめる役割を担いうる政党の誕生」として高く評価する議論を行っている(2)。

私も大筋では同じ評価ではあるが、ここで危惧されるのは、イギリス労働党の第三の道は、サッチャー保守党の一〇年以上にわたる徹底した自由主義的改革を自らの前提とした上で完全に再構築された社会民主主義だということが忘れられ、あたかも自由主義的改革に対抗する旧来の社会民主主義であるかのように日本では受け取られがちだということである。

イギリス労働党の敗北の中での自己改革はブレア以前にもある程度進行していたが、サッチャーの後継者とすらいわれるほどに自由主義的改革を自らのものにしたブレアの登場までは総選挙で勝利し得なかった。

イタリアにおいても、九六年総選挙での中道左派連合オリーブの木の勝利は、その中核を成す旧共産党＝左翼民主党が、九五年の政策大会において、「自由主義革命」というスローガンを掲げるまでに転換したことを前提としていた。それでも、〇一年の総選挙では、徹底した自由主義的改革を叫ぶベルルスコーニの政権復帰を阻止することはできなかった。二〇〇六年四月に予定されている総選挙では、オリーブの木の生みの親であるプローディ元首相が再び率いる中道左派連合の勝利の可能性が高いのが現在の状況であるが、ここから読み取るべき教訓は、徹底した自由主義的改革を経過しないまま第三の道が政権政策として確立することは不可能なのではないかということである。

その意味で、自由主義的改革が分水嶺を越えるには程遠い日本の現状においては、民主党は第三の道を掲げて旧来の社会民主主義の生き残りの口実を与えるのではなく、いったんは自由主義的改革路線を党内で完全に消化する課題に取り組むべきではないかと考える。

5　党の組織体制

最後に、小選挙区制型民主主義やマニフェスト選挙にふさわしい党内体制に関しては、私自身は以前から次のように提言してきた。

「党全体として一つの政権戦略を選択し、それにすべてを賭けて勝負した上で次を考えるという党内体制や戦略中枢を確立するということ。(3)」

前原新代表の下で出された総選挙総括「深い反省と再生への決意」(〇五年一一月八日)では、ほぼ同様の方針が打ち出されている。

「決定したことには一致して責任を持つ党風の確立。タブーを恐れず、仮に党内意見に違いがあっても、それを活発な議論の中から克服するとともに、一度決定したことには全ての構成員が責任をもって対処するという民主党の党風を確立しなければならない」

「政権交代のためのリソースを集中投下する党改革。戦略的な政治判断に基づいて実行される、一元的な広報メディア戦略体制や、政策立案についても、シンクタンク等を活用しつつ、魅力的な政策がよりスピーディーに打ち出される必要がある。財政基盤を確立しつつ、あらゆるリソースを政権交代のために集中投下する党改革が求められている」

これが簡単に実現する課題ではないことは、前原代表への党内の「お手並み拝見」というような雰囲気からも想像がつく。しかし、いったん選出した代表の路線に党全体で協力した上で総選挙結果で責任を問うという党風の確立は、将来のリーダー全員、あるいは党全体にとって必須の課題のはずである。

前原と同じ中堅リーダーたちがどこまでそのような行動が取れるか、さらに小沢、菅、鳩山らの世代がどこまで後見役として党風の確立を最優先する立場に立ち切れるかに注目したい。

なお、そのような党風の確立のためには、代表選挙自体を、従来のような論争の機会が乏しいものにとどめず、広く支持者や有権者に見える形で、代表候補者やその支持者が一定期間徹底した討論を行い、代表選挙を通じて党として一つの政権政策と政権戦略を選択したと言い得るような実質的なものに転換することが必要である。

注

(1)『読売新聞』二〇〇五年九月一五日。
(2) 佐和隆光『日本の「構造改革」』岩波新書、二〇〇三年、一八七ページ。
(3) 後房雄「『民主党問題』は日本政治の根本問題」『世界週報』二〇〇二年二月一九日号。

終章　成熟した二大政党制へ向けて

1　二大勢力から二大政党へ――イタリア二〇〇八年総選挙

イタリアの前回二〇〇六年総選挙が文字通りの僅差での中道左派連合の勝利となり、特に上院では議席差が二という結果だったので、ある程度は予想されたことではあるが、二〇〇八年四月に繰り上げ総選挙が行われた。九三年に小選挙区制への転換がなされて以降五回目の政権選択型の選挙となり、今回もまた右派連合の勝利によって政権交代が起こった。

すでにこれまで指摘してきたように、イタリアでは小選挙区制のもとで政党連合がフルに活用されることによって、政権交代のある民主主義への移行という課題が達成されていることのさらなる再確認といえる。

しかし、今回のイタリア総選挙に関しては、過去四回の選挙には見られなかった質的に新しい動きが見られたことに注目する必要がある。選挙制度改革から一五年を経て、イタリア政治が新しいステージに向かおうとしているこの兆候は、かなり異なった一五年間を経てきた日本政治の今後を考えるうえでも参考になる点が多い。

今回の総選挙で最も注目すべき点は、左右それぞれの政党連合内の政策的対立という一貫した懸案の解決へ向けた大胆な一歩が踏み出されたということである。この政党連合内の政策的対立という問題は、総選挙で多数を占めた与党連合内の政策的対立という問題を生み出し、政権の不安定や機能不全という問題の原因ともなってきたことは本書でもすでに何度か触れたとおりである。あらためて振り返ってみても、九四年第一次ベルルスコーニ政権の北部同盟の造反による八ヵ月での崩壊、九六年成立の「オリーブの木」中道左派政権の恒常的な内部対立と総選挙を経ない二度の首相交代、そして、二〇〇六年選挙で勝利した中道左派政権の機能不全と繰り上げ総選挙と、最近のイタリア政治の一貫した問題だったことは明らかである。

そして、この問題が、小選挙区制の総選挙で勝利しようとして左右両勢力がお互いに連合相手を最大限に広げることを競ってきたこと、そのことによって政権交代メカニズムが過剰なほどに機能するようになったこととまさに表裏の関係にある避けがたい副産物というべきものだということも明らかだろう。それゆえ、左右両勢力の政権争い、有権者の政権選択に焦点があったこれまでの時期においては、やむをえない弊害として甘受されてきたといえる。しかし、政権交代メカニズムが当然のものとなるに従って、その弊害がますます強く意識されるようになってきたわけである。

とはいえ、政策的同質性を優先して政党連合の幅を絞ろうとすれば、それはそのまま選挙での不利に直結することが明らかなので、左右ともに相手より先に動くことが難しい。今回、左の民主党の側があえて率先して連合を最小限に絞ることに踏み切った理由は、直前の与党として連合内部の政策的対立という弊害をより切実に体験したことが大きいが、同時に、イタリア政治を次の段階へと転換させるためにあえてリスクの高いイニシアチブを取ったという側面も無視できない。そして、それは敗北覚悟の冒険にすぎなかったわけではなく、成功はしなかったものの、イタリア政治の次の課題をあえて強く発信することで今回の総選挙での支持を集めようとする戦略的決断でもあった。私自身は、そうした戦略的判断がなされうることに、イタリアの政党や政治家の質の高さを印象づけられた。また、この実を結ばなかった試みは、確実に、イタリア政治の展開を変えるインパクトをもたらしたと考えている。

こうした文脈で考えると、〇八年総選挙の主役は〇七年一〇月一四日に結成されたばかりの民主党であり、その党首(書記長)であり首相候補のヴェルトローニであった。

ヴェルトローニの著書『新しい季節』(二〇〇七年)には、小選挙区制導入後の九四年総選挙から一〇年余りの「イタリア政治の過渡期」には大きな成果とともに深刻な弊害があったこと、その限界を越えることこそが、民主党の創立と単独で〇八年総選挙を闘うという決断の目的であったことが明確に述べられている。

過渡期の成果とは二大勢力の形成と政権交代にほかならない。そして、「イタリア人は歴史上初めて、自らの投票で時の政権を倒すという快感を味わった」。

また、確かに政権の持続期間も長くなった。しかし、国の構造的な諸問題に切り込むという点では著しく不十分だったといわざるをえない。

その理由は、政党連合が、何かを実現するためのものではなく何かに対抗するためのものだったために、政治的凝集性や政策的同質性が不十分だったことにある。

野党の時は、政府の行動に反対するあらゆる理由を掻き集めることでいいかもしれない。しかし、政権を担当するというのは決定することであり、決定するというのは選択することである。イエスとノーを明言し、優先順位を確立することが必要になる。

政党連合が、野党の時点から政権獲得に備えて、望ましい事すべてを列挙したような政策集ではなく、明確な目標とそれを実現するために必要な手段を準備しておくことを怠るなら、できもしない約束をすることになり、結局は政治の信頼性と威信を損なう結果となる。

ヴェルトローニの判断では、イタリアの民主主義は、まさにそうした決定能力の欠如、多数派の決定に対する少数派の拒否権の論理の優越によって危機に陥りつつある。そして、民主党はまさにそうした逸脱に歯止めを掛けるために創立されるのだという。民主党の創立は、分裂から統一へ、ずうずうしさから節度へ、果てしない傲慢から能力と生産性に基づく力へと、流れを逆転させるためのものだというのである。

イタリア民主主義の病理と中道左派連合の内部対立に関するヴェルトローニのこれらの言葉に強い感情が籠っている背景には、九六年以降の中道左派内部の耐えざる対立の歴史に加えて、〇六年総選挙勝利後のプローディ政権もまた、「ノーの文化によって麻痺させられた連合内部の恒常的な対立」に直面していたという現実があった。

〇八年総選挙の敗北直後のインタビューでは、とりわけ〇八年総選挙に向けて民主党と対立して「虹の左翼」（後述）を結成した諸勢力について、大臣や次官のポストを要求するなど「プローディ政権に初日から爆撃を加えた」こと、〇七年一二月四日には共産主義再建党党首で下院議長のベルティノッティが「政権の構想は崩壊した」と宣言し、プローディを「死につつある偉大な詩人」とまで評したことを「二つの深刻な誤り」と指摘している。それらが今回の総選挙で虹の左翼が議席ゼロという結果となった理由であり、さらには、中道左派政権が残したものは「多すぎる税金と飛び交う拒否権」の二つだけだという印象を国民に植え付けることで民主党の敗北にも影響したという。

いずれにしても、こうした状況を転換することが民主党創立の目的だったわけだが、そのために民主党が取り組むべき事項としてヴェルトローニは次のような一〇項目を挙げている。日本政治の課題とも共通性をもつ興味深いリストである。

第一は、現行の完全二院制を廃止して、下院だけに政府の信任や立法の権限を与え、上院は国家と州や地方自治体との協力の場とすることである。

第二は、国会議員の大幅な削減、つまり下院議員を六一八人から四七〇人へ、上院議員を三〇九人から一〇〇人へ削減することである。

第三は、政策的、政治的に同質的な勢力による二大政党化を促進するような選挙制度の改正と候補者の選定における予備選挙の導入である。

第四は、首相権限の強化である。

第五は、多数派の専制やポピュリズム的逸脱の危険を避けるための保障システム（司法）を強化することである。

第六は、法案や予算案の国会審議手続きの迅速化である。

第七は、選挙に提出された名簿と対応しない院内会派を作れないようにする国会規則の改正と、政党の細分化を抑止するような政党や政党機関紙への公的助成制度の改正である。

第八は、財政的連邦制、州の自治権の強化などにより連邦制改革を完成することである。

第九は、選挙の候補者および名簿筆頭者の少なくとも四〇％を女性とすることである。民主党自身は名簿の女性比率を五〇％にするという。

第一〇は、地方選挙の投票権を一六歳以上に引き下げる（現状は、下院選挙、地方選挙は一八歳以上、上院選挙は二五歳以上である）。

こうした構想に基づいて、二〇〇七年一一月一四日に、左翼民主党と中道左派政党マルゲリータを中心に民主党が創立された。要するに、イタリア共産党―左翼民主党（一九九一年二月）―左翼民主主義者（九八年三月）という系譜と、キリスト教民主党―イタリア人民党（九四年一月）―政党連合としてのマルゲリータ（二〇〇〇年一〇月）―政党としてのマルゲリータ（〇二年三月）という系譜の二つが、九六年総選挙、二〇〇一年総選挙ではオリーブの木、二〇〇六年総選挙ではウニオーネ（連合）という政党連合で戦って二回勝利した経験を経てついに一つの政党に合流したのである。

そして、〇八年一月に、プローディ政権が上院に一〇議席をもつ欧州民主連合の造反によって崩壊したあと、〇八年四月に繰り上げ総選挙が行われることになった。

今回の総選挙の最大の特徴は、すでにヴェルトローニの主張に即して紹介したような構想に基づいて、与党の中心である民主党が、自分たちの選挙政策を留保なしに全面的に承認する政党としか連合を組まないという決断をし、結果として、「価値あるイタリア」「イタリア急進主義者」の二つの小政党だけを連合相手として単独に近い形で戦ったことである。

民主党との連合を拒否した共産主義再建党、イタリア共産主義者党、緑の党、民主主義的左翼の左派四党は「虹の左翼」という統一名簿を提出して戦った。

民主党の単独で戦うという決断を受けて、右派もまた、〇六年総選挙で連合「自由の家」を組んだフォルツァ・イタリア、国民同盟、北部同盟の三党は、前者2党で「自由の人々」という一つのシンボルのもとに統合し、それが北部同盟と連合を組むという動きを見せた。なお、「自由の人々」も、総選挙後の〇九年三月に組織統合を行って単一政党となった。

民主党創立が、二大政党連合から二大政党への転換点となりうる注目すべき動向を生み出したことは明らかだろう。

しかしながら、総選挙結果は、下院で三七・七％対四六・七％、上院で三八・〇％対四七・三％で民主党の敗北となった。虹の左翼の諸政党は、前回の得票の半分以上を民主党に吸収され、下院で三・三％、上院で三・二％でともに議席配分の最低得票率に届かず、議席ゼロとなってしまった。要するに、民主党は中道左派政権の惨憺たる結末を考慮すれば善戦したとはいえるが、その三八％前後の得票は、前回のウニオーネの得票を維持したうえで左派諸政党の票を吸収することで確保したものでしかない。

さらに今回は、中道のキリスト教民主同盟が右派連合から離脱して単独で名簿を出し、下院五・六％、上院五・七％と善戦したこともあって、中道票を引き付けることを狙った民主党の戦略は不発に終わったわけである。

しかし、民主党の創立がイタリア政治の二大政党化への転換を決定的に加速したこと、そして、次の総選挙での雪辱をめざして野党陣営を再構築する確固とした土台を築いたことは否定できない。私としては、「やればできる (Si può fare)」をスローガンとして無謀ともいえる大胆な戦略で戦ったヴェルトローニの冒険が、少なくとも中道左派諸勢力とその支持層を民主党という単一の大政党へ結集するという貴重な成果を挙げたことを、日本政治とは逆の側から「成熟した二大政党制」へ向かおうとする大きな一歩として高く評価したい。

2　大勝した民主党の混迷――二〇〇七年参議院選挙後の日本政治

右のようなイタリア政治の最近の転換を比較対象としながら日本政治の現状をみると、政権交代の実現という点では文字通り対照的と言うしかないが、ヴェルトローニが目標として掲げる「成熟した二大政党制」への道という観点からは、日本政治もイタリア政治に比べて大きく立ち遅れているわけではない。

確かに、野党第一党の新進党や民主党は、一度も総選挙で勝利しておらず、選挙による政権交代は一度も起こっていない。しかし、新進党の解党、新民主党の結成と成長、自由党の民主党への合流という段階を経て、自民党にほぼ匹敵するだけの野党第一党が形成され、〇七年参議院選挙においてついに自民党を上回る議席を確保するに至っているのも事実である。

たしかに、現在の民主党のなかには政策的に、社会民主主義ないしリベラルの立場と新自由主義に近い立場までのかなりの異質性が存在している。しかし、かりに総選挙で勝利して政権を担うことになったとしても、内部の対立によって政権が崩壊する可能性はほとんどないと思われる。

過半数の議席を確保するためには社民党や共産党との連携が必要になる場合も想定されるが、不幸にも、民主党と社民党、共産党双方の責任で本格的な政党連合が成立しないまま敗北を重ねるなかで社民党や共産党の勢力が凋落してしまったために、両党が政権を左右する力は著しく小さくなってしまっている。

左右それぞれの政党連合が内部に深刻な政策的異質性を抱えているイタリアとは異なって、日本政治の問題は、改革派・反改革派、国際貢献積極派・消極派などの政策的諸勢力が自民党と民主党にまたがって存在しているために、自民党対民主党という政党の対立構図によっては政策的対立構図が表現されにくいという「政策的ねじれ」にある。特に、小泉首相の登場以降、そうしたねじれはより顕著になった。

そのために、自民党総裁の小泉純一郎が自分の政策を受け入れないなら「自民党をぶっ壊す」と叫んだり、民主党の議員から小泉路線を支持する声が上がったりというような現象が起こったし、現在でも自民党と民主党を併せて「がらがらぽん」の政界再編を起すべきだという主張が根強い。

今後の日本政治の展開、とりわけ成熟した二大政党制への見通しを考える際には、この「政策的ねじれ」をどのようにして解消していくかを軸にして考えるのが有効だと思われる。

衆議院の任期満了までほぼ一年となった〇八年の段階でも、さまざまな政界再編の可能性が語られている。しかし、私自身は、自民党と民主党が二大政党として政権交代を繰り返すなかで、徐々に相互の政策的スタンスの違いが明確化していくという展開が望ましいと考えている。

政策的争点は、野党が与党に挑戦するために、また与党が野党に対抗するために戦略的に打ち出されるものであり、それらが選挙の試練を受ける中で、政党としての政策的アイデンティティが定着していくという展開が、政権交代のある民主主義という舞台からして自然であり望ましいからである。また、その時々で、各政党のなかにいくつかの政策的潮流が並存することは、党首選挙に伴って選択された公式の政策的立場を他の潮流も党首の任期中は尊重するという習慣が確立してさえいればまったく問題ないと考える。二大政党の対抗関係のなかで、戦略的に新しい政策的争点を打ち出すうえでは、むしろ、党内にいくつかの政策的潮流があり、それらの間で党内の主流派の交代があった方がいい。

しかしながら、「政策的ねじれ」を解消するためにはもう一度政界再編が必要だという主張がかなり聞かれるようになっている。また、〇七年参議院選挙において形成された民主党（ないし野党）の多数派がかなりの期間存続する見通しであるだけに、衆議院多数派と参議院多数派のねじれを解消するために、衆議院の多数派が参議院の多数派を切り崩すという形の政界再編の可能性も当分の間存在し続けると思われる。

こうした政界再編は望ましくないというのが私の考えであるが、起こる可能性もあることを考慮してあえて注文を付けるなら、政界再編は総選挙前に行うべきであって、総選挙直後に行うべきではないということに尽きる。衆議院選挙が政権選択という性格を強めつつあるなかで、選挙後に政界再編を行って勝手に多数派＝政府を形成することは、小選挙区制という制度の趣旨にも反するし、政治改革以後一〇数年の貴重な遺産を損なうことになる。政界再編を行って多数派を組み換えたなら、なるべく早く総選挙を行って国民に政権選択の機会を保障すべきである。このような慣習が確立されれば、与党に加わることを主目的に所属政党を移動するという政治家の行動もかなり抑制されるはずであり、政界再編が政策本位で行われる可能性が高まるだろうと期待される。

政界再編が議論されるなかで、それが総選挙前か総選挙後かでまったく意味が異なるという点はほとんど意識されていないようなので、あえて右の点は強調しておきたい。

とはいえ、こうした原則を立てた場合には、一つの重大な問題点が予想される。それは、総選挙で政権選択が行われて多数派＝政府が成立するとして、その多数派が参議院での多数を持っていない場合、あるいは、総選挙後の参議院選挙で多数を失った場合にどうするかという問題である。

これは、日本国憲法に規定されている二院制自体に原理的に孕まれている問題であり、私自身は、イタリアでかなり現実的な課題として浮上しているように、日本でも一院制への制度改革を行うべきだと考えている。しかし、現実的には、二院制のもとでの解決策も考えざるをえない。

私の提案は、①政権選択に関しては総選挙を優先させる、②そのうえで直近の国政選挙の結果を与野党ともに尊重する、という二つの原則に基づいて与野党が行動することが、二院制のもとで政権交代メカニズムを機能させるうえで必要だというものである。

具体例に即して説明すれば、〇七年参議院選挙で民主党（および他の野党）が多数派となって以降の状況では、政権は衆議院多数派の自公が担いつつ、野党の主張を最大限尊重しつつ政権運営を行うべきだということになる。もちろん、自公が政権の責任を負う以上、野党は政権を麻痺させるほどの反対行動は控えるべきである。現在の状況は、自公が〇五年郵政総選挙の結果として衆議院の三分の二を越える議席を持っており、憲法第五九条第二項に基づく再議決ができるので政権運営はよりやりやすい。憲法も、予算や条約に関する衆議院の優越を規定しているので、こうした事態は想定されていたといえる。

より難しい例は、たとえば次の総選挙において、自公が三分の二は失ったが過半数は確保して勝利した場合にどうすべきかである。

原則①に基づいて政権は当然ながら自公が担うことになるが、同時に、直近の国政選挙の結果を尊重するという原則②からすると、民主党や他の野党は、〇七年参議院選挙が直近の国政選挙だった時期とは違って、自分たちが敗北した総選挙が直近の国政選挙ということになるので、その結果を尊重して反対活動にはかなりの程度の抑制が求められることになる。

その後、たとえば二〇一〇年の参議院選挙において、野党が改選部分で過半数を得た場合には、〇七年参議院選挙後の場合と同様、与党にはそうした民意を最大限尊重した政権運営が求められるし、野党はかなりの程度まで強力な反対活動が許されることになる。反対に、野党が改選部分で過半数を得られなかった場合は、非改選部分を含めて過半数を確保していたとしても、かなりの程度の抑制が求められる。

このように、前記の二つの原則に基づけば、想定されるすべての状況に関して一応の解決策を導くことができる。問題は、野党が参議院の過半数を握り、法案を否決する力を持っているにもかかわらず、直近の国政選挙で負けた場合にはかなりの自己抑制を求められ、直近の国政選挙で勝った場合においても最終的には政権を麻痺させるような反対行動は控えるというルールが現実的なのかどうかということである。

現状では楽観できないが、今後憲法が改正されない限り、二大政党にとっては共に二院制を前提にした政権運営が避けられない以上、こうしたルールを共通ルールとして定着させることはお互いにとって必要だということは明らかである。そうである以上、二大政党間、あるいは与野党間でそのような共通ルールを定着させていくことは、日本において「成熟した二大政党制」の基礎を構築する共同作業だというしかない。

また、参議院で過半数を握った野党がほとんどの議案を否決するような徹底した反対活動を実際に行ったとしても、代わって政権を担うことは不可能である以上、政権が麻痺し続けるか、解散総選挙かということになる。その総選挙で野党が勝利すれば政権交代ということになるし、もし与党が再度過半数を確保したとすれば、野党が徹底した反対活動を続けることは政治的に著しく困難になるであろうが、この場合の決定的な解決策は制度上ありえないので、野党の行き過ぎた反対活動への国民の批判の高まりを見ながら、再度の総選挙や参議院選挙によって多数派のねじれを解消するまで与野党の駆け引きが続かざるをえない。

ところで、〇八年一〇月三〇日、一一月二日の二回の福田・小沢会談で浮上した自民・民主の「大連合」構想については、こうしたルールを前提にしてどのように考えるべきだろうか。

政権運営の麻痺を回避するという点で二大政党間で合意が成立するのなら、大連合政権を組まなくても右のような二つの原則に従って対処することも十分可能であり、特に大連合が必要な理由は私には見当たらない。

むしろ大連合にはいくつか弊害が予想される。一つは、政権の責任がどの政党にあるのかが不明確なので、政権運営が無責任になりやすく、また次の国政選挙で国民は二大政党の間で選択しにくくなるということである。もう一つは、大連合した自民党、民主党をまたがる政界再編を想定しての大連合論が多いようだが、そこで政策的ねじれを一挙に解決するような二党への整然とした再編が起こる可能性はないとは言えないにしても、現実の政治家たちの言動を見る限り、勝ち馬に乗る無原則な殺到によって圧倒的大政党が生まれる可能性の方が大きいと思われるということである。

むしろ、二大政党が競い合う国政選挙が繰り返されるなかで、それぞれの政党の内部で政策的な違和感が強い政治家やグループが選挙前に党を移動したうえで民意を問う、ということの積み重ねによってその延長線上で二大政党それぞれの政策的アイデンティティが明確していくという形の方が現実的である。

最後に、二院制のもとで「成熟した二大政党制」を可能にするような共通ルールが定着していくとすれば、二大政党の合意のうえで一院制に転換するという憲法改正も可能になるであろう。すでに紹介したように、もともと、日本国憲法の二院制の由来は、占領軍の一院制の原案に対して、日本政府の側が共産党政権が一挙に成立する事態への歯止めとして参議院の設置を求めたと言う経過にある。冷戦対立のもとで体制転換を抑止しようとした仕組みが、冷戦終結後においては、体制転換ではなく普通の政権交代を抑止する仕組みに転化しているのが現状なので、「政権交代のある民主主義」を望むならば当然廃止すべきものである。

それ以外にも、ほとんど構造的な機能不全を露呈して久しい地方自治体の二元代表制が憲法で固定化されているというのも深刻な問題点である。

こうした政治制度に焦点を絞った体系的な憲法改正の可能性は、憲法九条を焦点としたイデオロギー対立とは別の文脈で検討されるべきだと考える。九八年にイタリアでそうした憲法第二部の全面改正が実現寸前までいったことはすでに紹介した通りである。

このようにして、日本で初めて国民投票を経て憲法改正がなされるならば、「成熟した二大政党制」のもとで「自らの投票で時の政権を倒すという快感」を十分味わった日本国民は、さらに、初めて自ら憲法を制定することで本来の主権者としてのより大きな「快感」を味わうことになるだろう。

3　政権交代前夜

二〇〇五年一一月九日の小泉首相による歴史的な郵政選挙からほぼ四年間が経過し、衆議院の任期切れを目前にして解散総選挙は文字通り時間の問題となっている。そしてまた、現在の状況は、まさに政権交代前夜といってよい。〇九年五月の小沢一郎の民主党代表辞任と鳩山由紀夫の代表就任によって、三月の西松建設の違法献金事件以前のように、また麻生内閣の支持率は二〇%を割り込み、不支持率は七〇%を越える状況となっている（表1）。政党支持率でも民主党は二八・一%と、自民党の二〇・一%を大きく上回っている（六月二〇、二一日実施の産経新聞とFNNの合同世論調査）。

しかし、本書でたどってきた九〇年代初めの政治改革から現在までの日本政治の紆余曲折をあらためて振り返るならば、特にイタリア政治との比較においては、日本の野党第一党、具体的には新進党と民主党の無力を痛感せざるをえない。その問題点は、小選挙区制型民主主義ゲームのルールへの無

表１　内閣支持率の推移

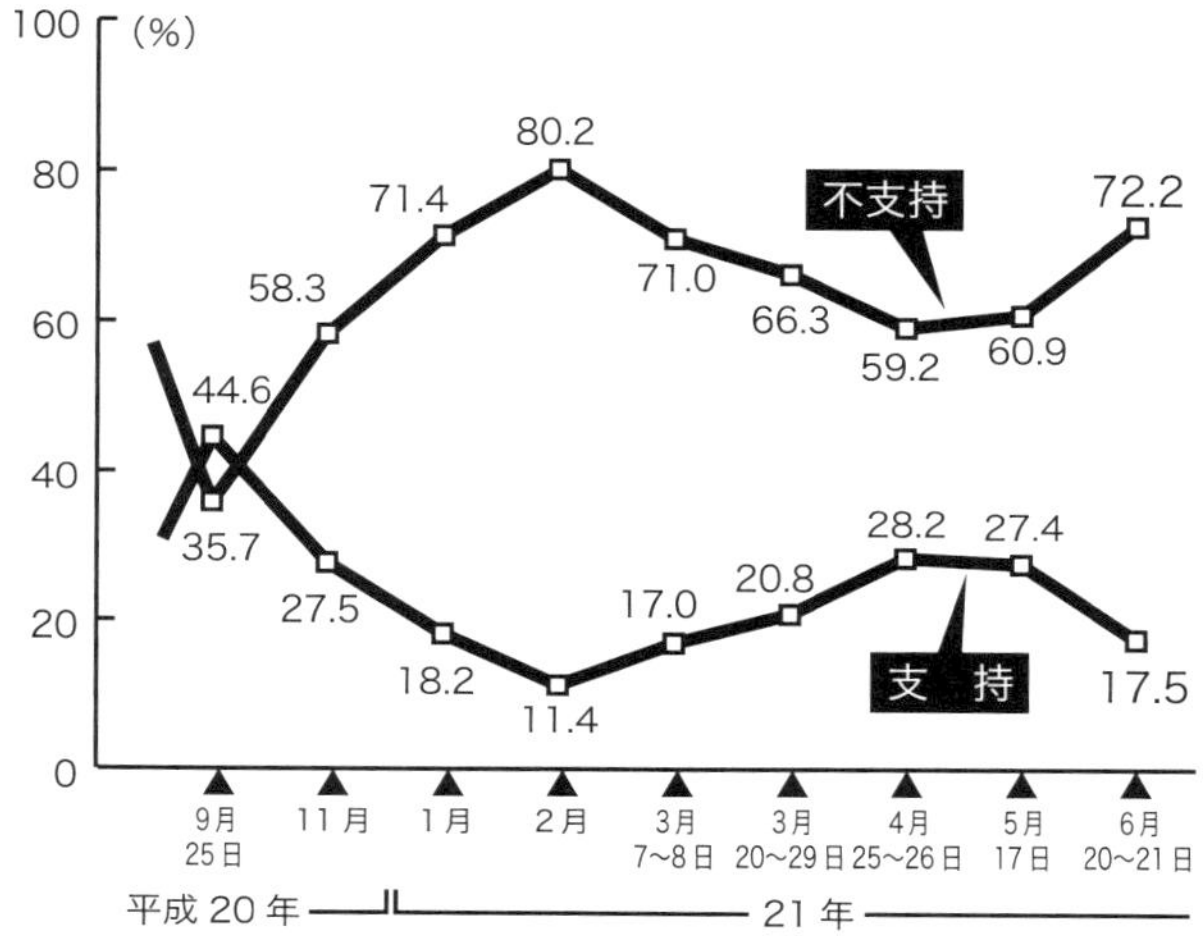

理解、政党連合形成能力の低さ、勝利しうる首相候補を党全体で押し出す風土の欠如など、本書を通じて繰り返し指摘してきた通りである。

そしてまた、そのことは、社会党、共産党を中心とする戦後革新勢力の自己刷新の失敗によるところが大きく、自民党に対抗する二大政党のもう一つを、いわば瓦礫を寄せ集めるようにゼロから構築せざるをえなかったことのほとんど不可避的な結果であることもすでに指摘してきた。

そうした経過も踏まえて、私自身の現在の民主党への評価は、他の先進諸国の社民党や民主党と比べて低いことは否定しがたいとしても、日本の文脈においては、「政権を狙う野党」としてここまで成長してきたことは一応の合格点に値すると考えている。これ以上の成熟は、政権運営の経験のなかにおいて期待すべきものである。

他方、自民党に対しては、一九九三年の非自民連立政権の成立、一九九八年参議院選挙での与野党逆転、二〇〇一年の森内閣末期の支持率一ケタへの低下など、野党への転落の絶体絶命の危機を何度も凌いで、再び与党として一五年もの年月を重ねてきたことには驚嘆せざるをえない。そこには、政権党であること自体が存在根拠である政党に固有ともいえる政権への執念とともに、自由民主党という党名が象徴するように、本来は二大政党を構成すべき自由党（保守党）部分と民主党部分の両方を包括する幅の広さが可能にした自民党内政権交代メカニズムともいうべきものが本来の政権交代を代替してきたという事情も指摘できる。

しかし、その自民党においても、「自民党をぶっ壊す」と宣言した小泉首相とそのもとでの〇五年郵政選挙によって、自由党的部分と民主党的部分の並存はもはや不可能になりつつあるように思われる。しかも、政権党としての自民党は、小泉首相が自民党の自由党的部分を突出させて獲得した衆議院の三分の二を越える議席を使って、その後、安倍晋三、福田康夫、麻生太郎と三人の総理大臣が、総選挙を回避したまま「格差是正」へと政策路線を変更しながら政権を一年毎にたらい回しするまでに劣化してきている。

さきほど見たように、民主党から小沢代表の違法献金問題という重荷がなくなっただけで再び民主党の支持率が急上昇し、麻生内閣や自民党の支持率が急落するというのは、自民党の劣化が許容範囲を越えており、それに歯止めを掛けるためには政権交代以外にないという認識が有権者のなかに広がっているからだと思われる。

私自身も、政権交代によって野党となること、そして、そのうえで初めて野党として総選挙を戦って政権に復帰することこそが、自民党が「普通の政党」になるうえで必須の経験だと考えている。普通の政党というのは、冷戦時代のような唯一の政権党でもなく、最近のような政権を維持することだけを目的とした政党でもなく、二大政党の一つとして社会の全体ではなく半分を政治的に代表しようとする政党である。

そのような新しい自民党がどのようなものになるのかというのは、興味深いとともに日本政治にとってきわめて重要な問題である。

新しい自民党は、民主党政権への対抗のなかで政権への復帰を追求することになる以上、民主党政権がどのような分野で成果をあげ、どのような分野で弱点を示すかということに大きく影響を受けることは間違いない。

これまでも述べてきたように、私は、小泉政権の遺産として新自由主義の弊害が語られることが多い現状ではあるが、日本の現在の中心課題は依然として様々な分野での「自由主義的改革」を体系的に推進することにあると考えている。そのなかには、地方分権、行政改革（ニュー・パブリック・マネジメント）、外郭団体問題・天下り問題の解決（より広く自律的なサードセクターの確立）、規制改革などの経済の自由主義的改革などの諸課題が含まれる。

民主党政権がこれらの課題のいくつか、たとえば行政や経済の改革において十分な成果を上げられない場合には、自民党はそうした分野での改革を主張する自由党的な政党として復活する可能性が高い（イタリアにおけるベルルスコーニ政権の復活のように）。

また、民主党政権が体系的な自由主義的改革を推進して長期政権を実現する場合には、自民党は自由主義的改革後の「保守党」としての新しいアイデンティティを模索することが必要となる（総選挙三連敗という低迷から脱却しつつあるイギリス保守党のように)。

いずれにしても、戦後日本において初めての総選挙による政権交代と政権交代メカニズムの本格始動が、民主党と自民党の双方のアイデンティティの明確化と成熟した二大政党制を生み出す可能性は高いと期待される。

そのためにも、総選挙後の政界再編などという中選挙区制的悪習を繰り返すことなく、有権者の政権選択を最大限に尊重する形で成熟した二大政党制への道を切り拓くことを最優先すべきだというのが、政権交代前夜における本書の最大のメッセージである。

初出一覧

本書の各章のもとになっている論文は以下の通りである。収録にあたっては、ある程度の再構成、加筆修正を行なっている。

序章　書き下ろし

第1章　「戦後民主主義のバージョン・アップ」、山口二郎・生活経済政策研究所編『連立政治　同時代の検証』朝日新聞社、一九九七年

第2章　「制度改革と政治変動——イタリアと日本における『民主制の民主化』」、『年報政治学1996—55年体制の崩壊』岩波書店、一九九六年

第3章　「イタリアの場合——小選挙区制導入の実験室」、共著『新版　比較・選挙政治—21世紀初頭における先進6ヵ国の選挙』ミネルヴァ書房、二〇〇四年。一部旧稿を採用した部分がある。「イタリアの場合—小選挙区制導入で何が変ったか」、共著『比較・選挙政治——90年代における先進5ヵ国の選挙』ミネルヴァ書房、一九九八年。

第4章　「イタリアと日本の共通性と対照性——『政権交代のある民主主義』への関門」、『Jiji Top Confidential』二〇〇六年六月九日号

第5章　「与党版『オリーブの木』の勝利——二〇〇〇年総選挙の結果と野党連合政権への再出発」、『生活経済政策』二〇〇〇年七月号

第6章　「民主党は政権党になれるか――『民主党問題』は日本政治の根本問題」、『世界週報』二〇〇二年二月一九日号

第7章第1節　「民・由・社3党は小選挙区統一候補擁立を――マニフェスト提示で政権選択迫れ」、『Jiji Top Confidential』二〇〇三年六月一七日号

第7章第2節　『55年体制』崩壊後の過渡期が収束――築かれた『政権交代のある民主主義』」、『Jiji Top Confidential』二〇〇三年一一月一八日号

第7章第3節　「マニフェスト選挙をいかに引き継ぐか――参議院選挙の意味」、『Jiji Top Confidential』二〇〇四年三月一九日号、「『政権を狙う野党』の条件――問われる岡田戦略」、『Jiji Top Confidential』二〇〇四年六月二九日号

第7章第4節　「総選挙まで中心舞台は自治体改革――再びローカル・マニフェストの波は来るか」、『Jiji Top Confidential』二〇〇四年一一月九日号

第8章　「本格的な新自由主義的改革の時代へ――自民党の小泉化は何をもたらすか」、『Jiji Top Confidential』二〇〇五年一〇月七日号

第9章　「大連立問題を通して考える民主党再建――問われる政策路線の明確化」、『Jiji Top Confidential』二〇〇六年二月一〇日号

終章　書き下ろし

後 房雄（うしろ ふさお）
1954年 富山県に生まれる
1977年 京都大学法学部卒業
1982年 名古屋大学大学院法学研究科博士後期課程単位取得
同年 名古屋大学法学部助手
1984年 同 助教授
1990年 同 教授
1989年から1991年 ローマ大学に留学
現在 名古屋大学大学院法学研究科教授
専攻 政治学、行政学、NPO論

〔主な著書〕
『グラムシと現代日本政治』（世界書院、1990年）
『大転換―イタリア共産党から左翼民主党へ』（窓社、1991年）
『政権交代のある民主主義』（窓社、1994年）
『「オリーブの木」政権戦略』（大村書店、1998年）
『行政の新展開』（共著、法律文化社、2002年）
『市民参加型社会とは』（共著、有斐閣、2005年）
『NPOは公共サービスを担えるか』（法律文化社、2009年）

政権交代への軌跡 ―― 小選挙区制型民主主義と政党戦略

2009年7月25日 初版第1刷発行

著者 ―― 後 房雄
発行者 ― 平田 勝
発行 ―― 花伝社
発売 ―― 共栄書房
〒101-0065 東京都千代田区西神田2-7-6 川合ビル
電話 03-3263-3813
FAX 03-3239-8272
E-mail kadensha@muf.biglobe.ne.jp
URL http://kadensha.net
振替 00140-6-59661
装幀 ―― 神田程史
印刷・製本 ―中央精版印刷株式会社

ISBN978-4-7634-0552-4 C0031